| 现代校长智慧治理学校丛书 |

姚星钢

著

味道与寻道

WeiDao
Yu XunDao

我的『特级校长流动』教育手记

文汇出版社

图书在版编目(CIP)数据

味道与寻道：我的"特级校长流动"教育手记 / 姚
星钢著. —上海：文汇出版社，2022.7
（现代校长智慧治理学校丛书）
ISBN 978 - 7 - 5496 - 3812 - 3

Ⅰ.①味… Ⅱ.①姚… Ⅲ.①小学－校长－学校管理
Ⅳ.①G627.1

中国版本图书馆 CIP 数据核字(2022)第 113413 号

· 现代校长智慧治理学校丛书 ·

味道与寻道

——我的"特级校长流动"教育手记

作　　者／姚星钢
策划编辑／张　涛
责任编辑／汪　黎
封面装帧／梁业礼

出版发行／ 文汇出版社
　　　　　上海市威海路 755 号　（邮政编码：200041）
经　　销／全国新华书店
排　　版／南京展望文化发展有限公司
印刷装订／上海新文印刷厂有限公司

版　　次／2022 年 7 月第 1 版
印　　次／2022 年 7 月第 1 次印刷
开　　本／787×1092　1/16
字　　数／330 千字
印　　张／21.75

ISBN 978 - 7 - 5496 - 3812 - 3
定　　价／90.00 元(全 2 册)

序 品教之"味" 悟育之"道"

苏 军

说真的，当我看到《味道与寻道》书稿时，马上就被独特而又有韵味的书名吸引住了，禁不住欣喜地拜读起来。

读毕，独特和韵味，瞬间化成了一幅幅生动的画面映现脑海，聚成了一种种美妙的滋味涌上心头，这真是一种独特的支教风景，一道别具韵味的办学美餐。

与姚星钢校长熟识好多年了，在我印象中，他绝对是一位阳光、执着、高大、温暖的"刚柔相济"的品质校长，正如他的名字，对教育具有"钢铁般"的意志与信念，对办学具有"星光般"的探索与执着。

这是一位对教育有着朴素而真挚情怀的"感性校长"，教育生涯几乎都在农村、郊区，即使有机会走向城区，他也丝毫不向往，一个劲地扎根生于此、长于此的"老土地"。就在这块充满乡土气息的地方，他几十年如一日勤于耕耘，智于浇灌，乐于丰收，俨然是致力于改变农村教育的"老把式"。

这又是一位对办学有着睿智而求实方略的"理性校长"，无论是在园西小学，还是在六团小学，他总能找到改变面貌、提升办学品质的良方。园西小学从普通小学蜕变为老百姓心目中的好学校、社会赞誉的家门口的好学校、行家认同的现代化学校，足见他的心智和心气。在六团小学，他硬是通过努力，让名不见经传的普通农村小学燃起了六团"火"（2020 年 6 月 29 日，《文汇报》以《六团"火"：引燃办学质量提升的"突破点"》为题，报道了六团小学蒸蒸日上的新面貌），其办学和育人佳绩，为学生、家长和当地百姓大为赞叹。

这更是一位对师生有着亲切而温暖情愫的"暖心校长"，不说每天会在校门口迎候，中午陪着学生进餐，就是学生的特殊喜好他也会体察且尽力满足。六团小学曾有一个"老干妈"上桌的故事。在学生座谈会上,有学生提出希望在午餐时能够吃上辣酱。提出这个想法的是一位大队委员。姚校长最擅长听取学生的想法:"是啊,我们六团小学的孩子大部分来自外省市,有的就是以辣著称的地方,如四川、安徽、湖南等地,他们多么需要有家乡的味道啊。"姚校长听在耳里,记在心间,并在家委会上征询了家长的意见。为了使孩子们这个小小的愿望得到满足,学校先在一个班级试点,结果大受欢迎。桌上有了辣酱,吃饭别提有多香了。辣,让他们找到了久违的家乡味道,那是一种思念。姚校长欣慰地笑了:"一瓶辣酱,看上去是一件小事,孩子们的要求也不高,但是我们要努力做到,这才是真正体现以学生为本。"

还有,这是一位特别注重内心和外在"干净"的"形象校长"。你只要看到他,他总是衣冠楚楚,魁梧的身材配上挺括的西装,显得特别有气质、有风度、有精神,这是形象的到位、精神的体现。他的办公室也是一尘不染。在操场上,你也总能看到他穿着一身运动服,与学校的体育特色——女足驰骋操场,一起踢球,浑身上下洋溢着英气与生气。

道这些,是因为姚校长的内在与形象,与本书的格调十分吻合。《味道与寻道》,是姚校长支教六团小学期间的心血之作。2019 年 3 月,姚星钢作为上海市特级校长,经市教委安排支教流动到六团小学任职,这是一所基础相对薄弱、硬件设施和生源情况都不太理想的农村小学,学校教育资源较为匮乏,有很多地方需要改进和变革。姚校长从踏入学校之日起,以教育人独具的慧眼,仔细观察,了解学校,挖掘优势,找准变革突破口,与全校师生一起付出心血和汗水,使学校面貌发生了很大变化,取得了显著进步。本书以姚校长的第一人称,真实地记录了这个变化过程中的点点滴滴,既有与师生打成一片的亲和味道,又有教育变革的探究寻道,耐人寻味。

尽管他多年来屡有著作出版,但这本《味道与寻道》更有亲历的"滋味",更有探索的"妙道",感觉甚好。

教育贵在真,办学重在实。《味道与寻道》上篇中的 46 篇"味道",有真实的情景,有厚实的情节,有充实的情致,展现了姚校长致力于六团小学改变、跃升的一组组画面,情景中有情怀,情节中有情感,情致中有情愫,这是教育人的表白,也是办学者的独白,更是创新者的道白。"滋味",身在其中,才会有味;"多味",体察到位,才会有味;"甘味",历经努力,才会有味。这种"味道",其实就是真做的"觅材",实做的"烹饪",好做的"出锅"。搞教育,办学校,育人才,犹如一道"教育大餐",而高级的"厨师",就能妙手精制出教育的"味道"。

育人贵在高,成事贵在品。《味道与寻道》下篇中的 42 篇"寻道",于故事中找道理,于逸事中觅情理,于干事中见真谛,一篇篇叙事,表现了姚校长对教育本质的领悟,对办学本义的觉悟,对育人本色的顿悟。寻道,寻的是教育大道的本真,寻的也是教育规律的本身,寻的更是教育追求的本色。"察道",立足于学生立场;"悟道",致力于厘清头绪;"指道",成就于认清方向。教育是一场远征,需要特别强的方向感,而掌握规律是最基本的。姚校长就是一个在办学和育人中找到"舵"与"桨"的教育智者。

掩卷沉思,《味道与寻道》的芳香弥漫开来,沁人心脾。

正因为品教之"味",悟育之"道",使这本教育手记显得不一般,既有故事情节的引人,更有道理情结的服人。让我们在阅读中品味这种从真正的教育人身上散发出的"味道",品赏这种在勇敢探索者身上凝聚着的"寻道",共同做一个无愧于时代、无愧于教育的"道中人"。

(本文作者为《文汇报》主任记者)

目　　录

上篇　味　道

下篇 寻 道

上篇　味　道

教育的味道,是心路成长的味道,是品尝丰富人生经历的味道,是与学校师生同甘共苦的味道,是体验不一样成功样式的味道。教育的味道,是让生命再次放飞的味道,是让理想刻上情怀的味道。

第一章　滋　　味

来到六团小学,如同一个教育战线的老兵走上新的教育战场,当时的五味杂陈,至今回味无穷。

走向"育人桥"的滋味

时间: 2019 年 3 月 1 日

情景: 再没有比春雨洗浴后的乡村更迷人的了。整个校园,都是苍翠欲滴的浓绿,阳光把每片叶子上的雨滴,都变成了五彩的珍珠。

这一天,我到六团小学走马上任。

春意方兴,春雨潺潺。在领导宣布新的任命之后,我一路开车跟随着领导的车驶向六团中心小学,开始了我真正的上海市特级校长流动生涯。

车缓缓地在车流拥挤的主干道上行驶到了畅通的乡下道路上,绿树村边合,青山郭外斜,道路两旁整齐笔直的参天大树和在春寒料峭的寒风中舞动的花朵让我感觉到了悄然而至的春天的气息,春天来了,希望的季节来了。慢慢地,道路两旁的高楼、商家,渐渐地越来越少了,给人的感觉却是特别静谧、和谐,还有那一份宁静。想着以后天天要驾车经过这里,欣赏到这样一番独特的风景,不由得为这一次流动暗自庆幸。想必春色就在自己的心灵深处,不必"蜂蝶纷纷过墙去,却疑春色在邻家"。

大约行车 15 分钟之后便来到了六团中心小学门口。进学校要经过一座桥,远远就能看见三个红色的醒目大字——"育才桥"。这样进校门的方式别具一格,在我所走过的学校中从未有过。经过桥走进校园的还真少见,可以说是第一次吧。可以想象,每天走过"育才桥"的老师和学生们肯定是思绪万千。老师们昂首挺胸走过桥,也许想的是登高望远,如何培养有才能、有才干的学生……学生们抬头疾步跨过桥,肯定是胸怀壮志,立志做一名国家的栋梁之材。顿时,我心潮涌动澎湃。

在领导到来之前,我已经到达了学校。春雨的湿润模糊了车窗上的玻璃,我缓缓摇下车窗,探出头来。门卫保安急忙走出门来上前询问,我立即主动告知他"我是新来的校长",他本就淳朴的脸庞更是绽开了敦厚的笑容,好像已经知晓了我要到来,并不觉得惊讶。他热情地说:"您来了!"边说边毕恭毕敬地打开校门并仔细地告诉我停车的位置。当区小学教育中心领导到达的时候,韩校长也已经下楼了。她热情地与我和领导们一一握手,然后把我们引入三楼会议室。会议室内所有的中层干部都早已静静地站立在那儿,既非常得体又落落大方,不腼腆。在宣布人事任命以及领导讲话之后,我跟韩校长也分别发了言,把我们各自最真诚、最真实的思想和情感,简要地表达了一番。让我感动的是她的从容,豁达,包容。我有感而发:"在有限的人生道路上,在自己的职业生涯里,想不到还能与六团中心小学有缘,还能成为六团中心小学的一员。刚才在路上,每每看到美丽的风景,我就觉得这一次的流动是一次美丽的幸福之行。走进美丽的如花园般的校园,又感受到了韩校长以及团队的敬业精神和专业水平,让我看到了精细化的学校管理。更觉得我这一次的流动是非常幸福的事,人生当中又一件大事。我希望你们能尽快接纳我。我自己也要努力尽快融入这个团队,为六团中心小学的再发展添砖加瓦。六团中心小学以往所取得的这些成绩,凝聚了韩校长以及团队的心血,可以说呕心沥血,精心打造,来之不易。我为这样的一个团队感到骄傲和自豪。"之后,韩校长又认真仔细地逐一向我介绍了团队的每一个成员。尽管这支干部队伍年龄超过五十的有几位,韩校长在尊敬这些兢兢业业为学校工作奉献的老同志的同时,又非常注重梯队建设,在干部队伍中,我也看到了敢于争先的年轻人面容。

之后,我又来到操场上,女足队员们正冒着丝丝严寒和绵绵细雨刻苦地锻炼着,身材幼小让人看着怜爱却又很矫健,看得出她们结实的身板渗透着平时刻苦训练的汗水,训练有素的孩子们都不怕吃苦。她们当中大多是外省市的孩子。教练看到了我,马上过来和我打招呼,显然教练员也已知道我的到来,也认出我来了,一股暖流顷刻间涌上我的心头。我一一询问,并在操场上等待孩子们训练结束,一起回家的家长们看到我走向女足队员,他们也微笑着友好地向我热情打招呼。我主动上去跟他们说,感谢你们支持,应该要看到女足队员踢球之后给孩子自身以及家庭带来的改变和好处。他们都频频点头,非常赞同我的说法。我再次感谢他们的大力支持。显然,家长们也知道来了新校长。这突如其来的暖流、满满的幸福感充满了我的全身。

天色慢慢暗下来了,我驾车离校的时候,又一次经过了育才桥。两个小女孩儿站在路边,微笑着向我打招呼,大大地出乎我的意料。农村的孩子竟然也这样不怕生,在我初来乍到的一刻,她们用天真烂漫的笑脸欢迎着对于她们来说完全一个陌生的我,我又一次深深地被感动。

返程的路上,我的脑海里满是美好的回忆。韩校长早已做好了充分的准备,她把自己原来办公室加会客室的那一个办公区域全部让了出来,所有的办公室用品都整齐地排列在上面,窗明几净。桌上有一盆迎阳盛开的蝴蝶兰,长得那样清润芬芳,这真是一种美好。让我过意不去的是韩校长,她不仅转了岗位,也把自己的办公室挪到了旁边的一间空屋内,略微简装之后,就成为她的工作场所,再一次感动着我。

校内的道路干干净净,走廊没有一片纸屑,满眼都是绿色,可以看出,平时的维护和保养是辛苦付出,并且很到位的。办公室会议室的窗帘,拉得一样的高度,每个人每一间办公室内都有几盆花花草草,在春寒中显示出独特的绿和精神。

 心语

　　暖流,对流动来说,就是一缕最有希望的阳光。没有居高临下的优越感,没有以我独尊的威严感,在最初的接触中滋生互相取暖的情愫。这样的感觉,对流动是一种心灵的洗礼和成事的奠基。

理念在召唤

时间:2019 年 4 月 3 日

情景:高楼,霓虹,是城市的美;小桥,流水,是乡村的美。油菜花开了,迷人的金黄;麦苗绿了,特有的清香。

春天来了,真美!

最近听了几堂课,我有了些许初步感受。老师们还是相当重视校长去听课的,也十分尊重我的感受,他们都做了认真积极的准备,有的老师适当调整了教学进度和内容,教授新课。基本功好的老师也不少,每个班级、每个老师都有可圈可点之处。说来也十分凑巧,老师们突然发现了我听课的一个规律,是先听教研组长的,其实这不是我故意的安排和计划。我每天听课的安排是早上向教导处提出要求,由教导处根据课表随意安排的。具体第几节课,由我来定,这样变动的空间就很少了,可能也是凑巧吧。

再则,好的老师也比较多。突出的几点是,老师的教学规范,教态亲切,语言表达规整、正确、流畅;师生互动自然,关系和谐;学风民主,学科基本功扎实,板书工整、美观。有的班级学生朗读较好,数学计算正确率高,回答问题声音响亮,班级管理也较好。教室比较干净整洁,物品摆放整齐。学生上课时能端坐。给我印象深刻的是,即使是一年级的孩子,他们的注意力也能保持比较持久,这是很不容易的。

当然,在听课中我也发觉了还有许多的问题。主要的问题在学生发言上,人数少,寥寥无几,相对集中在固定的几位,特别是班级小干部。学生没有用自己的话语来表达自己理解的意思,能照本宣科已经算是很好了。语文课学生找出课文中的话语后,一般都由老师来替代。几乎没有学生能用自己已有的知识建构来表达自己的理解和想法,久而久之,就不敢大胆表达自己的想法。看着他们一张张稚嫩的小脸,我深感自己任重而道远。另外,还发现了一个很有趣的现象,只有一堂体育课下课时,学生们能在老师的指导下与听课老师道别,其他的课都没有向听课老师问好或者说再见。这是一个根本性的问题:理念出现偏差。因此,转变理念是今后首先要做的工作。

我拜访了属地的两位幼儿园园长,他们热情、真诚的态度,使我们很感动,他们向我们袒露了自己的痛苦和困惑:学生生源差,学生家庭条件差;家长忙于工作,且工作以打工为主,根本无暇顾及孩子的学习。更有一部分家长,他们在上海生活学习的积分,还没有达到市政府 120 分的规定,看来还是有相当难度的。幼儿园多次给他们做培训,希望他们能够早日达标。这两所幼儿园,都是民办三级幼儿园,尽管存在着生存危机,但从整个幼儿园管理和师生活动的情况,我们初步的判断是,他们还是很努力的。这样的幼儿园,在这样的区域,实在是太有必要了。

我在想,假如这些孩子是生活在大城市中的,那么他们也可以去学前班参加各种学习和培训,他们可以跟着他们的父母走南闯北,吃香的,喝辣的,行万里路,读万卷书,也会变得见多识广,神通广大,可是,他们只能生活在这样艰难、简单、狭小的空间内。这批孩子的成长,太需要有这样的幼儿园给他们一些温存的空间。

从两位幼儿园园长的话语中,我们还听出家长们的一些担忧。一方面家长们要为规定的积分去努力,另外一方面,也在担心孩子幼儿园毕业后对口的小学情况,还要担心是否可以上中学。有一位家长甚至说假如他没有办法上城里的初中,她宁愿早些带着孩子回老家。说这个话的是幼儿园中的一位老师,听着这些话我的心情是沉重的。

我对两位幼儿园园长的热情接待表示十分的感谢,深深地感受到他们对我的尊重,不知这份尊重是出于对一位来自城里的校长的尊重,还是对特级校长的敬仰,或者二者兼而有之。在我看来,我更要敬畏这份尊重,我要努力为他们,为他们所服务的对象做一些工作,这就是人生莫大的幸福。我对两位园长表态说,从此以后,咱们就要抱团取暖,相互支持,共同发展,我们是一条战壕里的战友。道别的时候,我们紧紧握手。

每当招生的时候,小学农村校长,担心所处地段的孩子流失。他们忧心忡忡,再怎么担心,再怎么努力,始终无法掌控这些孩子的走向,他们只是盼望奇迹出现,希望政策支持他们,希望有领导大笔一挥,严禁各种途径的流失。尽管近几年政府、教育局已经采取了多项举措,严格控制地段内学生流失,但是,毕竟这不在学校能够控制的范围之内。农村学校在这一点儿上的冲击,让校长们心里忐忑不安,这与我原先工作的环境截然相反,有天壤之别。

我在城里的许多年间,我所在的学校也是吸金的学校,也是农村学校孩子流进的一所学校。这是大环境所造成的,人为的因素也有,但从学校的角度来讲,假如一所城里的学校,老百姓对于它没有想择校的意愿,那它绝对不是一所好学校,这样的社会评价和老百姓的舆论本身也会对它的生存构成威胁。为了使这种威胁降到最低限度,同时也为学校自身今后的发展,很多时候,校长不得不冒着巨大的风险,做着很多违心的事。

现在我角色转变了,我变成了农村学校校长,此时,我只能理解城里学校校长的苦衷。同时,我也真心地希望,十分迫切地有一种愿望,希望有杜绝一切从农村招收地段外的孩子的政策,但这只是一厢情愿,这是不可能的。我们不能硬把学生逼回来。常说好学校是学生用脚丈量的,我们只有办好自己的学校,才能让孩子不愿走出去,甚至深深地吸引他们,让孩子和家长感觉到家门口的好学校是多么美妙。

我所在的六团小学,地处六团镇。这里的老师和老百姓都说,我们这个小镇或许是整个浦东新区最差的镇了。上周有镇领导到学校来检查工作,他们也谈了六团镇,在任何一次规划当中,六团镇都没有被划入规划的区域。于是当其他小镇都在大兴土木,大搞新农村建设的时候,六团镇依旧如此,甚至冷落下来了。这是一个不争的事实。但是,我们生活工作在其中的每个人,难道就甘心于这样的判断和无所作为了吗?表面上看小镇没有特别喧哗的地方,没有繁华的街道、热闹的小商品市场,没有光耀靓丽、金碧辉煌的招牌,也没有一个像样的高档别墅区,甚至连一座成规模的酒店、娱乐场所都没有。这是一种抱怨的情绪,这种情绪的滋生和膨胀,不利于在这块土地上生活劳作的人们的成长和发展。

生活在这中间的人需要对它有一种了解,需要有一种热爱之情,乃至怜悯之情,才能深深地了解它,抚慰它,为它的成长和发展添砖加瓦。不一定要在这块土地上建起高楼大厦,不一定要引来诸多的喧嚣扰攘,希望在这一块土地上,能走出一个个为家庭、为社会敢于担当、奉献的建设者和合格公民,这是在这块土地上的教育工作者的责任和神圣使命。

从这个角度去理解的时候,忽然发现,这个小镇是很优美、恬静、和谐的。它保持着原生态的样式,你可以看到小桥、流水,春天到来的时候,油菜花金黄金黄,仿佛听到了嗡嗡的蜜蜂声,也仿佛闻到了那股特有的清香。这里没有太多的钢筋、水泥、大楼,随着拆违、河道整治,这里的流水、绿树、青草土地渐渐地露出了它的本色。

 心 语

　　新的理念的形成,需要引入,需要催化,需要促成,更需要通过实际工作让干部和教师领悟、接受。理念转变是刚需,而理念建立则要有方法创新。潜移默化,耐心示范,抓住时机导入观念。新的理念已在萌芽,新鲜的空气已吹进学校。

珍惜的心　同理的情

时间: 2019 年 4 月 9 日

情景: 关上窗,是个舒适的小庭院;打开门,便是个精彩的世界。"一枝红杏出墙来",春色,怎能关住?

有位在专门从事校长、教师培训机构任职的老领导来电话说,他将带队到我们学校来参观。听到这个消息的时候,受宠若惊的我以为自己听错了,我寻求答案似的问道"是否我现在的学校",他十分肯定地说"对",并清清楚楚地说到我们六团小学。我既高兴,又紧张,忐忑不安。高兴的是,终于有客人走进我们这样的农村学校了;紧张的是,当客人来的时候,我们拿什么展现给客人。我迟疑了片刻,没有当场回复,对这位老领导说,让我与书记好好商量后,再告诉你。当我与书记商量后,我们两个一致决定,打开校门,欢迎客人。这既是对过去的肯定,也表明我们对未来信心满满。我对书记说,只要有两点做到,就随时可以打开校门迎接四方客,一是师生的行为规范,包括学校的环境;二是课堂教学,课堂教学是师生成长的最直接显现。有了这两项保证,就不怕其他问题会发生。

我们也考虑到,要真正地开放校门,还有很多工作需要再精细化。距这次对外开放的时间大概还有 20 天,我们可以做一些准备,进一步提炼过去的工作。我们一起商量,这一天客人到来,由谁来上课,其余的内容如何安排。过去的工作回顾,可以从两个方面去谈。第一,这样一所农村学校,从相对薄弱走向夯实基础这个过程中,我们做了什么? 可以提供给客人借鉴的地方在哪里? 第二,学校抓住哪些特色工作来推动学校整体发展? 如学校的绿色教育、环境教育、情趣教育,为推动学校整体提升奠定了基础。具体的接待,直接关注教师和学生的相关细节。学校的整个环境面貌,包括所有的教师办公室怎样去布置。第三,要尽快地与干部团队研究汇报提纲。

今天是到六团小学工作后最忙碌的一天,忙碌的工作总让人觉得特别充实。一天听了三节课,研究工作又花去两节课,另外还接待了学生家长。为这件事儿,学校也投入了较多的人力。事情的起因是,有学生在课间不经意的动作使得在一旁观看的一个孩子的眼睛被戳伤。当天晚上,学生家长把孩子送进了儿童医院,其中一位涉事学生的家长也主动到医院,并垫付了医药费、押金等。还好经过医院的全力救治,受伤学生的眼球保住了,但是医生告知说,他的视力会受到影响,至于影响到什么程度还得看今后的发展。于是这个孩子的父亲以及两个舅舅到学校来咨询有关情况。

可以说这是我到六团小学工作之后第一次处理学生伤害事故。从整个情况看,受伤学生家长是比较理性的,他们没有对学校提出无理的要求,我感谢他们对学校工作的理解。当然他们也对学校在事件发生后处置不当等方面提出了一些自己的看法。我当着他们的面,还有学校其他领导、班主任老师的面,承认学校在管理、教育等方面,还存在不足。因事件发生在学校,学校理应承担责任,同时告诉家长,目前最需要的是抓紧时间治疗,等孩子康复后,我们坐下再继续研究。结果,由于种种原因还是报了警,警察来到校园,分别请班主任老师、三方的学生以及他们的家长到派出所去做笔录。

这件事情第一阶段的处理,就在警方接手后暂告一个段落。接下来要等这个孩子康复的消息,希望这个孩子能够早日康复。

心 语 ♥

　　打开校门,是现代办学的常态。校长的视野,决定了校门打开的程度;校长的心态,衡量着校门开合的效果。做未曾做过的事,是我流动目标的组合拳之一。校门一旦打开,内外思想交流、交融,工作就有了合适的抓手,倒逼师生观念转变。主动敞开校门,直至隐匿有形的校门。

倍感肩上的责任

时间: 2019 年 4 月 23 日

情景: 树,总要成材。水松,在优越的自然环境中成长,好看,有用;胡杨,长得实在辛苦,因为辛苦,就有一种别样的沧桑美,久久屹立,凝视苍穹。

树,总会成材。大小高低,不同而已。

每天早晨在学校大门前的育才桥桥头迎接师生到来的时候,我少不了向学生问些事,其中问扎着小辫子的女孩一个问题,谁帮你扎的小辫,十之八九的孩子回答是妈妈,这与城里学校又有不同,城里的孩子大多数的回答是奶奶或者外婆。当然,不管是城镇还是农村学校,也有较少部分的学生是自己扎小辫的。

到了学校组织春游的时候。上午出发前还有点儿零星小雨,学生们陆续走进学校。开车了,小雨还飘着,但丝毫没有影响全校师生的热情,大家都兴高采烈地按照指定的车辆依次上车。我四面搜寻,想寻找一下是否有家长前来送行,可是好像没有。从这两个鲜明对比的事例中,我们可以得出很多结论。例如,农村学生家长忙于生计,无暇顾及孩子的学习和活动。另一方面,也说明这个区域的家长在对待学校工作和孩子的成长方面的关心程度不高。或者,也可以理解为家长对学校的信任度是高的。

农村学生家长的亲情培养虽不如城镇学校的学生,但是父母亲与孩子在一起的时间不一定比城里的少,母亲帮学生扎小辫就是一个很好的例证。作为学校,老师和学生家长越信任,学校越要注意依法治校,按规定、按规律办事。

给友人微信传了几张学生春游的照片,照片上是学生们端坐着观看机器人表演。在看了照片后,友人回微信说,你校的学生很淳朴,有些孩子看上去蛮可爱的,可是有些孩子一眼就看得出是乡下的孩子,想着你之前的学校,我为你有点儿心酸。我完全体会到他的话语对我的关切,他的话丝毫没有贬低农村孩子的意思,他只是说出了我一直藏在心里的真话,被他点穿,我鼻子一酸,差点流泪。友人的话语触到了我的痛处,不是我留恋过去的美好,而是我改变现状与创造美好还需要面对很多困难和问题,还需要做很多的工作。

或许即使努力后收效也会甚微,起跑线的差异注定了游戏规则的不公平性。在被怜悯中会使人正视现实,也会使人激情消退。面对残酷的现实,唯有发挥教育之作用和影响,才能缩小差异,或者才有望改变不公的现实和世界。

人是可以改变的。农村孩子之所以被人一眼看出就是农村的,无非就是长相、穿着、行为等方面让人看出差异。如农村的孩子衣着都比较普通,衣服旧,有时孩子们的生活习惯使他们在新的环境中显得"旧"和"脏"。但教育可以改变,衣服旧可以洗干净;生活环境差,但举止行为可以文雅些;教育资源少,但学校教育可以让学生逐渐明理、自理、自信起来。

虽然,这样美好的设想要实现肯定需要长时间的艰苦奋斗,但是,假如不去努力尝试那肯定不会自然改变。我们如何来赢得这场起跑线不公平的游戏,只有无论在什么样的场景下,演绎好我们自己的人生,扮演好主角,一切由我们自己决定并付出坚持不懈的努力。

心 语

　　目前农村孩子在各方面条件还无法与城里孩子同日而语,这是大环境下的客观存在。正因为如此,就要有人去做拓荒牛,做探路人,做温暖的传递者,做光明的缔造者。身为负有使命的校长,自感责任重大,丝毫不敢懈怠。让我们用深情为农村孩子做事,用大爱为求学学生奠基。

一场偶遇,让我陷入沉思

　　时间:2019 年 5 月 6 日

　　情景:昨夜,恍恍惚惚做了个梦,梦中,我在小花园里做修剪工作。奇怪的是,尽管平时对修剪花草并不在行,却做得像模像样。

　　喜欢这个梦。

　　影响农村学校教师专业发展的因素还有,健康问题一直困扰教师工作。一方面,农村学校教师年龄偏大,疾病问题自然高于城镇学校教师。农村相对城市来说,生活条件、生活理念、居住环境等要差些,一定程度上也是因素之一。从农村教师工作的环境来看,一是学生生源和学生家长知识及育儿能力问题;二是有利于教师专业发展的资源相对匮乏,教师可以利用的资源少。影响教师专业发展的还有一个很重要的因素,学校管理者的专业水平不高,他的目光、指导方法相对落后,学习机会、提升办学水平的可利用资源少,也是阻碍发展的一个方面。

　　因今天傍晚有场足球赛,我来不及回家吃晚饭,于是我准备直接去球场。出了校门,来到六团镇上的馄饨店买碗馄饨填填肚子。我坐下准备吃的时候,看见邻桌坐着一个小女孩也在吃着馄饨。因为教师这个职业,再加上在小镇上,当看到小孩子的时候,我猜十之八九这个孩子应该在我校求学。我看了看她,正当想问她是在哪所学校求学的时候,她轻轻地叫了我一声老师好。这时老板走了过来,见我一身运动装束,笑着热情地招呼我说,你也是教练?小学足球队的教练和孩子们经常来这里吃馄饨。我笑着点头说是。旁边的孩子没有任何反应,低着头吃着碗里的馄饨,也没向老板说明我不是教练,或者说明我的身份。简单搭讪后,我们各自吃着自己的点心。

吃了一大半的时候,我转过身一看,坐在身后的孩子不见踪影了,我赶忙问老板,那小女孩走了吗?老板点点头。我继续吃着,却突然吃不出什么滋味,心里思索着:假如我在城里,遇到学校的孩子,他们大部分都会主动招呼,临走肯定还会来到我身边道个别。

农村孩子质朴,并不是不要人际交往应该有的礼仪。我承认城乡之间有差异,我们学校教育在诸如与人交际、交往的这些方面,是否可以做一些深入的思考和实践活动,以便缩小城乡之间的这种差距?这需要时间,更需要我的付出和努力。

心 语

胆小、腼腆、害羞、孤独,不善言辞,是农村孩子与人交往中比较明显的特征,有社会环境造成的,也有家庭环境使然的。过去的已经无法挽回,现在的应当加以改变。一切为了学生,当从学生矫正日常行为做起,从关爱学生健康成长的大局入手。营造让学生心情舒畅、有幸福感和成就感、有被尊重的人生价值体验的成长氛围,善莫大焉。

飞 行 检 查

时间:2019 年 5 月 7 日

情景:蓝天,白云。还是想起了——昨夜西风凋碧树,独上高楼,望尽天涯路。

今天中午刚吃过午饭,就接到电话通知,市教委专家组在半小时后到达我校,对特级校长流动工作进行一次飞行检查。面对这突如其来的情况,我并不慌张,似乎胸有成竹。我放下电话,按部就班地安排起了工作。立刻在行政微信群内发了通知,请全体干部到会议室,一会儿书记和干部们都到了,我把主要的情况仔细告诉了大家。几位干部在收到我的微信通知后,也在第一时间内告知了全校师生,以便做好访谈和巡查的准备。然后我带着团队成员走向校门,刚到门口,检查团的车辆便抵达学校。

检查团成员下车后第一个问题就问我是不是六团小学的法定代表人,当我毫不犹豫地回答"是"且与原来学校没有任何人事关系后,他们第一的评价——飞行检查第一关已过了。随后,检查团与全体行政干部一起来到会议室,我向他们介绍这些干部可以接受访谈。检查团的专家微笑着说:不用的,只要你们校长、书记就可以了。于是,干部们便离开了会议室。

在询问我和书记的过程中,专家们着重围绕流动校长的办学思想、课程建设等方面工作做了一些提问。好在这些工作我都经历过,而且在流动工作日记中也有所记录,因此得到了专家的充分肯定和鼓励,也给我们下一步的工作提出了新的思考和实践方向。如:当我汇报到我的办学定位,其中有一个目标涉及农村学校时,专家指出,农村学校的定位,也要有现代气息。我说我们有界定,就是既要有传统的农耕文化,也要有现代化教育的特征,这就是我们的办学思想之一。对此,专家组同志给予了我们高度的评价。

长风破浪会有时,直挂云帆济沧海。六团小学是我的希望,我相信,六团小学这所农村学校更会是一个奇迹。

心语

办学思想,是校长办学的灵魂,办学的追求,办学的思考,办学的方略。守正与创新,是办学思想保持与时俱进的法宝;定位与作为,是办学思想有所成就的衡量标志。给予六团小学办学思想的准确"估量",既是为她把脉,更是为她扮靓。

有点儿无奈的合影

时间：2019 年 6 月 28 日

情景：人生有初见，相识，就一定有离别。我们也习惯了离别，一张相片里，会是美好的记忆吗？

针对我校学生流动性比较大的问题，学校和我无法阻止，我唯一能做的是，在家长会上，我向家长承诺：每一位转出我校的孩子，与校长、书记合影留念。目的是：让孩子们对学校有美好的回忆，这里有他们熟悉的老师和同学。让孩子们有童年美好的回忆，这里有他们成长中的故事。我记得，当我把这想法告诉家长们的时候，会场内响起了热烈的掌声。

学期即将结束，我从课程教学部那里要来了转出学生名单，我感到吃惊的是，20 名，竟然有这么多转出的学生，转进来的只有 6 名，比例失调。我无语，有点郁闷，这样的流动转出与学校教育教学质量没有直接关系。当初，我曾经工作的学校，家长因嫌弃学校教学成绩或者师生关系或者家校关系的矛盾和冲突，而导致转学，从本校转到本区另外一所学校，那个大多与学校的质量有关。而目前我们六团小学的转出，转到这些孩子的老家去，首先不是学校质量问题，而是有其他众多的因素。但我同样不开心，总觉得学校工作还没完全做好。

为了兑现诺言，我请学校干部广播通知请这部分孩子到校门口，书记与我等候在大门口了。孩子们很快就来到我们身边，当书记和我把合影留念的事告诉孩子们时，他们没有特别的惊讶，我估计在家长会后这些孩子的家长与孩子一定在期待了。从一开始的承诺，更多的是可能考虑校长和学校的形象，到这时，我有一份欣慰，也有一份担忧和焦虑。

欣慰的是，像六团这样的学校为外省市孩子的成长做了很多工作，太多的工作无人知晓，老师的职业成就感因没人关注而找不到坐标，成就感低甚至无,但我们良心上可以交代。

担心的是,还有很多工作需要我们去做,照片上的孩子普遍比较腼腆,有的甚至很拘谨,要分析的话有太多的因素在里面,如孩子们成长的环境,学校的课程。

焦虑的是,假如有些遗憾,特别是学校和老师没按规律和要求来做,而给学生造成的伤害,学校已经没有机会弥补过失了。

心语

作为农村学校的六团小学,因大环境与人为的因素,生源流失、在校生流失就成为校长的心头之痛。尽量为孩子们创造有利于成长的环境,有幸福感、充实感,让孩子们感到学校的温暖、教师的亲切、小伙伴的友情。流失一时无法消弭,关爱却时刻不能缺失。即使有流失,也让孩子和家长带走六团小学的祝福。

教师的健康牵动着我的心

时间: 2019 年 7 月 22 日

情景: 平时,每周我会踢一到两场球。为了保持状态,每周我又会去健身房一到两次。"汝果欲学诗,功夫在诗外。"

学校的献血工作一般安排在暑期中,六团小学也不例外。因第一次实际接触新学校的献血工作,所以尽管有工会主席乔老师和支部委员尹老师组织和带队,我还是较早地来到学校,在已经事先了解的情况下,再掌握一些学校的真实情况,如这项工作的总体评价,教师的态度和积极性,教师的健康状况等。在距规定的发车时间前十多分钟,八名教师到了,一位老师在外地处理一些私事,无法赶到,我们准时发车了。

今年的献血名额只有两名,因为去年超额完成任务,使得今年的四个名额只须完成两个即可。虽说只有两名的任务,但是按照工会主席乔老师的预测,还是不容乐观的。果然,经过血站一系列的检查之后,只有一名教师走进了抽血室,这是一位入校近三年的青年教师,她在学校负责心理健康教育工作。据她说,她之前在大学里曾经献过一次血,不仅相对来说,健康状况以及符合献血标准的可能性要大,而且紧张程度也可以自我调节好。其他七名教师因种种原因都未能通过。

这是一件令我感到特别焦虑的事。原因有两点:一是担忧教师们的健康状况。这次参加体检的老师是按照花名册的顺序依次报名的,从年龄角度讲,以年纪轻的为主,也可以说是中青年中偏向年轻的。一般来说,这是个健康状况比较过硬的年龄段,但是就是这样一茬教师,体检合格率这么低,是令人意想不到的。这批老师是学校的中坚力量,他们的健康状况是大部分人的缩影。二是担忧学校的工作。学校工作与教职工健康状况紧密相连。良好的健康不仅能在时间、体力、质量上保障教育教学工作的顺利进行,而且使得学校在精气神和文化上充满活力和朝气。反之,不仅教育教学工作无法顺利开展,整个校园的精神面貌也会低迷和猥琐。

之前积累的经验告诉我,当教师健康状况出问题时,有一部分教师会把不健康的因素归于学校,认为是学校的工作拖垮了教师。关于这一点,其实是一个复杂的问题,其中不排除确实因劳累过度而积劳成疾的。但是,当这样的舆论弥漫在团队中时,对学校各项工作的规范化和精细化是不利的,对学校教育教学改革的推进是不利的。

今后,关于健康,在教育改革理念和行为落实上必须向老师们做进一步的宣传。农村学校教师很多落后的是理念、观念,这与他们生活的环境、工作的对象以及已有的学校文化有着密切的关联。作为一名特级校长,我想我最能做的就是改造学校文化,建设优秀的文化,而学校文化的建设不是一蹴而就的,不知我能改变多少。积跬步以至千里,积小流以成江海。

我相信,努力着,奋斗着,快乐着,就是如梦人生。

心 语

　　教师健康,是教书育人的基础保障,是保证学校正常教育教学秩序的人力支撑,更是学校发展后劲的风向标。重视教师身体健康,把教师身体健康放到学校发展大局、优质教育全局、育人工作格局的高度来认识。健康,有理念问题,更须有效引导,是生命观、幸福观在人生道路上的具体体现。关爱教师健康,建设健康文化。

思 渺 然

时间: 2019 年 9 月 10 日

情景: 教师节到了,叽叽喳喳的孩子们或手捧鲜花,或自绘贺卡。"鲜花贺卡人何处,风影依稀似去年",本是开心事,却高兴不起来。

　　今天要写的是学生送礼物和鲜花给老师的事。需要声明的是,不与向学生索取物品之类的道德有关联,而是我校很有意思的一种文化,这种文化又可以使我联想到今后的学校管理。

　　今天是教师节,我比平时更早就到了学校。还没看到学生的身影,进入学校的桥头边时,两位卖鲜花的老人已在那里设摊了。因是在乡下,类似这样的情况,社区管理中一般听之任之,学校也不便多加干涉。好在这些摆摊人也很知趣,一学期就是这么一两次,开学季或者教师节,且远离校园,躲在路边。说实话,看到这样的本地老人,城管队员都是很为难的。我想,因为有买卖,所以才有鲜花。

　　在我走向校门的时候,孩子们也陆续走进校园,与平时不一样的是,今天走进校园的孩子中有较多手里拿着几束鲜花。孩子们看见我依旧礼貌地向我问好,我也一一回应。在向我问好的时候,几束鲜花捏在他们的手里,我知道是送给他们任课老师的。但在以前的学校里,校长绝对不亚于任课老师啊。但是,在这里孩子们没有举动,我并不是计较,倒是觉得很有意思,值得研究和推敲其原因。

我仔细观察,大多数孩子手里拿着三束花。有一个孩子在向我问好后,递过来一束花,说校长节日快乐。我并没有急着接过鲜花,而是问他,你送掉一束后,还有一位老师怎么办?我直截了当地提出。他思考了一下说,我书包里还有一张自制的贺卡。哦,果然,我是"节外生枝"的一个。

我接过鲜花,向他致谢的同时,陷入深思,也找到了很简单又很复杂的原因。说简单,无非就是三门所谓的主课。说复杂,是什么造成这样的价值认同?孩子们心目中的老师就是语文数学英语三科老师。其他的老师呢?基本忽略不计,其他学科只是搭搭手,凑个数的,尽管也有相当一部分的学科教师很优秀,上课也很用心,也深受学生们的好评和喜欢,但是,还是无法改变传统中学校教育教学根深蒂固的观念。

不能怪孩子们,也不能怪家长,当然也不能怪老师,那总得有人承担责任吧。还是把它归结到传统、落后、陈旧的教育理念和手段,长期的运行模式,成为不争的现实。此时,思渺然,惆怅之情油然而生。

心 语

　　学生本性纯真,教师节向教师献花问好,体现了尊敬教师的风尚。学生动机单纯,教师节来临,向自己认为关系最密切的教师献花问候,以表达敬意。学生愿望最真,或许由于经济等原因而无法成全自己"普献"的愿望。引导为上,开导为要。

让主动问候回归正常

时间:2019 年 11 月 25 日

情景:春蚕一生没说过自诩的话,那吐出的银丝就是丈量生命价值的尺子。我希望,我满头的白发就是那根根银丝。

　　出差一周,分别到山东、山西参与一些督查工作。周一回到了学校,我与平时一样来到校门口,我所谓的迎晨,即迎接早晨,迎接早晨来到校园的师生。这项传统开始于在孙桥担任校长时,与现在相比,当初并未像后几年那样顶真,也就是说不是天天站在校门口,后来在园西工作的十多年中,做到了天天迎晨,只要不出去开会或参加其他校外活动。今年三月到了六团小学工作后,迎晨很快成了校园一道独特的风景。

　　今天我比平时提早了几分钟到达校门口,毕竟一个星期没有见到孩子和老师们了,心里还是有点儿想念的。从校长室到门卫室的一小段路,陆陆续续遇到了几个学生,他们很有礼貌地向我问好,虽说只有一个星期,但我却有久违了的感觉,孩子们的问候声响亮、亲切。几位老师也微笑地走进校门,他们在向我招呼的时候,也寒暄了"一个星期没见了""校长辛苦"之类的话语,平平常常,和谐,温馨,我的内心有一股暖流。我站在校门口,走进校园的孩子越来越多,有敬礼的,有鞠躬的,同时伴着响亮的问候声,我不时地把印有激励话语的小奖券发给表现特别好的学生。一起值日的干部陆主任高兴地说,现在孩子们的声音真响亮。

　　我一直期待着在孩子们与我的招呼中,有孩子前来主动地问我,诸如:好久没见到你了,这周你去哪里了之类询问的话语。可是,一直到我离开校门口,没有一个孩子与我交谈这方面的话题,一个字都没提到。我想起了之前工作的学校,曾经也有出差的时候,回来后,总会有一些孩子主动询问情况,或者说一些亲切的话语,表达师生深厚的情感。可是,为何在六团小学没有呢?

　　没有统一的标准答案,或许有这几方面的原因。从孩子的角度来讲,学生们对校长、对老师的关注一向是缺少的。在我校,孩子们有他们的玩伴儿,他们独立性较强,既没有成人较多的关心,同样也少有与老师的来往。从老师角度来讲,我隐隐感到,老师们与学生的互动交往还不够,这也不能全怪罪于老师,来自不同区域的孩子,文化和生活习惯等的差异,这是影响老师交往的一方面。另外,有教无类、四海之内皆兄弟等大爱思想需要不断地深入教师们的脑海中。

从我校长自身的角度讲,值得分析的原因应该更多,校长个体与孩子们交往还不够,或者说是不是在孩子们心目中高高在上,见校长很难,不见校长是常事,或者校长可有可无,我还没有真正确立在学生中牢固的地位。这也不是检讨,而是反思。也有让我感到庆幸的,校长不在,孩子们照样开开心心。

看到他们脸上洋溢着的那甜甜的稚嫩的微笑,我的心里竟然有种"要么共赴深渊,要么同挽狂澜"的冲动。孩子们,我一定要为你们做更多更多的事。

心　语

礼仪礼节,是当代学生行为举止标配。学生遇见老师,应该主动招呼问好,是学生的文明风范。礼仪是养成的教育,也是践行的习得。在反复中长记性,在练习中学规则,在行动中成习尚。问候,是互相的,有时成人的主动,会给予学生无形的教育。

张副校长的退休

时间： 2020 年 3 月 20 日

情景： 学生也好,教师也罢,虽然有万般不舍,校园里,离别,总是在上演。感谢张副校长卅多载的辛勤耕耘。"粉笔无言写春秋,园丁风采心中留。"

疫情期间,3月中旬,恰逢学校张副校长退休。在上学期期末,一切都还是那么正常的时候,我曾与她打过招呼,辛苦了大半辈子了,下学期的一个多月就不安排她工作了,一直到退休的时间到,她欣然答应了。没想到新冠肺炎的来袭,打乱了事先的设想。张副校长非但没有轻松地享受她到光荣退休之前的闲暇时光,反而在整个特殊时期几乎一天两次到学校,一是收发局域网上的各种文件,同时下发布置给校内各条线负责人;二是在她的召集之下,与学校课程部、后勤保障部等同志一起研究制定各类制度和预案,完成上级布置的各项工作。在她的组织和设计下,会议室桌子排满了各类文件、表格和一些有关防控工作的记录。其间,上级领导到校突击检查,对我校的工作给予了很高的评价,这结果与张副校长的辛勤工作是分不开的。

我以往的经验是,一所名校一定有一位能干的副校长。现在,一年多农村学校的实践经历后,我的经验是,不管是怎样的学校,副校长一定要甘于默默无闻地奉献,张副校长显然这点做得很好。在她正式退休的那天,传统做法是生日的这天,我慎重地邀请她到学校,尽管她几乎天天在校,我说我要当面致谢并欢送她光荣退休。我真诚表达了我的感谢之情,代表我个人,感谢在我来六团后的一年多时间里,她对我工作的支持;代表学校,感谢她为学校和六团地区教育事业所做出的努力。

张副校长这天买了很多的糖果、水果分发给正在学校研究工作的其他干部。在职的、退休的,大家欢聚一堂中又感慨万千。这是特殊时期一场特殊的退休仪式,我想虽然岁月会在我们的流年中远去,可是这样温暖的场景一定会让张副校长终生难忘,也会让我久久难忘。

心语

　　尊敬长者,尊重前辈,是中华民族的优秀文化传统和美德。形成老教师主动发挥热量、贡献智慧,年轻教师虚心向老教师学习的好风尚。在教师梯队中,年长者往往是压阵的、坐镇的。尊重老教师,就是尊重将来的自己。学校文化积淀,就是由无数从年轻打拼到年老的老教师传道授业的过程。

自 信 的 力 量

时间: 2020 年 8 月 8 日

情景：填不满的热情追逐着梦想,挡不住的勇气充盈着力量。瘦弱,但技术出众;黝黑,自豪的肤色。"把对手踢成粉丝",我们是国王杯赛的国王。

暑期,是大多数孩子孵空调、看电视、睡大觉的绝佳时期,但是,对于六团女足来讲,暑期又是她们提高和成长的好时光。只要不是雷雨天、大雨天,几乎是每天下午3点开始,足球队的孩子们就活跃在绿茵场上了。夏天的烈日丝毫不给这些孩子一些照顾,每天火辣辣地直射着孩子们,好在六团小学的西面围墙边,那一排整齐、高大的水杉树,整整有四十二棵,这一排树成了足球队天然的遮阳棚,遮挡住了西斜的阳光。尽管如此,热浪以及遍洒操场的阳光还是把孩子们晒黑了。在六团呈黑皮肤的女孩子,肯定是足球队员,肯定是校园明星。

7月下旬,在松江举行了第六届国王杯赛,我校二年级女足球队欣然前往参赛。球队时晓华教练对这个杯赛当时的情形记忆犹新,他说第一次参加这个杯赛,那时我校球队刚组队,整个赛程零进球,失球一百多个,球员与教练以及前往观战的家长都有形无形地被虐得无地自容。惨痛的记忆一直刺激着六团小学的球员,特别是深深刺痛着时教练,痛楚成为时教练带领孩子们努力改变落后面貌的巨大动力。从近一两年的成绩和影响力来讲,他始终没有忘记那些痛,他始终在抚摸着伤痕,即便伤痕已不见疤。

今年出征前,他低调行事,他的目标是让孩子们去锻炼。这两年,他通过学习借鉴外国足球课程,并付诸实施,二年级女足有了明显的飞跃。时教练也知道,按照目前的水平,这支球队肯定能获得好成绩。但他说,第六届比赛应该不会有第一次一样的局面出现了。他这句话音量不大,我们都感受到,他充满自信。因为,从平时孩子们训练来看,实力已非同一般。我跟其他教练、老师以及家长都会心地笑了。

我本想揶揄他一下,第六届,六,与六团人有缘。话到嘴边,突然觉得不妥,这样的揶揄几乎是期待侥幸。付出了这么多汗水的球队,支撑她们的绝对不是内心的对好运的期盼,而是艺高人胆大的自信。就像教练脸上那洋溢着的微笑,那微笑是自信的表现。谁说他没有眼泪?他只是把眼泪装点成诗,书写着他生命的力量。

心 语

　　教育就是给予人自信,树立战胜自我、克服困难、敢于胜利的信心,成为全面发展的时代新人。教师教学生自信,首先自己应自信,遇事不慌,遇惊不变,遇变不乱。自信是心理素质,实践出素质,磨砺出自信。培养自信,为敢于担当作基。

像花一样美丽绽放

时间: 2020 年 9 月 22 日

情景: 有几位小朋友因为喜欢踢球转到我校来。最让我感慨的是有位小朋友没能转过来,看着原来的同学在六团小学的足球场上肆意奔跑,哭得那叫一个伤心。"梧高凤必至,花香蝶自来",我们拥有的,不仅仅是足球。

　　这学期有三名女足队员因足球,从其他学校转学到我校,这件事在校园内成为美谈。对于六团小学这样的农村学校能因一特色课程而吸引生源确实不易。此事后续进展如何? 又引发我哪些思考呢? 除了三名女足队员以外,还有几十名学生从其他学校流动到我校,就如同我校每学期转学的学生一样,这些流动的学生绝大部分是外省市学籍的学生。

　　这部分转学过来的孩子在六团小学过得怎么样,是我一直关注的。开学前,我就此事告诉老师,不能让慕名而来的学生以及家长失望,要让一部分没法选择只能到我校的学生以及家长感受到六团小学的温馨和专业。确实,老师们都在努力中。老师们也知道,不久之后,我会亲自召集新转进我校的学生家长座谈会,听取家长们的意见,老师们肯定也会千方百计把他们自己班级的最闪亮的部分展现出来的。

　　周日,遇到女足队员张同学的妈妈,张同学是三名转进学生之一。她妈妈很高兴地告诉我,孩子来到六团小学后,不仅能有较多的时间参加足球训练了,而且学习更加自觉了,特别是写字写得漂亮了。她妈妈特别提到了尹老师,她写字指导有方法,有耐心。她说我们学校的老师真有水平,话语中充满了自信、骄傲和期待。我也特别高兴,家长对一位老师的好评,其实评价的却是一个组织、一个整体。

为此,引发我以下思考:一、引导全体师生充满自信。从目前学校的变化以及取得的成绩看,农村学校同样可以取得好成绩,学校的变化和发展是点点滴滴变化的积累,因此,我们千万不能奢望跨越式发展,也不要小觑细微的改变,更要努力反思并付诸实际行动,每个人的点点行为都代表着学校的一个整体,坚持勿以善小而不为,要为善,要勤勉。自信来自我们自身的努力和变革。二、足球背后需要综合实力。仅有足球,无法吸引更多的学生,家长愿意参加足球队,那是因为其背后有语数英教学质量的保障。当孩子们足球水平提高的时候,家长们的需求又会进一步提高。需求可能是多方面的,归结起来无外乎五育并举,物质环境和文化均佳,这里有更多的工作可以做,六团小学全体师生以及家长有很多的工作要做。通过抓课堂教学来提高学习效率,让孩子们足球训练的时间得到保证。通过教师的专业发展,让各科教学质量有所提高。

具体又如何操作? 在上周行政会上大家基本达成共识,如建立六团小学课堂教学模式,在研究课堂模式的时候,促进教师的专业发展。我常说,六团小学是一所花校,是一所花园学校,师生应该像花一样美,师生在校园里成长,每个人的成长又像花一样,静悄悄地绽放,绽放自己的色彩,挥洒自己的美丽,淋漓尽致地展现自己,原来自己可以这么美的。

心语

　　孩子是最美的天使,学生是最美的花朵。出身改变不了六团小学学生的可爱,当然也掩饰不住六团小学孩子的潜质。让天使更美、花朵更艳,是学校的责任、教育的职责,是校长的宏愿。每位学生都是独一无二的生命,每个孩子都是渴望成长的精灵。六团小学应敞开胸怀,把全体学生都揽在怀中,让所有孩子都有出彩的机会。

整齐排列的书包

时间：2020 年 10 月 28 日

情景：让书包摆放在操场边，是孩子们的愿望。然而，整齐地摆放，曾是我们的梦想。当梦想照进现实，是甜蜜，是欣慰，是幸福。

每天放学后，六团小学校园内仍不失欢声笑语，伴随着热闹，可以看到跑道上、过道里，总有几排摆放整齐的书包。再循声望去，便可看到孩子们兴致勃勃玩耍的身影。操场边，跑道上一长排特别齐整的书包，不用说就知道，它们是足球队的孩子们的。从书包有序摆放的架势，就让人敬畏三分，让人立马猜想，这是一支纪律严明、训练有素的队伍，往往这样的队伍是最具战斗力的。

确实，这一长排的书包见证了我校足球队，特别是女子足球队盛夏酷暑中挥洒的汗水、拼搏和付出。篮球场边又有一排书包，那是篮球队吗？不是，是学校触球队。建队几年来，参加区市级比赛，一直在冠亚军之间来回，从未获得过第三名。体力、耐力和智力的最大限度发挥让他们捧回了一座座金灿灿的奖杯，孩子们付出了很多很多。

放学后的校园不时地传来孩子们发自内心的笑声，以及运动时爆发出的无拘无束的呐喊声。除此之外，还会有悠扬的琴声传来，那是在四楼，手风琴教室里，二十几名孩子正在老师的辅导下，专注地练着，在干净的走廊过道上，依旧可以看到一排整齐的书包。农村的孩子很少有自己买乐器的，但并不意味着他们中没有音乐爱好者乃至天才。孩子们喜欢音乐，喜欢这些在手臂拉动之下会发出诱人声响的乐器，在老师辅导下，渐渐成曲调了。音乐不分国界不分地域，农村孩子照样可以演奏出优美的音乐。

校园的热闹还在于静。静，来自爱心看护班，四间教室里都有孩子，孩子们静静地等候着家长的到来，看护的老师也静静地与孩子们在一起。教室里的灯光、走动的人影构成了有声有色的校园美景,不时可以看到操场上的教练、老师。

我也常出现在他们中间。老师们感叹,我们的校园真是充满活力。我听了,感到特别欣慰。书包静静排着,它们还没有压在六团小学孩子们稚嫩的肩膀上。农村孩子自有他们的幸福和快乐所在,孩子们的快乐是简单而幸福的,像清新和煦的春风,像灿烂温暖的朝阳。

心语

从书包的状态,可以看出孩子放飞的心情;从书包的放置,可以知晓学校为孩子准备的丰富的活动"菜单"。书包暂时的休息,就是小主人尽情玩耍的时光。课余活动错落有致,是"五育"并举的生动体现。动中成长,练中感悟,学校搭台,书包见证。

深 深 的 信 任

时间: 2021 年 3 月 18 日

情景: 有些事情,要等你渐渐清醒了,才明白它是个错误;有些东西,要等你真正明白了,才知道它的沉重。

因与我的约定,今天五(2)班的三位家长代表来到学校,我作为学校校长要给五(2)班家长对于张老师的投诉一个答复。我首先代表学校和本人向家长们致以真诚的道歉。理由是,学校里老师有这样的行为校长负有领导责任,与校长以及管理团队管理的缺失、引导有关。我也向家长们表示衷心感谢,在监督中体现对学校的支持和关心,特别是用这样的方式与我和学校沟通,是对我和学校的信任。

其次,我跟家长们的对话是关于张老师的。我表达的意思是,家长们反映的情况,经初步核查,基本属实,所以也就不再重复,如还有没有表述完整的可以继续告知。家长们又陆续指出了另外一些问题,诸如,关于学习笔记的问题,孩子们几乎没有一个字的记录;如关于古诗学习,连书本上最简单的一首古诗都背不出。听着家长们的叙述,我无言以对。这些也是事实。

最后,我向家长们告知近几天张老师对问题的认识以及在改变的地方,如补上相关的作业以及批改,上课时态度变谦逊。我也郑重表达了整改举措,通过帮助、教育,张老师要有明显的改变,并承诺假如张老师依旧我行我素,等到5月份产假老师回来马上替换张老师。家长们对于学校的处理表示认可。

对话双方都态度友好,可我闷闷不乐。这样的事发生在我任职近三年的学校里,我确实放任的时间长了点儿。我一直相信自己的策略,在六团,我还有更重要的事要做,在这样的理念之下,这样的老师、这样的行为必然有存在的空间和场所。我必须反思。

下午,三位家长代表又发来一段话:今天您在百忙之中抽出时间接待我们深表感谢。自认为我不是难搞的家长,我和张老师本无交集,更无怨恨。作为孩子家长只是对他教学的态度和方式方法有疑问,您大量给他机会相信他,其实我更相信的是您。六团小学在您的带领下两年来已经有了翻天覆地的变化,相信六团小学的明天更美好。读罢来信,我的思绪又纷乱了,究竟该如何处理这件事?

他们对我这个特级校长充满了深深的信任,更多的还是期望,期望我能强有力地改变这一切。我也正努力地改变着这一切。《周易·系辞下》中说:"穷则变,变则通,通则久。"我也期待着这一切的华丽转身,并为之努力奋斗着。

心语

　　取信于学生和家长,是办学的要义,是家校合作、共育的基础。家长应是不在编的学校教育教学参与者,是一支不可忽视的学校工作质量评判队伍。与家长交心,家长肯向学校掏心。承认问题,是向教育对象坦露心迹;积极改进,是展示学校不护短的决心。有家长参与,是学校的姿态;有家长信任,是校长的幸运。

第二章 多 味

流动的岁月,铭心的记忆。走过的校园,坐过的教室,倾注了我满腔的热情;师生的笑貌,同事的身影,勾起了我无限的眷恋。经历过后,多种味道涌上心头。

阳光的味道

时间: 2019 年 3 月 1 日

情景: 都说,最美的爱是母爱,最暖的光是阳光。通过三棱镜可以看到太阳光有七种颜色,希望我的努力可以为孩子们的生活涂上明亮而多彩的底色。

在六团小学上班第一天,忙碌,踏实。

走马上任第一天,工作太多,太忙了。几乎打乱了我平时的生活规律和工作节奏,但是心里是无比充实的,这种充实也让我感到无比的踏实。

整个上午,我都没有在自己的办公室里坐下喝上自己一早就泡的那一杯茶。7 点刚过,我就与保安站在校门外"育才桥"坡面上了,迎接孩子们的到来,寒风依旧,春寒料峭。孩子们见到我打招呼说校长好,当然也有几个纯真无邪的目光中充满着惊奇惊讶。

周一早上要举行升国旗仪式,与全校师生见面。当我被久违的暖暖的阳光照在身上,特别是看到韩书记温暖的眼神和全体师生良好的精神面貌时,我顿时有一种被幸福笼罩着的感觉。我想阳光总是一如既往地给予我们温暖和光芒,我也要像阳光一样,给予这些可爱的孩子更多的爱和关心。我发表了国旗下的讲话,向全校师生做了简要的自我介绍,表达了对韩校长、韩书记的敬佩和感激之情,也表达了想成为全校师生好朋友的愿望。我表了态,要热心做好服务工作,成为他们真挚的朋友、忠诚的伙伴,要与全校师生一起勤奋工作,努力学习,为六团小学的再发展添砖加瓦。

下午,六团中学的张校长和杨书记来小学看望我们。他们也是今天第一天上岗的。我跟韩书记商量后,带领全校行政干部队伍到校门口迎接,并在三楼会议室里面与两位领导交谈了起来。他们原以为是私下的交流看望一下,没想到被我们这样的热情接待感动到了。好在后来我们再交流一番之后,大家各自散去了,我请两位中学的领导在我和韩书记的陪同下到我办公室坐了一会儿,又畅谈了一下。我们共同的理念是相互支持,相互帮助,联手打造六团社区新的教育天地,美好的未来会在我们的憧憬中实现。

今天,我在微信朋友圈发了一段话,并附上了九张到新单位六团小学工作第一天的照片。陌生感、有序、安静、和谐,一切井井有条,还充满着律动。点赞的朋友有将近600人,有300多朋友还有微信互动,我很感动,有这么多朋友关心着我。我也向朋友们告知我工作变动的消息,又传递给他们我已经调整好心态的信息,谢谢他们的关心。很多领导和朋友给了我极大的鼓励和支持。

假如说没有情绪那就绝对不是一个特级校长。假如说有了情绪,没有自我调节好那更不是一个合格的特级校长。我在国旗下讲话,自我介绍当中说,我会到各教室各办公室,在你们工作、学习活动的场所中去看望你们的。下午、午间,我就去了很多教师的办公室,还有一部分没有完成,我会在这个星期里面尽早地去,兑现我的承诺。午间教室里面,老师们工作很积极,孩子们都在认真地做作业。我必须肯定老师们的忘我工作精神,我也隐隐感觉到是否能够让孩子们在午间出来,休息、玩耍。

这里的孩子太淳朴了,看见老师和校长,他们就能够一个劲儿地叫你,在你旁边围着你热情地招呼你。有几个孩子也比较顽皮,衣服脏脏的。我想,既要保护孩子爱玩的天性,同时也要教给他们文明的生活方式和理念,这就需要学校老师一点一滴手把手地教给他们。

工作很多,干部们几乎是排着队来请示、来盖章、来研究、来汇报的。这种主动、自觉、有效、专业的工作态度令我感到非常欣慰。

心语 ♥

> 对流动来说,从陌生到熟悉,融入是最好的开始。融入,要融入对环境的适应,融入对校情的了解,融入对师生的认同,融入对此时此刻的体悟。融入,要身入、情入、心入。

"老干妈"——在细微的爱里

时间: 2019 年 5 月 20 日

情景: 有人说,没有爱就没有教育。这种爱,是细微的,是温暖的,总在不经意间就滋润了我们的心灵。

两位特级校长同时调入同一地区学校,这在浦东新区,历史上可能还是首次。巧的是,到中学任职的是张校长——张卫星校长,到小学任职的是我。我们两人名字中有一个共同的字——星,也许这就是缘分使然,是我们和六团不解的缘分。当时在市特级校长培训会上,我俩又在同一桌上。当时我们都知道要流动,但没有想到,会流动在同一个社区。很多时候啊,也在寻找我们的共同点。我们相互调侃说,我们还有一个相同的地方,我们都有一头白发。张校长比我大一岁,他从惠南镇到达六团,车程要半小时以上,我只需 20 分钟车程,就可以到达六团社区。因为我们的到来,在这里产生了不小的震动,学生们和家长们把这一消息作为重大事件相互传播,他们期盼着我们这个区域的教育有腾飞,我俩倍感欣慰,也同时深深地倍感压力。

与张校长、杨书记多次交往,从交流中知道,他们已经在思考六团中学的改革了。用张校长的话说,他要求学校老师把地面、墙面弄得干净一些,广播操做得好一些,这些都是能做的。在他们的领导下,广播操的师生面貌在体育组全力整顿过程中正在发生变化。张校长也在思考几句口号,他曾告诉我,第一句要写"借强校工程,办家门口的好学校";第二句是"立足六团的课堂实际,推动课堂改革,提升教育质量"。我觉得,这是一位老到且经验丰富的校长敏锐的目光和改革思路。

我也告诉他,我到六团将近一个月了,我的动作没有你的大,我在做的工作是:学文化、融团队、树形象、促变革。学习文化是了解情况,摸清家底,把握主要优势,找准文化劣势,以便今后顺利推进教育教学改革。基础情况准不准,文化掌握得透不透,直接影响今后的发展。同时要融入团队,融入干部管理团队,用先进的理念和自己的言行来影响学校的干部;也要融入教师团队,教育教学改革的主体力量是我们的老师,了解教师的动态,了解他们的需求,要传递一些新的教育思想和理念;也要融入学生团队当中,让孩子们真正地了解学校,热爱学校,老师要真正地研究我们的学生,研究他们的需求,把以学生为本的教育理念,落实在具体的教育教学行为中,落实在每天的学校生活中。

到了新的学校,会结识很多新的朋友。朋友是财富,结识教育界的朋友便是丰富的教育资源。到这里,我先后拜访了六团中学的校长、书记,拜访了当地公办民办幼儿园的园长和老师,也拜访了这个区域中的最高学府,江镇中学的校长和书记,以及有关的教育界的一些朋友。假如没有这次调动,可能我不会认识他们,我也没有机会进入到中学里面去。像昨天到了江镇中学,这所学校不仅有高中,还有在全国都算做得比较好的足球青训基地。

也结识了很多位来自农村学校的校长,在非正式的交流当中,我明显地感受到了他们身上的一股执着的教育情怀。这些校长乐观、豁达,有思想,对自己的学校了如指掌。尽管都地处农村,也存在着很多的困惑,面临着很多的困难,但是他们信念坚定,他们在努力地工作着。好几位校长的家距离学校有30多公里的路,每天来回奔波,但是他们无怨无悔,乐此不疲地在岗位上兢兢业业地工作着。农村学校太需要有这样敬业爱岗的教育工作者了。

在学生座谈会上,有孩子提出,他们希望在午餐时候能够吃上辣酱,提出这个想法的是一位大队委员。他说我们都来自外省市,我们在家乡就是吃辣的,可是在这儿我们几乎吃不到辣。我听了恍然大悟,对呀,在上海的学校里面,是不大可能有辣出现的。我在城里工作的时候,家长们多次提出,饭菜要清淡,不能重口味。我们六团小学的孩子大部分来自外省市,有的就是以辣著称的地方,如四川、安徽、湖南等地,这些孩子他们多么需要有家乡的味道啊。我没有当场应允,因为我还得向家长和老师们、向我们的干部们讲清楚这个需求。

在家委会上,我比较含蓄地向家长们表达了孩子们的愿望。我说:孩子们提出要吃辣的,哪天学校里面尝试一下,看看孩子们是怎么样的一个反应。我说完后,仔细观察全体家长的反应,其中有好几位家长在不住地点头。为了使孩子们这个小小的愿望得到满足,我还小心翼翼地对干部们说,我们先找一个班级试点一下,要是果真受孩子们欢迎,那么以后我们定期给孩子们提供一些辣酱,让他们感受到家乡的味道。

今天找了五(2)班进行试点。事先跟班主任老师讲清了有关的要求,准备了两瓶"老干妈"。开饭时,老师说今天有辣酱,有需要的小朋友,可以用调羹来舀。结果,全班 30 多个孩子,全部举起了手,班主任王老师拿着调羹一勺一勺地分给孩子们,孩子们的脸上露着微笑,吃饭别提有多香了。辣让他们找到了久违的家乡的味道,那是一种思念。我听到这个消息,欣慰地笑了。一瓶辣酱,看上去是一件小事,孩子们的要求也不高,但是我们努力地去做到,这才是真正地体现以学生为本。

六团小学的孩子是有礼貌的,在我没有自我介绍前,有很多孩子已经在称呼我"校长好"了。当天,我在晨会自我介绍后,下午几乎全校的孩子都称呼、招呼我"校长好"。我一直在思考如何在适当的时候向全校学生讲明,我们如何向老师问好,向来客的老师问好。尤其是有几次有领导客人还有老校长在我身边的时候,孩子们只向我一人问好,而没有顾及其他老师,这不单单使我觉得尴尬,也使客人陷入尴尬的境地。这不怪孩子们,这说明我们的行为规范教育还没有落实到细处。

这个星期的早操结束后,德育主任赵老师拿起话筒,向全校的学生又介绍了我,并要求学生向姚校长问好。于是我在他讲完之后,拿过他的话筒,对全校的老师和同学说,我深深地感谢大家对我的尊重,接受大家对我的称呼。但是在校园中应注意礼仪规范,我们应该顾及所有的老师,特别是有客人老师的时候。我请上了两位老师,现场示范给孩子们讲,假如你看到有其他老师在的话,我们应该如何问好,要么把每一位老师的姓都叫出来,说"张老师好""王老师好""杨老师好";要么简单一点,说"各位老师好""老师们好"。我虽然是校长也是老师,你们以后可以称我姚老师。

借这个机会,我又把在校园走廊里看到的宣传标语给孩子们讲解了一下:在操场上,尽情展示你的雄姿,在楼道里尽显你的文雅。我把这两句话的意思告诉了孩子们,希望他们在操场上奔跑的时候要像足球队员一样勇敢、顽强;在教学区内,我们就要静静地走,靠右轻轻地走,孩子们都点头了。果然放学之后,很多孩子都向老师们问好了,教室里楼道内奔跑的学生更少了。

行为规范的教育,要有具体的情境,要让孩子们知道道理,也要让他们有模仿实践的机会。德育主任赵老师多次在行为规范教育上提出做一个听话的孩子。作为一个老德育工作者,他提出这样的口号自有他的道理,也确实收获了一些经验,比如行为规范教育等。在几次与他的交流中,我指出他这句话正确的地方以及有缺陷的地方。我觉得,听话的孩子,他是缺乏批判性的,这与目前培养核心素养、培养具有创新精神的目标是格格不入的。

于是,在今天的行政会上,我们统一了思想,我们达成的共识是:培养德智体美劳全面发展的学生,六团小学要为学生的终身发展奠基,每个学生都是独特的,孩子们的每一天都是崭新的,充满希望的。干部们频频点头。

心语 ♥

为学生着想,是办学的要旨。无论是"老干妈"的惊喜出现,还是要求学生行为规范的正确践行,都是"殊途同归",目标一致。"情"字当头,困难变成办法;"爱"之真切,心愿化为动力。

我心似秋月

时间：2019 年 5 月 24 日

情景：秋月，是景色，也是心境。同是云遮月，他看到的是朦胧，你感受的是意境，往往让人想到"更与何人说"，其实不必，只是差异而已。

　　当流动到六团小学不久，就有领导和朋友对我说：千万不能以你之前的学校来要求现在的学校。就连几位学校内部的干部和老师也对我说：你绝对不能以你名校的标准来要求我们。对于这些善意的忠告，我深表谢意，同时又纳闷：究竟该以怎样的标准和要求来办学呢？这里要思考的是什么？关于名校的标准，是指有它自己的一套运行模式，这套运行模式有着它自己的价值和标准，具有鲜明的特性，是其他学校无法全部照搬的特色元素。当然，不可能以名校标准来要求我校，但不等于不要向名校学习，学习名校还是很值得的。

　　从我这几年开门办学的实践，从一次次请进来、走出去的活动中，我感受到有时去学别人，有时他人学我校，互相学的可能是某个方法，某种技术，某种方案、条例、标准，甚至也有某个做法。但深入思考和研究后，就会发现，要向名校学习的应该是一种思想和理念，即正确的教育理念，正确的教育思想，即要符合教育规律和学生成长规律。从这个意义上说，学习名校，按照名校的方法去操作，是十分必要的。

　　在正确的理念、教育思想指导下，一所学校校长和老师的理念和思想应该是什么？或者说在哪些方面有所体现？首先是育人观，培养怎样的人？为谁培养？如何培养？其次是师生关系观。教师和学生应该建立怎样的关系？建立民主的、平等的、和谐的师生关系。教师要尊重，敬畏学生。在这个关系之下，再建立起和谐、一致的家校关系。最后是建立正确的课程教学观，为学生成长开设课程，课程注重全面发展和个性发展相结合，注重对学生开展多元的评价,在过程中评价学生。

在这三个主要的思想和理念引领之下,就会逐渐杜绝一些司空见惯的、熟视无睹的现象。如:对本地人与外地人的看法,由此带来的一些问题。再如,以语文数学英语分数评价为主的学科关注中,只抓分数,而忽略思想道德品质的养成,忽视全面发展。所谓的小三门无地位,无关紧要,渐渐地对一些违背教育规律、成长规律的行为变得越来越容忍,使得这种违背规律的事变得理直气壮起来。还有很多,其根本原因就是理念、思想不正确。

教育理念、思想不分高下,名校、非名校都应该有正确的思想和理念,学校都要逐步建立起来。学校的差异就是理念和思想的差异。名校并不遥远,名校也并不遥不可及。

心 语

做人有"三观",办学也有"三观"。办学的"三观"是办学理念引导下的办学指南和宏观立意,"三观"覆盖育人、家校、课程,抓住了办学主要矛盾。坚持和落实"三观",无关学校的地位、地域。认准目标,坚持不懈;循序渐进,终有收获。

最有力量的,是爱

时间: 2019 年 5 月 28 日

情景: 我们常把孩子比作花朵,一粒种子要从播种、抽芽、发叶到开出美丽芬芳的鲜花,少不了阳光、雨露、修枝和除虫。

家庭和学校教育,缺一不可。

今天家长会很成功,这也是我预料之中的,更是我想要得到的结果。首先,会风特别好,家长们自始至终端坐,聆听,不时地响起一阵阵的掌声,也不时地爆发出会心的笑声。从大会集中到分散至班级,家长们静静地坐着,特别有耐心。中层干部说,这在以往是从来没见过的。9点多了,家长们离校时带着满意的微笑,边走边向我和干部们招呼道别,一片和谐的景象。这是家长对学校的信任,也是教育的崇高和神圣,使得每个人都产生深深的敬畏之情。

家长会的情形使我们知道,当我们依法办学,按规范办事的时候,家长们自然会感受到学校的那份真诚和认真,他们自然也会认真地积极地支持学校工作,从而有力地推进家校合作,为形成一致的教育奠定了基础。在与家长们道别时,多位家长热情地与我握手,有一位家长激动地说,感谢你给六团小学带来的变化。

家长会上,班主任和任课教师表现出了较高的专业水准。在介绍学校干部教师团队时,老师们一一上台亮相,尽管有的老师有些腼腆,但还是就如我会前所说的,教师要充分自信,落落大方,体面地出现在家长面前。在班级互动环节时,教师们都能自信地向家长宣讲学科教学情况。尤其是音乐、体育、美术等学科教师,之前从没有与家长进行对话的机会,当今晚面对家长们时,他们都能侃侃而谈,不仅仅因为事先做了课件等准备工作,而且与平时的学习、思考和实践积累有关。他们用自己的话语向家长表达,大大地提高了所谓副科教师的地位。

家长们显然也十分认可和希望学校能关注各学科的发展。各科教师的共同努力,极大地推进了学校全面发展的步伐,在学校发展进入良性发展、整体发展道路上迈出了可喜的一步。

总之,这次家长会依旧采用正向引导的方式,让家校形成一致的教育理念,适度引导和刺激家长的教育需求,适度关注学校工作,建立监督机制,使学校各项工作规范,以此建设更好的育人环境,促进师生共同发展,实现办特色鲜明、现代教育气息浓郁、百姓家门口的好学校的目标。这也是我的心愿和目标,我相信有了心愿和目标就会有幸福。

心语 ♡

　　家校关系，是合作关系、共事关系，目标一致，诉求相同。"家"，是学校后援、后院，与学校相辅相成，不可或缺的办学力量。家校融洽，学校顺畅；家长支持，教育顺利。为家长办实事，为家长掏心窝，学校无往而不胜。

有一种微笑叫战战兢兢

时间：2019 年 5 月 31 日

情景：幼苗探出了头，清爽爽、活脱脱、羞答答。"微雨过，小荷翻，榴花开欲然。"只要愿意，我们总可以做些什么。

　　一直以来农村孩子很容易让人看出来，我总是在想这是为什么？首先因为是肤色长相，穿着打扮，这是不争的事实，无须我多言。但除此以外还有什么？农村的孩子普遍比较腼腆，不善言辞。不善言辞的原因是什么？学校有没有办法改变这一不足，答案并非完全否定，而是完全有可能的。从今天一个案例中，更进一步坚定了我的看法，一定要为农村孩子开设一门演讲与口才的课。

　　我到六团小学的两个多月后，成立了学校礼仪队，每周由一个班选派十二位同学组成。礼仪队员主要的工作，在早晨、午间、课间等时间，在不同的地点巡查，负责行为规范示范，阻止不文明、不规范行为发生。作为礼仪队员，值日一周，这是一项光荣而辛苦的事。

　　今天早晨，我照旧在校门口迎接师生的到来，我站定几分钟后，礼仪队员也排着队到了。他们是昨天上岗的，今天是第二天工作。我想他们一定有很多的感受。于是，在向进校门的老师问候的间歇，我问孩子们礼仪队员工作是否感受很多，他们都点点头，表示认同。我向他们提了一个问题：用一句话说说你昨天一天当礼仪队员的感受。我将问题抛出后，接着说：谁第一个来告诉大家？一阵沉默，无人回应。刚才还都点头表示赞同我的观点，现在要发言了，却是面面相觑。孩子们暂时不说，并不意味着他们没啥说，而是他们不习惯说。

对此，我并不觉得惊讶，我抛出一个话题，本身就是为了锻炼农村孩子，一是克服胆怯的心理，二是改变思维的习惯。之所以说是思维的习惯，因为不表达有时确实是没有啥说的，没啥说从某种角度讲是思维出了问题。于是，我继续消除他们的顾虑，我告诉孩子们，一天感受可能很深，如：要做好礼仪队员的工作并非我们想象中的那么简单；再如：虽然很累，但是我很开心，等等。我要求每个同学都要发言，没有标准答案。哪怕是与别人一样的观点，在表达的时候却可以有所不同，尽量与众不同。我的要求讲完，孩子们还是笔直地站着，并没有想回答我的问题。

为避免尴尬，我请了一位欲言又止的孩子来讲。在我点名后，她说礼仪队员很神气，有些同学，尤其是比较调皮的学生，看见礼仪队员在，他们就不敢奔跑了。她的答案，不是我所期待的，我期待的是孩子们能大胆表达自己的想法。我点头表示赞扬。接着，有了第二个、第三个孩子的回答。接着，又是一阵短暂的沉默。我没办法了，只好按队伍的次序，点名请学生讲。刚点到一个男孩，他却微笑着摇摇头，意思是说他没啥讲的。我对他说，那你等一会儿说。我点名第二个学生，结果，他仿效前一个孩子，也微笑着摇摇头。对于他的表现，又完全在我预料之中。

以往，课堂教学中，往往这类孩子的温馨一笑，会取得老师的同情，但却失去了一个表现自我的机会。因为，这样一笑会得到老师的准许。

心语

　　培养农村孩子的表达能力，看起来是改变害羞、胆怯等习惯问题，其实是有关学生建立自信、学会人际交往的深层发展的话题。但这难题的破解，不能光停留在说说而已。建立"学校礼仪队"，正是为他们提供一种磨炼的平台，在这过程中，学生会出现不同的情形，给予鼓励的微笑显得十分重要。这种微笑，是对学生自信表达的赞许，也是对学生有序交流的认同。

一边失去，一边寻找

时间：2019 年 6 月 24 日

情景：关于生源，孔子的八个字几乎可以涵盖全部：有教无类，因材施教。

关于生源的话题。这个话题我之前写过，在农村学校，老师们普遍抱怨的是生源差，这是一个不争的事实。所谓好生源，一般来说，最多的是成长于经济条件较好的家庭的孩子。经济条件好的家庭底子比较厚，首先具备比较丰富的人脉资源，这样的家庭可以轻而易举地获取到名校求学的机会，包括在强大经济条件支撑下的学区房购买力。

其次，在较好的经济条件支撑下，孩子们可以住在有丰富教育资源的城镇而不是乡村，诸如补课班、艺术培训班等五花八门的社会力量班和与教育有关的机构，不仅住得近，而且有实力送孩子到这样的机构去学习，不管孩子是主动要求的还是在家长逼迫下的，孩子确实也能学到很多。其中不乏成功的案例。好学校因此拥有很多有特长的学生。

再者，经济条件较好的家庭一般在智商、遗传、环境等方面都占优，也相对保证学生有较好的学习习惯和学习的成果。

最后，学生之间相互影响，这是生源好的学校进入良性循环的另外一个重要因素。农村学校生源差，家庭经济条件较差，因为较好条件的学生都以各种途径往名校去了，这确实不可回避。当然，这不是绝对的，只能从一般意义上说。农村学校中还有较大一部分是外省市的孩子，这也被认为是生源差的另外一个因素。说因有外省市孩子而使学校生源差，这个说法应该不能成立，但往往被公认。

其实，关于外省市的学生，有相当一部分是很优秀的。目前，在较多农村学校中，佼佼者中外省市孩子往往居多。当然，也要看到实际存在的问题，外省市孩子受家庭经济条件限制，孩子们在行为习惯、学习能力等诸多方面存在较多问题,这无疑是需要改变的,也是需要我们学校去帮助他们改变的。对于这些,我还是有信心的。

心 语

生源流失,是农村学校较为普遍的现象。视之为司空见惯,还是令人惋惜,是个态度问题,情感问题。对于失去,要寻找什么?寻找原因,更要寻找对策,找回对农村子弟的感情。多在有限的办学条件创造上下功夫,尽可能地留住学生的感情,留下对六团小学的美好记忆。

遇 见 足 球

时间：2019 年 7 月 1 日

情景：人生最美的遇见,有时是那样偶然。或是音乐,或是绘画,或是一只黑白相间的足球。不管是走过一程,抑或是相伴一生,最美的,是记忆中再也抹不去它的影子。

7 月 1 日,夏日的激情,悄悄地逼来。今天是党的诞生日,也是暑期第一天,我一如既往地来到学校。二十多年的校长职业生涯,让我养成了习惯,习惯于在双休日、假期往学校跑。出发前也许漫无目的,但是到达学校后往往会有事,或者说会自然而然地找到一些活,一些事情让我利用休息的时光尽善尽美地去完成它。以校为家不好说,把较多的时间和精力投放在学校里,这倒是事实。

之前,家距学校比较近,到学校走走看看也不足为奇。现在到六团小学,家与学校的距离虽然远了点,但常年的习惯让我感觉距离并不是问题。到新学校的第一个暑假的第一天,看到的是令我感触的场景,女足队员在三位教练的带领下,在校园里活动。我之所以说活动,而不是说训练,因为他们这个假期中大部分的时间将在学校里度过,每天都是一整天在学校里,不仅仅有训练,而且还有其他活动,如:游戏、作业、自由活动、午餐、休息等。

首先,被教练员们为女足队员的成长所做出的努力而感动,他们完全可以在完成专业教学任务后享受与其他老师一样的休闲时光。但是,他们并没有选择舒适一个假期,他们与足球队员在一起,除了承担的足球技能训练之外,还要在与队员朝夕相处中培养孩子们对足球的情感、队员之间的情感、队员对学校的情感。教练员们的努力,表现出的是称职的教练员素养和教育者的敬业精神。

其次,看到孩子们对足球对学校的喜爱之情而感慨。农村孩子受太多条件的限制,他们没有太多的地方可去。城里学校的孩子,很多国内国外,走南闯北,而农村孩子很少能这样,学校组织春游、秋游都是特别难得,假期跟随父母亲游走"列国"简直是一种奢望。一方面,条件限制了他们的活动范围和内容;一方面,足球又深深地吸引了他们。即使天气炎热,阳光直射,还有绿化草丛中花蚊子叮咬,学校仍然是他们假期最好的去处。

这里有快乐的足球,这里有他们的伙伴,这里有能教他们踢球、午间能陪他们一起下五子棋的教练;这里有美味的午餐,学校每天为他们提供健康美味的盒饭;这里有空调的教室,可以在里面舒适地打个盹,也可以慢慢地做假期作业,不必大汗淋漓,尽管他们不怕大汗淋漓。农村学校如何为丰富农村孩子的假期生活提供便捷和服务,从承担社会责任的角度来讲,是值得思考和实践的。

上午,我离开学校,准备回家吃午饭时,看到足球队员们在三位教练员的陪伴下,在教室里用午餐。我走进教室,里面安安静静,见我到来,大家异口同声地向我问好。看着盒饭中的几个菜,普普通通的鱼、肉、蔬菜,我真心询问,好吃不好吃?又传来异口同声的声音:好吃。我继续问道:有没有挑食的?依旧异口同声的声音:没有。接着,却有稀稀落落的话语:很好吃,比家里的好吃。孩子们太容易满足了,她们很淳朴。她们说好吃,或许有可能确实比家里的好吃。农村的家庭,尤其是很多外省市到上海务工的家庭,午饭很少会有这么丰盛。她们说的好吃,很大一部分是因为在集体生活中,与小伙伴们在一起,这是最有味的,最开心的。

足球把孩子们团结在一起,足球,带给我足球之外的思考和收获。足球,让人懂得坚持、珍惜、感恩、团结,还有快乐。感谢让我遇见足球,感谢一生有你。

心语

足球运动,是学生身心发展的好助手,是学校因地制宜开展育人、丰富学校精神文化生活的一大载体。确实,孩子因足球而懂事,学校因足球而添彩。六团小学的足球,承载着农村孩子的梦想,为农村孩子打开了一个全新世界。小足球,大格局。

柔软的眼泪

时间: 2019 年 8 月 2 日

情景: 不知该说什么。遇到类似的情况,我总认为是城镇与乡村的区别,但往往我也无法说服自己。鸟儿折翅,花儿折枝,都是让人无比心痛的事情。

去部队慰问自然是每年八一节到来之际学校的常规而又必须的活动,也是一项特别有意义的活动,这个假期也是。书记与我带着六团的几位干部和少先队大队部干部代表前往与我校多年军民共建单位慰问。

整个活动场面热烈,气氛和谐。到达部队的大门口的时候,全体官兵隆重地夹道欢迎我们的到来,在亲切友好的气氛中,学校领导与部队首长都表达了真情实感的话语。小干部们在战士们带领下参观了营房。之后,六位小干部也坐下来与部队首长一起畅谈。为了让部队官兵听听孩子们的心声,同时,我也想锻炼锻炼孩子们的口才,我请每个孩子说几句话,表达一下各自的感受。也是在我的意料之中,没有出现争先恐后发言的场面,孩子们相互之间都面面相觑,都不愿率先发言,于是,我只能点将了。可是,孩子们不是一两句简单的话语,就是声音小。

为了打破尴尬的场面,消除孩子们的顾虑,我出了一个话题,请孩子们说出部队与学校的相同与不同点,并且告诉孩子们这个问题没有标准答案,只要把自己想到的说出来就行了。显然,这个话题比刚才笼统地请孩子们表达心里感受相对具体化,引发了孩子们一小会儿的议论。可是,孩子们还是没有自告奋勇地发言。农村学校的孩子习惯了躲藏,习惯了被点名以后发言。于是,我又依次点着孩子们发言,他们的发言还是获得了部队两位首长的肯定。其中一个孩子我能叫得出她的名字,她的发言,我直接表扬了她,她竟然掉泪了。我至今无法准确说出这个孩子为何在发言以后当众掉泪。是因为发言精彩并且得到了在场很多人包括我在内的夸奖而激动,还是因为很少有这样在大庭广众之下发言太紧张而无法控制情绪?不管怎么样,这样一次不算特别的活动,很平常的一次发言,有这样的场景出现,不得不引起我们的深思。

活动即将结束,我们在官兵们夹道中离开了军营。老师们率先向官兵们道别,带队老师轻轻地告诉身边的几个孩子,请他们向叔叔说再见,可是,只有老师的叮嘱声,没有听到孩子们的道别声。从部队到军营门口只有十几米的路,我却被这一阵尴尬折磨得感觉走了很长的一段路,我的内心有说不清的滋味,突然甚至还有丝丝的心疼。这些农村的孩子实际上很少有机会去参加这样的活动,也很少有机会去开阔眼界,接触外面的大千世界,更不要说行万里路,读万卷书了。

我,一位来到农村学校,来到他们中间的特级校长,我能为他们做多少呢?我思索着……我想我能,能带来改变。

心 语

　　对农村孩子有说不完的话题,指的是在心智成熟、为人处世等方面与城里孩子相比。诚然,这是一个绕不开的话题。难道就束手无策了么?因为有现状,就需要我们去关注。因为有必要,就需要我们去努力。学校为育人而举办,教师为学生而存在。有作为,敢作为,能作为。

愿你从容,愿你有情

时间:2019 年 9 月 2 日

情景:我们谁也没办法活成人人都满意的样子。如果这世界真的给你一百个理由去哭泣的时候,你就应该给世界一千个理由去微笑。

开学第二天,秋雨还是淅淅沥沥地下着,烟雾般的迷茫。今天又有两位老师分别来校长室告状,她们相同的主题是说主任在排课时态度不好。如果说能与她们好好商量,不是大声嚷嚷,更不是拍打椅背,她们或许不会有这样的情绪,也不会来找我告状。由此,又提到了一些其他在老师们看来不合理的地方。在老师们诉说的时候,我大多时候只是静静地聆听,很少去打断她们的话语。我表明的观点是,感谢老师们的信任,把真实的想法告诉我。

换位思考,我完全理解她们此事后产生的紧张、担忧的情绪。我也明确告诉两位老师对这事的处理方法,不会就此事做出谁是谁非、谁对谁错的判断。假如我立即去找主任谈话,挑明此事,你要让主任向老师致歉,在短期内时机还没有成熟,相反有可能进一步激化矛盾;假如委婉表达,不给主任讲清,或许他认识不到此事在一定程度上的严肃性,老师们也无法取得满意的处理意见。我告诉两位老师,处理已经发生的事的最好方法,时间是最好的弥合剂。粗线条,模糊处理,先双方都冷静,淡化此事,在适当的时候,大家沟通,交换意见,达成谅解。如果要继续做同事的,那么最好不要剑拔弩张,撕破脸面。两位老师也早已有思想准备,她们说向我诉说了,心里就放开了。

今后,仍然抓主要矛盾,教育教学常规。虽然这件事反映的是教师的相处、眼界、气度等看似都与师德有关的事,其实背后还是文化作祟。当上升到文化时,我感觉,这不是主流文化,不是学校发展中的主要矛盾。因此,绝对不要在较大的场合谈此事,我应该继续采用肯定、鼓励的方法,因为六团小学的老师不缺批评声,他们缺的是鼓励,缺的是自信,缺的是肯定。我要唤起他们内心深处已经掩埋了许久的激情、许久的渴望。

心 语

　　对老师反映的在工作中的问题,尤其是涉及到彼此的关系时,学会倾听是第一位的,这样让老师的倾诉甚至发泄,都有一个"出口",以便纾解情绪。同时,不必马上一一回应,因为有的问题在一定情形下会自然得到最好的解决机会。对老师信任般的"告状",不急不躁,不情绪化,不偏听偏信,才会有从容般的"姿态"。

给自己温柔的鼓声

时间:2019 年 10 月 25 日

情景:道说,当问题出现了,就要改变它;佛说,当问题出现了,那么接受它。道和佛都不会心痛,因为,他们从来都是正确的。

　　每天早上我在巡查校园的时候,总会看到一些同学或在老师办公室里,或在教室外的走廊里做作业或者朗读、背诵等,走上前去问个究竟,才知这拨孩子没有完成家庭作业,被任课老师或者小干部命令在补作业。有时,在教学课时间内,在午间等时段也有类似情况,只是人数比早上的要少些。

　　平时,与老师交流,语、英老师都提到了他们所教班级有不做作业的情况,几乎每个班级都有。继续打探主要原因,无非是学习习惯和家庭教育不够导致。这部分孩子中有较大部分是前年从一所被合并掉的民办学校分流来的。记得在前几个星期的行政会上,我提出了两个要求:一是不允许大面积补课,至少要逐步减少大面积补课现象;二是课间、午间要让孩子们走出教室,让他们玩耍和休息。当时我提出这样的要求后,干部和老师们都有不同意见,尽管可能出于对我这样一位空降而来的特级校长的尊重,或给我面子,大家都委婉表达了为难之处,其中就提到了不做作业的孩子怎么办?要是不利用这些边边角角的时间,这些孩子就没有时间做作业了。

我当然以一通大道理以及曾经有过的园西经历告诉他们,按规范做,不要进入恶性循环。但是,如何走入良性循环?老师们听了我的表述,依旧一片茫然。以后几天内,一切如故,几乎没有较大行动的班级。我知道,这就是根深蒂固的文化在老师们的理念和行为之中,他们用无声的语言回应了我的要求。每每看到这些,心底深处竟有一丝丝隐隐作痛,我想这痛的原因一定是这些孩子。

心语

改变不合时宜的做法,靠行政命令,还是靠柔性的力量,化为教师的自觉?单靠一项难以起效,两者结合,再让时间参与,是较为妥善的办法。耐心,不是一味地等待;静待,也不是无奈地迁就。作为,有时在"无为"中显灵;效果,有时在惊喜中出现。

复学之变,当坦然坚定地面对

时间:2020 年 5 月 18 日

情景:以前上学时,老师总会教我们一定要学会分析、总结,常常拿"逆水行舟"来说事。现在想来,只有把失败的教训化为成功路上的阶梯,才不会白白遭受逆境。

又是一年的初夏,风景依旧。由于新冠疫情的原因一直没有开学。今天是复学的第一天,我突然发现一份强烈的期待在心里如潮水般涌动。学生们戴着口罩走进校园,我和老师们也戴着口罩分别做着各项防疫工作,如测温,引导学生保持人与人之间一定的距离,或者领着学生按单向流动的要求走进各自的教室。在井然有序中,我特别留意与老师、学生打招呼问好,尤其是与学生们招呼,毕竟寒假至今有四个多月没有见到学生们了。在鱼贯而入的队伍中,不时传来老师好、校长好的礼貌问候声,这使我感到很欣慰,我不失时机地反复对向我问好的学生们调侃说:啊,我戴着口罩你还认得出我? 学生们高兴地笑了,有的说嗯嗯,也有的微笑回应。尽管口罩遮盖了脸部,但我依旧能感受到孩子们的自然、纯正。

在师生这样热切的互动中,我也发现了另外一个情况,有几个学生并没有向老师们问好,他们的神情有点木然,甚至有点呆滞。比较早进校园的几个孩子,因为要等待教室消杀过后,他们就坐在校园的长凳上等待。这天,正好到我校来挂职的兄弟学校的三位副校长一早也到校并参与一系列防疫工作。我与他们一起在校园中巡查时,看到了坐在长凳上的几个学生,我期望着这几个孩子能热情地与我们打招呼,可是,他们并没有如此。不但没有向客人老师问好,就连我,他们也没有说出一句招呼和问候的话语。如果说因为客人校长是第一次到校,孩子们不认识他们因此没有问候,还算情有可原的话,那么,我,孩子们不陌生,应该招呼一下,可是没有。为了掩饰我在客人面前的尴尬,我赶忙主动跟孩子们说话,至于说了什么,我已不记得了,大概是说因为戴了口罩,孩子们不认得我了,吓着你们了。然后离开这些孩子一定距离,摘下口罩说:还认得我吗? 于是,尴尬就在这样的自嘲中消解了一些。对此情况,并没有引起我的重视,在以后的几天里淡忘了。

接下来的这几天,好几位老师对这样的情况有他们的想法,有的说新冠疫情把孩子们吓傻了,所以很多学生都不会向老师问好了,好像少了以往的灵动和活力。也有的老师说,上学期好不容易取得的行为规范的进步,被疫情剥蚀掉了。

面对这样真实的现状,我在这两周的观察和思考中,找到了以下诸多原因:如,孩子们忘了学校生活的要求。毕竟,四个多月没有与师生在一起,孩子们在家里肯定都养成了松散的习惯,学校的规定都忘掉了。还如,孩子们戴着口罩上学,口罩封住了问好的通道,使得农村孩子原本就不善表达的特点又增加了开口的阻碍以及自信的障碍。

但是归根结底原因有两个:一是社会化的功能削弱。教育是社会化的过程,近五个月深深地宅家,孩子们无法接触社会,无法创造社会元素。新冠疫情带给人们的恐惧,孩子们同样难免受到心灵的伤害,他们既没有了同学伙伴的嘻嘻耍闹,又没了学习活动中的互动交往,普遍少了思考和表达,尤其是少了与同伴一起时无所顾忌的畅快淋漓的诉说、号叫,也就少了童年灵气的培育、开发和壮大,也就慢慢变得寡言少语。二是说明过去的一个学期的行为规范教育还不够扎实强大。过去实施的一系列行为规范教育还没有真正内化成流淌的血液。相关的教育成效在外界的刺激和学校的不刺激下变得风雨缥缈,那些不良的信息影响着孩子们。

四个多月中,家庭的不利于孩子健康成长的信息和元素常常萦绕在孩子们的耳畔和眼里。不刺激,当然是指学校教育,学生们少了学校文化的耳濡目染,少了老师喋喋不休的叮嘱和唠叨,品德教育、行为规范需要持之以恒,常抓不懈。可惜,这样的原则要求在新冠疫情肆虐时大打折扣。我这么说绝不否认孩子们所在的家庭中的成员对孩子们成长所付出的爱,也不否认疫情期间孩子们拥有的天真无邪、无忧无虑的快乐,更不是否认六团小学的学生家长对学校那份急切和真诚的期待。

不可否认,我所看到的以及老师们的话语深深刺痛了我。作为一校之长,我首先感到隐隐作痛的是,校长无法摆脱农村学校生源差的魔咒,差,往往是指家庭教育的缺失。如果有较好的家庭教育,即使疫情再严重,孩子们也不至于到如此地步。一份淡淡的忧伤从我的心底升起。面对这种反弹,更加坚定了我的初心,越是有问题,越需要发挥教育的功能,针对问题,展开应有的实践活动。既然选择了,无论遭遇什么样的暗礁和困难,唯一的办法就是按照已有的轨迹继续前行,继续坚持。

多少次,我曾经在这样的一瞬间寻觅;多少次,我也曾经在这样的一瞬间徘徊;多少次,我也再次坚定了我的信心和初衷,一份淡然在我心底油然而生。

心 语

反复,是生活的常用词;反复,是教育的习用语;反复,是孩子成长的螺旋上升形式。有反复很正常,关键是如何正确看待孩子的反复,采取的措施是否入理入心? 反复是记忆的要求,哦,该提醒、该坚持了。

玫 瑰 奇 迹

时间: 2020 年 5 月 29 日

情景: 人生难有一帆风顺,有风生水起之时,也有身陷逆境之日。平常心,不焦躁,不气馁,易说,难做。世事奇妙之处,往往在"山重水复疑无路,柳暗花明又一村"。

在这色彩斑斓、硕果累累的秋天,我校女足 U11 队,因获得浦东新区超级联赛冠军而晋级参加市级比赛,参加市级比赛的都是本市各区的冠亚军队伍。赛前,我和教练员共同的目标是小组出线,进前八名。在小组五场比赛中,我校以每场平均进球 8.2 个、零失球的全胜纪录获得小组第一名,顺利进入八强,完成预定目标。之所以确立这个目标,是因为在去年的比赛中,未获得小组出线。完成预期目标,校内已欢欣鼓舞,毕竟对于一所仅有近八百人的农村学校来说已经相当不容易了。

在认真研究相关情况后,我与教练员又定下了新目标:冲四。对于我校来说,从未有过如此接近一流水平队伍的机会,这次是绝对难得的契机,有这么一拨爱踢球的孩子在一起,正是如同冥冥之中的安排。因此,必须抓住机会发展自己。

在赛前的训练阶段,教练组的训练策略针对性很强,在整个舆论氛围中,也毫无掩饰地直指冲四。正在大家众志成城,信心满满地迎接这一天到来的时候,忽然传来消息,主力前锋万同学胃炎,到医院做胃镜,需要休息一周,这无疑给我们一记闷棍。因为万同学在身高和控制中场上具有优势,其他队员无可替代。何况小学生足球赛毕竟不同于成人比赛,她们在场上的自我调节能力还在提升之中,队员之间的默契需要平时不断磨合,替补队员毕竟在技术、体能、速度等多方面还是有差距的。正当大家一筹莫展的时候,收到赛组委的通知,八强赛延迟一周举行。于是,大家松了一口气。唉,一场虚惊。

真可谓一波未平,一波又起。让人担心的小万同学的事刚过去两天,又传来更加不好的消息,区级联赛最佳射手,目前市级比赛排名射手榜第二的主力前锋孙同学在校内训练中不慎扭伤了脚踝骨。这下无疑是致命一击,假如她不能上场,无疑整个球队失去了战斗力,将陷于被动之中,甚至只有挨打的份。于是,教练员、干部团队和老师们都焦急万分。没办法,只能等待奇迹发生,离比赛只有两天了。

可第二天,又传来了更令人不安的消息,孙同学在上午下楼梯的时候滑倒,老伤未好又添新痛,可谓雪上加霜。尽管请了精通这科目的家长前来医治,但是,毕竟伤得不轻。无奈、担心、焦急,清晰地写在关注和期待进四强的我们脸上。大家也只能认同眼前的事实,因为,第二天就要比赛了。下班了,我依旧同往常一样,到足球场边走走,顺便看看训练着的足球队员们,也再去问询一下孙同学的伤情。我走到教练员和体育老师那里,他们也正围着孙同学在亲切的问候中。所有人都知道,假如孙同学不上场意味着什么。

只见孙同学坐在司令台的一把椅子上,正静静地看着同伴们在演练着,同时,也静静地听着教练员和老师们的问候。虽说她没有表露出太多的急躁和痛楚,但是分明能感受到她希望上场比赛的迫切性。我们围在她身边,眼睛都盯着她受伤的脚。有的说,好多了;有的说,还好没有红肿,这些都是人们的自我安慰和一厢情愿。

突然,孙同学对教练说,我明天能上场。教练怀疑自己听错了,就大声地说,你能确定你明天能上场? 孙同学坚定地说:能! 顿时,围在她周围的老师们都一下子释怀地笑了。我走上前去,向她竖起了大拇指,然后,转身离去了。此时我的心是忐忑的,却又是无比坚定、无比自信的。

> 足球,是我在六团小学工作的一大牵挂,被女足队员精神感动,为
> 女足队员风貌感染。女足精神,注入我的办学方略,融入我对六团小学
> 发展的真情。为荣誉而战,为精神而踢,为梦想而练,为成绩而喜,六团
> 小学足球注解。

家访,多了一份沉甸甸的责任

时间: 2020 年 9 月 8 日

情景: 老话说:人要见面才会亲。家访,亦是如此。家访,是构筑桥梁,
需要专业素养,需要情感架通,辛苦的过程也是提升自己的过程。"踏雪披
星俱欢颜,乐将桃李润心田。"

开学第一周的教职工大会上,我请了三位一年级的班主任讲述家访故
事。我的初衷是,加大家访力度,促进教师专业发展。源于六团小学的特殊
性,今年我把家访工作作为一年级的突破点之一,既然一年级的老师们纷纷
行动了,说明学校举措得以实施,以此发出信号,家访,以后在六团小学是一
项常规工作。

至于在家访中促进教师专业发展,是这项工作推进中又一目标。当老
师们准备家访那一刻起,专业水平已受到挑战,在顺利完成任务或者未能圆
满完成任务时,教师们的专业水平在不知不觉中,或明或暗地得到了提升。
当参与家访的老师从他们接触到的学生以及家长,从看到的一个个真实的
场景中看到教育的元素,上升到教育的层面时,教师专业水平已得到有效的
考验和提高。从三位班主任的演绎情况来看,这两个目标基本实现。

除此之外,给我深刻印象的是,六团小学学生的家庭经济条件与城里学

生家庭差距很大。在城里工作时,我在家长会上曾表达过多方面的观点,其中一个是,给孩子们创设良好的学习环境,例如:有一个相对独立的学习的空间,如有一个书房等。大多数的学生家庭都具备这个条件,有的物质环境更为充裕。但是,对于六团小学的学生家庭来讲,如果学校、校长提出要让学生家长努力给孩子们一个相对独立的学习环境,甚至要有一个书房,显然是不切合实际的。因为,从事先的分析以及班主任们家访带来的照片中,看到了一个很现实的境况,学生家庭租赁房屋居多,吃喝拉撒都挤在较小的空间内,有的住在农村的租赁房屋内,各种设施简陋是可想而知的。即使条件再好,用心建设的程度低,家的感觉也另有一番滋味。

从班主任老师讲述的故事中,也有让大家感动的,是家长望子成龙的意识比较强,虽然居住条件受到限制,但在家庭人际交往中弥补。如三位一年级班主任老师告诉大家,他们目睹了在窄小的居住空间内,都收拾得比较干净,有的还摆放了孩子的东西,如学习用品、小玩具等。估计为了迎接老师到访,事先整理过了。物件再少,一般供孩子读书、写字的小方桌还是有的。

从班主任的讲述中,还知道在六团小学,学生早学现象不多,真正的零起点。送到机构去学习,受到多方面的限制,一般是通过自己家的哥哥或姐姐教的多,如以往在城里遇到过的博学多才的孩子几乎没有。但并不是说农村的孩子笨,这一点,是我要与老师们不断达成一致的,我们要付出很多艰苦的劳动。

聆听班主任的家访故事,我很感动,我们的老师很努力,我也很高兴。只要大家在行动,专业提升,队伍壮大是肯定的。分享结束后,又召开了支部大会,韩书记与我有同感,她及时表扬了一年级班主任老师中的共产党员尹老师,也向她竖起了大拇指。俗话说"沟通是架起友谊的桥梁",家访就是一种沟通,是孩子、老师、家长一次面对面坦诚的沟通。孩子需要关心,我们不仅要教书,更要用心育人。

心语

　　家访,是教育的校外延伸,是教师的课外教学。家访,对于真实、全面了解学生状况是不可或缺的。其实,受家庭生活环境影响的学生,在

> 家庭生活中展现的才是他最真实的一面。设身处地地为孩子困难着
> 想,给予更多的温暖与关照,是家访的目的。

我 的 焦 虑

时间: 2021 年 3 月 16 日

情景: 心若计较,处处都是怨言;心若放宽,时时都是晴天。问题是,置身事外,谁都可以心平气和,身处其中,谁还可以淡定从容?

我也有焦虑的时候。上周五的行政会上,在讨论研究几项工作时我所传递出的信息,让干部们有些惊讶,为此也许让他们猜测好一阵。那天的会主要议程是继续研究百年校庆方案。之所以说继续研究,是因为开学至今第三周,每周的行政会都在重点研究校庆事宜,其中重点又是讨论庆典仪式上的节目。

令我不爽的是,学生艺术教育成果少,没有能够上台表演的现成节目,只有我来了以后所开设的手风琴项目,学生合唱和舞蹈都没有专门的兴趣组。回想我刚来的第二个月所开展的全校班班唱比赛,实在不敢恭维。基础薄弱,缺少指导自然是关键,家庭教育的滞后也是成因。后来,第二次组织班班唱时,由于跟进了一些要求,因此水平有较大提高。但是,现在要在校庆典礼上演出,我还真没把握。

我知道,进步是有个过程的,要看到全校老师的努力,尽管还远远不够,但至少有点滴进步了。因此,我只能暗自焦虑着急。还有一个教师节目,也是合唱或者小组唱。我一听所播放的曲调,就判断出所挑选的歌曲完全与我校教师在这方面的条件不匹配,调太高了,根本无法演唱。恰巧这时,正在辅导全校学生制作 MV 的两位音乐老师,被邀请参加这次行政会,她们马

上反映,联盟所要求的歌,我校无法演唱,主要问题是调太高了,更何况还要转调。又是同样的问题,艺术教育滞后,师生人才缺失。我虽然控制着自己的情绪,但不悦和严肃的神情还是让会场静得似乎连呼吸声都能听到。我当机立断地说:调太高,我们就用原声,全校同学跟着张嘴唱,别把走调的声音录制进去就行了。我又用不用商量的口气说:校庆典礼上,师生合唱队挑选适合我们条件唱的歌,前提是唱得出、唱得亮的歌,别人怎么看,不管,只要我们在进步,只要我们在提高。这种没得商量的口吻在我的职业生涯中还真不多,会议空气一下子显得沉闷起来。

令我不悦的第二件事,是这次行政会上研究讨论两个绩效方案,分别是关于落实思政教师课时补贴、加强对防疫工作管理和考核。会前,分管人事、德育、课程的干部分别拟订了方案以及相对应的考核方法。看着她们费了很多心思而形成的文稿,我感到欣慰。但是,当看到一长串复杂的考核内容后,我又显得焦躁不安。不是说这些考核内容不正确,而是目前不合适也不需要这么复杂,隐隐之中对干部们把握关键点的能力提升不够快而深感不安。

于是,我又严肃地说:要明确为何考核,考核内容权重如何分配,目前,我们最需要强调的是什么。我直截了当地告诉干部们,考核方法一定要有可操作性,不是为考核而考核,不是为了上交方案而考核,而是为了解决问题,建设学校新文化,为此,通过考核约束和规范教师的行为。我告诉干部们,考核不是别人帮我们做,这些工作都要由我们自己来做,因此,不要太复杂,否则,作茧自缚,非但起不到通过考核促进工作的作用,而且会使我们的威信和执行力下降。不切实际的考核方法,无疑是自毁长城。在我低沉的话语后,最后达成一致的是:由原来一百分的分值,改为十分制的考试。思政教师课堂教学效果在两条途径中,让孩子参与评价,看看学生的满意度如何。

自然,这样的话语形式,使得会议氛围变得紧张、沉闷起来。我也知道,这对学校的改进和发展不会有大的作用。在六团小学,老师和学生们听到的批评声、责怪声已经够多了。会后,我反思并暗暗告诫自己,焦虑的产生自有其原因,但是我还得按既定的工作思路做,决不能操之过急。

心语

　　焦虑,是负面情绪,但正常的焦虑也是促进改变的源头。用动力战胜负面情绪,才不枉焦虑出现一场。有焦虑,说明对事业有期盼,对工作有要求,对现状有不满,内心有落差。调整心态,让焦虑成为正能量的引信。

感动的男足

时间: 2021 年 5 月 21 日

情景: 人生,事情繁多,问题复杂,答案却很简单——人生就是一个舞台,不到谢幕,永远不会知道自己有多精彩。

　　今天下午去男足比赛现场为本校球队加油助威。男足,在六团小学,是一个自生自灭型的课程,也就是属于没有专项投入,没有成形的球队,更没有梯队建设。主要原因,是学校的财力、物力和人力有限。我想,当初韩校长在 2016 年立项建立女足前,肯定也做了较多的研究和分析的。男足,目前的水平和竞争激烈程度都是超过女足的。当类似六团小学这样规模的学校在专注于一项占据学校较大一块经费的课程时,假如再要扩展一个课程,困难是可想而知的。

　　六团小学借助女足的气势,会每年挑选一些男孩,参与到女足训练中。与我校女足一起训练,训练成果显现。我校女足的技术是令人骄傲的,因此,男孩在与她们一起训练时,在技术上的进步是较大的。劣势在哪里? 人手不够,无法参赛。今年,我校积极报名参加区甲级联赛,所有的男队员再加上触球队中挑选几位能奔善跑的队员,又临时挑选了一位同学司职守门员,终于组成了一支由八人参赛的男队。可以想象,与在多年俱乐部模式运作下的有较强实力的球队同场竞技,要想获胜,属于小概率事件了。

　　果然,前天的第一场,与我原来任职的学校——园西小学对抗,在二比二的比分保持到几乎马上就要终场时刻,结果在最后一分钟被对手打进一球,六团的男足队员带着满脸的委屈离开了球场。

　　今天是第二场,对手是一支刚从超级联赛中被刷下来的队伍,这立马使人想到:瘦死的骆驼比马大。不管怎么样,作为校长,我应该关心所有的学生,关心学校所有的课程。不能因为注重特色而放弃全面。球场上,孩子们在比赛中表现出最大的特点,拼!不断奔跑,不断拦截,哪里有球,哪里就有他们奔跑着的身影,还多次看到他们高高跃起的身影,也看到了被绊倒疼痛难忍的模样。守门员赵康,我看到了他的另一面。平日里,他是老师和学生眼中的顽皮大王,常常要被老师找去谈谈话问问事的那一类学生。但是,球场上,他作为一个没有经过几次训练的守门员所表现出的勇敢和果断是可圈可点的。尽管孩子们全力拼搏,但是在相对专业的对手面前,六团男队所暴露出的问题和不足也是十分明显的,最终,我校以一比二败下阵来。看着满脸污垢、一身汗水的孩子们,我只有感动。我走上前去,给了他们肯定和鼓励,同时与他们合影。

　　输球是正常的。重要的是享受了过程,也锻炼了身心。或许,他们慢慢也会悟出输球不能输勇气和决心,或许迟早有一天他们从踢足球中顿悟:不管是学习还是生活、工作,只有坚持才有可能收获。

心语

　　胜负乃兵家常事,但六团小学足球的胜负,却牵动着全校师生的心,我也感同身受。在六团小学,足球被赋予了学校精神,体现了师生不轻易言败和敢于争胜的勇猛气概、智慧定力。这是最难能可贵的精神财富。女足如此,男足何尝不是?

第三章　甘　　味

六团小学给我天地,我予六团小学赤胆。在六团小学,我同时"注册"了在职教师和永久校友,我把特级校长职业生涯最具经验的后半阶段,奉献给了六团小学。工作场景,历历在目。现在品尝,甘甜寻味。

留下美丽的爱语

时间: 2019 年 3 月 5 日

情景: 关心他人,珍惜友情,学生也好,教师也罢,让我们在同一片蓝天下健康成长。关爱,是学习进步、专业发展、生活幸福的源泉。

今天是学雷锋的日子。学校党支部有一项传统的工作已经坚持开展十多年了,就是在学雷锋纪念日的当天,组织一次党员、团员、入党积极分子献爱心活动,由党员、团员及个人捐资帮助一个学生。这一次,共帮助 13 位学生。活动很有意义,深受这些小孩子的喜欢。

在活动中,孩子们选读了自己的微心愿。所谓的微心愿,就是一个小小的心愿。比如有的孩子说,我希望自己有一只有拉链的书包。有的孩子说,我希望自己有一只漂亮的铅笔盒。我和书记以及一位蔡老师,咱们三个人共同帮助的对象是一位四年级的小男孩儿,长得白白净净的,他的微心愿是要有一只漂亮的铅笔盒。

这样的活动,我很受教育,也很受触动。在我以前工作的学校,像这样贫困,以及有这样浅层次需求的孩子实在难找。六团小学可能还是比较多的,不由得让我心生怜悯。而令我感到温暖、震撼的是,全体党员、团员、积极分子,大家都准时出现在会议室中,既认真严肃,又充满着温情,在孩子们宣读完微心愿之后,党员、团员和入党积极分子分别向孩子们赠送了礼品和礼物。韩书记代表学校向孩子们提出了三点希望:学会坚强,学会感恩,每天进步一点点。同时要求全体党员帮助孩子们实现他们的微心愿,经常与孩子们沟通。

下午第一节课,全体党员团员和入党积极分子又带领着一部分网易体育的骨干小朋友,到镇上的敬老院为老人们表演节目。六团敬老院共有100张床位。能到会议室来现场观看小朋友表演的老人只不过二三十人,有的还是由小推车推过来的,他们中年龄最大的两位有100岁和102岁了。老人们看见孩子们和老师们都兴奋不已。显然,孩子们和老师是经常光临敬老院的。孩子们的表演博得了老人们一阵阵的掌声。他们专注地看着、听着,或许他看不到什么,看不懂什么,或许他们也听不到什么,听不懂什么。但整个会议室内是人头攒动的景象。老人们眉开眼笑,像孩子似的。

我代表学校向老师和同学们表示了感谢,更祝愿老人们身体健康,长命百岁。我也告诉老师和孩子们今后要准备更多更精彩的节目向老人们表演。因为在整个表演过程当中,说实话,我们的孩子节目的形式和内容还是比较陈旧的,当然不影响我们真情实感的表达。孩子们的表演很投入,很专注。一个孩子拉小提琴,显然,他的技术不是很高明。孩子们表演的歌舞,从他们的神情来看,表情还是不够自然的。

今天上午在局里开会,会议结束,午饭前赶回学校。我又走进了几间办公室。这所学校办公室较多,但是每间办公室相对比较小,最多的一个办公室坐了多个老师,单个儿坐的也不少。走进办公室,老师们都热情地跟我打招呼。我实话告诉他们,今天认识大家后,可能以后碰到大家还会叫不出名字或叫错名字,请大家原谅,只有通过活动或者听课等才能够深深地记住。老师们都表示赞同。

在与老师们的对话交流当中,我深深感受到农村学校老师的淳朴。他们对我,对待同事都是那样的真诚,越是在这样的氛围当中,我今后开展工作,越要尊重老师、爱护老师,即使有些问题也要以真情实意、真情实感、推心置腹地表达。

今天,心理咨询室的一位年轻老师拿着工作方案来到我的办公室,把书面计划给了我,并当面向我比较详细地介绍了这次活动的主要内容、重点和主题等。老师在这方面做了精心的思考。我快速地浏览了一遍,觉得内容安排比较妥帖,人员安排到位,职责分明。于是我说很好。后来我想,我在原来单位工作的时候,基本是先由我谈理念,具体的工作计划细节我几乎是不看的,更不用说去修改。这种工作方式在现在这样规模的学校当中,我是否需要去改变一下,渐渐地觉得有压力。压力随着对学校渐渐地加深了解,这种紧迫感突然间会瞬间升腾。

看到孩子们腼腆地招呼,轻声而胆怯地表达,急切地向老师问好——所谓急切地向老师们问好,就比如说这样的场景,当我和其他的老师,包括韩书记在旁边的时候,很多孩子就只向我打招呼而忽视了、没有关注到旁边还有其他的老师。既使我有点高兴,同时也有陷入尴尬的感觉。

再比如想到老师们,他们的职称,他们的荣誉,获得的感恩。这种欲望,假如没有这种进取心、这样的求知欲望,今后要开展工作也是无法从根本上来提升学校的发展的。

如何激发教师在这方面的思考和进取心、积极性,又是摆在我面前的一道难题。这个积累的过程需要时间,但是给我的时间不多,尽管说三年,要积累的话,三年有点仓促。

心语 💗

爱,是深思熟虑的标记、真情实感的付出。将对师生的关爱落地、落实、落细,是一个系统工程,还是一个彼此思想交流、心灵呼应的感情交付与回馈的过程。触景生情,有感而发,爱,在我心中涌动,在我脑海升华。

心灵的织锦

时间：2019 年 3 月 5 日

情景：关爱是一首歌，滋润人们的心田；关爱是一句话，鼓励人们知难而进；关爱是一个小小的动作，为别人指导正确的道路。一个小小的动作，好难。

这时，阴沉沉的天放晴了，太阳出来了，亮亮的，暖暖的。

今天是到六团小学工作的第三天。上海今年的雨水特别多，春雨娇柔缠绵。早上 6 点半的路上行人和车辆并不多。我沿着川沙路一路向南，每过一个交通信号灯我就数一下，路途中要经过川沙工业园区中的四条横马路，分别是川大路、川展路、川宏路、川图路，也就是大展宏图的寓意。踏上这样的道路，无疑是对自己一种极大的鼓励和鞭策，是一种动力源的激发，一种神圣的使命感油然而生。一路风景一路思绪，经过近 20 分钟的车程我到达了"育才桥"，来到了学校。全程一共经历了 20 多个交通信号灯，我也比以前更早出门了。

上午 9 点多的时候，太阳出来了，整个校园又是一片春意盎然。一会儿天气又有点潮湿阴冷，原来太阳被乌云遮住了，但天空没有下雨。中午的时候我与后勤保障部的陆老师一起巡查了专用教室。有两间专用教室，给我留下了深刻的印象。一间是航天航模车模科技展示，里面陈列了多年来学校开展"三模"科技教育活动所积累的成果，内容丰富，摆设整齐，维护保养，井井有条。另外一间是机器人陈列室，这一间相对显得比较凌乱。我之所以说留下深刻印象，是因为在这样一所农村学校，竟然能够在这方面有所设想和突破，这是值得肯定的。

后来在与具体负责专用教室的张老师交谈中知道，由于人手紧张只有张老师一人打理，这两间专用教室课时数又比较多，专业能力水平也不够高,因此如果要继续扩展和深入的话,就可能面临更多的困难。资金是最重要的一个原因。好在财务室的乔老师也跟着我们一起去巡查了专用教室。我对张老师说咱们今后要有所倾斜,重点扶持。我又开玩笑地说钱不是问题。

周一的时候我说我会到教师办公室,到你们的工作、学习活动的场所去看望大家。为了兑现这样的诺言,我今天也去巡访了音乐办公室和美术办公室。在美术办公室,跟两位年轻老师进行了交流,话题是职称方面的,我询问了他们公开课辅导和论文等情况。总体来说,教师们有思考,但是缺少平台和机会,比如公开课的记录是很少的,论文的概念也淡薄,论文在他们心目中有点高不可攀的感觉。

去看望音乐老师的时候,正巧是午饭后,我和陆老师敲开了音乐室的门,只有一位老师从躺椅上站起来。我们俩略微显得有些尴尬,只能说打扰休息,没什么事,主要是来看望大家。然后我们就退出办公室。正当我们准备往另外一间音乐室走去的时候,这位老师示意我们不要过去,还有两位老师在音乐室里面休息。我抬头一看,音乐室窗帘紧闭。于是跟陆老师说,走吧,明天再来。

下楼梯的时候,陆老师对我说,音乐组的三位老师情况特殊,身体不好,都患有一个字的疾病。我想,老师的身体,咱们真的要关心。又心里嘀咕着,像这样的情况该如何处理,既要关心老师,又要促进工作,既要让他们身体好,也要让他们工作好。当身体和工作发生矛盾的时候,该如何处理。这几位老师是否也在静观其变,考验着初来乍到的我。他们继续抱病工作,同时也舍不得回家休息,想必有一份相对固定的收入,对农村学校的老师来讲是极其重要、不可或缺的头等大事。作为校长,必须从他们的经济利益出发去做一些思考。

午饭后,太阳出来了,阳光暖暖的,我突然想到五年级的各班级我还没去巡查过。在陆老师的带领下,我来到了五年级的四个班。走过第一个班级的时候,窗帘拉下,门窗紧闭。第二个班级也同样如此,里面还传来讲话的声音。于是我上了三楼,想看看另外两个班级的情况。我有点失望,另外两间教室情形差不多,只是有一间教室后门虚掩着,我推开门,老师看到了我,于是他把前门打开了。我向她点头微笑,示意不打扰,就走下楼梯去了。

面对这样的情况我有思考。老师们的工作积极性应该肯定,但是如何把孩子们从教室当中解放出来,从文化知识传授这种单一传统的教育状态中走出来,是我今后要做的工作。一定要告诉老师们,我们今天的教育,教师不单单是传授知识,要注重学生全面发展,要把六团小学一切为了学生的终身发展的理念,真正落到实处。身处这种状态中的孩子们,他们习惯了逆来顺受,习惯了被动接受知识,他们的主动性、创造性会泯灭,于是他会延续抵触情绪,导致拖拉作业等情况产生。就像昨天我遇到的,在走廊里遇到几个补作业的孩子一样,他们没能去上体育课。于是他们就故意不做作业了。

这就是农村传统的教育,恶性循环,根深蒂固,延续至今,也可以说是一种残酷的真实写照。我要努力,让全校的老师转变观念,促进他们的反思,改变他们的行为,让孩子们从机械被动的学习状态中走出来,让孩子们真正享受校园文化生活的快乐。

下午我去参加了川沙派出所的警风警纪监督员聘任大会。川沙派出所的指导员在介绍我的时候,特别强调了原来是园西小学校长,现在是六团小学的校长。我想,六团小学的特色不鲜明,或者知名度不高,或者说根本没有知名度。他的介绍更暗暗让我下定了决心,一定要努力把六团小学这所农村学校办成有一点特色、有一点知名度的学校。我心中又暗暗好笑,看来以后我还得自报家门、自豪地告诉他们,我是特级校长。

心语

　　刚到新的学校,了解情况是必须的,对于农村学校存在的差距,也是有心理准备的。但是,实际看到的与心理准备,毕竟不同。巡查校园,是掌握第一手资料,了解真实情况,为打出"组合拳"做铺垫。身为六团小学人,愿为六团小学成模像样奉献智慧。

别样的拥有

时间：2019 年 3 月 28 日

情景：世上本无移山之术，唯一能移山的方法就是：山不过来，我就过去。改变，是永恒不变的真理。适应，才能欣赏一路的风景。

因流动的需要，我从城里学校调到农村学校工作，伴随着的一切都在发生着变化。去学校的路程远了，原先两三公里路就可以到达学校，现在要十多公里，至少二十分钟的车程。但一路的风景又常常会给我带来欣喜和遐想。

路途远了，虽然给上下班带来了一些不方便，但是也有好处，我变得做事更加有计划性和周密性。原先学校离家较近，忘了拿一些工作所需的东西，我回一趟家即可解决问题，只需几分钟的时间。现在来回一趟就要花较多的时间，于是隔天晚上我就要把第二天工作的所有材料、生活所需物品都整理好。因养成了几十年看书读报的习惯，原来我每天到学校早读，时间还是绰绰有余的。现在因为路途的原因，到校后就必须抓紧时间开始朗读，否则时间就会变得很紧张。于是，我在当天离校之前，必须把第二天所有的东西都整理好，包括朗读的资料，以便第二天一进办公室就可以开始朗读，开始工作。

最大的区别在于双休日。以前，因为有两个校区，路途又比较近，所以双休日一般都在校园里度过，现在双休日一般就不去学校了。于是，在家办公成为另外一种生活方式。在家备课，准备讲座内容，通过微信群发通知，征求意见，联系相关工作。生活在不断地变化着，我始终憧憬着美好的未来，同时真为自己和整个团队感到骄傲，我们都能够不断地适应和改变。

> 变化,适应,是进入角色的前兆;兴奋,到位,是开始工作的信号。人到新校,心随之也到。以六团小学为原点,丈量到家的距离,思考学校发展,安排工作节奏。从此往后,六团小学发生的事,都与我有关。

信心已筑　推进有望

时间：2019 年 4 月 29 日

情景：不苛求过去,满怀信心对待未来,有所尝试就有所作为。
业精一分汗千滴,爱心一颗花万朵。

两次的开门办学,让我们不断地成长。在这两次开门办学的做法中,我们有很多经验,也有反思的地方。为了以后的接待中我们做得更好,提高学校管理水平,提高学生学习效率,促进教师的专业成长,从而推动学校的整体发展,最终实现办一所有特色的家门口的农村好学校,我特地安排了几位老师做了专题发言和交流。他们从行政管理、班主任、执教教师以及没有直接任务的老师的角度,分别谈了各自的认识、体会以及工作的经验。

发言的老师充分肯定开门办学的必要性,都认为是促进学校发展的契机,对各自角色的认识很充分到位。经验的分享有利于统一认识,统一行动,使得教育教学实践更趋规范。他们的发言得到了全体教师的认同,不时传来欢快的笑声和热烈的掌声。

这几位老师的专业能力之前就已经具有了,不可能在我到校后短短的一个多月的时间里迅速提高的。那么是什么原因促成他们去思考和实践呢？至少有这几个因素:一是老师们有强烈的荣誉感和主人翁精神,干部们通力合作,充分发挥团队力量,每位老师尽可能把自己的工作做好;二是搭建平台,学校要尽力为老师们创造机会,使他们有施展本领的机会。应该相信,每个人都是有潜能的,相互激发,可以产生源源不断的动力和资源;三是有提升空间,看到问题,从解决问题中推进学校发展。把一天做好似乎难度不大,但要做好长期就难了。下阶段工作重心要从专业发展的角度,稳步推进各项工作。

 心 语

教师积极性从何而来? 从认识而来、理解而来、自觉而来。开门办学,让教师有主人翁的自豪感、宣传学校的荣誉感和自身价值呈现的体验感。既是平台,也是镜子;既是交流,也是学习。借外力促转变,借开门看世界,一举多得,何乐不为?

汗水换来奖杯,付出获得口碑

时间:2019 年 5 月 21 日

情景:清晨,黄昏,烈日,雨中……六团小学的女足队员们让我感动,甚至是敬佩。只要不放弃,就没有什么能让自己退缩;只要够坚强,就没有什么能把自己打垮。付出,就会有收获,或大或小;坚持,就会有成功,或迟或早。

真情五月。今年的五一劳动节,有特别的纪念意义,是令人难忘的一天。学校女足 U9 队荣获超级联赛冠军。所谓超级联赛,是在两个层面比赛的基础上选拔出的强队之间的较量。先是区域联赛,区域中获胜的进入甲级联赛,在甲级联赛中成绩好排名靠前的进入超级联赛。所以,在超级联赛中的队伍都是实力强的队伍。这次与我校争夺冠军的是在小组赛中相遇过的老对手了,小组赛中,对方以九比四的大比分战胜了我们。

在今天的比赛中,上半场,对方还以一比零领先我队。好在,在比分落后的情况下,孩子们没有慌乱,努力按照教练意图控制着场上的节奏,终于在一比一扳平之后,一口气连进了几球,最终以六比一大胜对手。孩子们乐开了花,家长们欢呼雀跃,教练组也欣喜万分,我喊哑了嗓子,每进一个球,我与家长们一起尽情宣泄,足球魅力无限。

这次胜在三点:一是计,计策正确。小组赛失分的主要原因之一是守门员有软肋,于是,快速培训守门员,硬是在半个月内提高了守门技术,从全场比赛看,守门员小女孩发挥相当出色,几乎没有大的失误。针对对手个子高、速度快的特点,孩子们发扬了拼搏精神,积极奔跑,拉出空当,派出最小的孩子贴身防守对方主要得分手,如影随形死缠滥打,使得她们不能组织起有效的进攻。二是势,气势。我校球员面对高出她们一头的对手,毫不畏惧,敢打敢拼,自始至终保持强烈的进攻势头,使得对手一直处于防守与被动之中。三是智,用心,用智慧。充分发挥个子小灵活、脚下功夫好的优势,相互传切配合,打速度,打角度,后卫之间敢于在后场相互拉空当,这个没有一点功夫和自信是绝对有危险的。但是小个子的后卫没有出现过一次失误,用一夫当关万夫莫开来形容是再确切不过了。每次断下球后,准确传到前锋脚下,智慧使然,既有观赏性,又有实效。总之,这场比赛是可圈可点的。

农村孩子吃得起苦,家长后援队强大,人数多,心齐,给孩子们的鼓励是必不可少的。我打心底里敬畏着我们这些队员。赛前,我特地去买了一些小礼物送给她们,看到她们爱不释手的样子,我心里也甜滋滋的。六团小学和她的女足,再次被社会和有关方面关注。

我发了朋友圈,我是这样表述的:面对人高马大的对手,在上半场落后的情况下,六团小学女足队员沉着冷静,顽强拼搏,实现大逆转,荣获超级联赛冠军。在劳动节获胜,让人更加懂得劳动的意义,汗水换来金杯,付出获得口碑。

心语

　　足球比赛奖杯,分量甚重,含金量甚高。为此,全校师生聚焦,小小年纪的女足队员拼搏,教练队伍努力。为啥足球会在六团小学的土壤生根发芽、开花结果,经验专属六团小学,成就青睐奋斗。学校为女足成绩而骄傲,师生为女足胜利而自豪,六团小学为女足荣耀而扬名。

和谐之美开出事业之花

时间：2019 年 5 月 27 日

情景：一天，我和邻居在楼道里擦肩而过，一向热情的他居然没有跟我打招呼。"我有什么地方得罪他了？他生我气了？"后来经过交流得知，那天，他有急事，没注意到我，根本没什么事。

有了沟通，便产生了理解与和谐。

时光荏苒，到六团小学已经两个多月了，党政干部关系一直高度和谐。依稀记得我报到那天，韩书记的表态令我从心底里感动，两个多月的工作中，她确实如她说的那样一直全力支持着我的工作，尤其是我提出的一些主张和变革的想法。

说实话，一个女同志能做到这一点确实难能可贵，这也鞭策着我保持清醒的头脑。要改变以往校长书记一肩挑养成的工作习惯，要多与书记沟通、商量，尽管有些工作是校长的职权范围内的事，但是为了形成合力，与书记多商量沟通肯定是大有裨益的。但在日复一日的工作中，不可能所有的工作都能做到及时沟通协调的，即使沟通后也未必能取得一致。这时，就需要书记、校长从大局出发，从事业出发，心平气和地协商，共同做好工作。实在不能达成一致和共识，那么，可以求同存异，暂时搁置。要是实在紧急，必须做出选择，书记、校长观点僵持不下，可以通过听取其他干部的意见的方法，帮助书记、校长做出选择。党政干部关系和谐并不意味着凡事都要一致，适度改变自己的观点，吸收对方的有用之处，完善自己的想法，这是更高层次的和谐。

今天召开党政工校务会讨论青年干部推荐工作。起先，书记与我所推荐人员是不同的，我听了书记的提名后，也不急于发表自己的反对意见，在其他同志对书记的提名有不同意见后，我提出了我的想法。结果，我的提名也有不同意见。这时,书记发表意见说,索性这次就不要推荐了。对此,我认真地对书记说,我作为特级校长流动到这里,其中很重要的一项工作,就是培养青年干部,假如放弃的话有点可惜,何况,我们六团小学已经十多年没有推荐青年干部了。既然我们刚才提到的两位干部是学校干部团队中最年轻、最符合标准的,不管是谁,我们要继续信任他们。青年干部不可能十全十美,有些问题我们一起找他们谈谈。我的话语结束,其他同志也表示同意,书记终于说,那我们就推荐某某同志,大家看如何?校务会成员一致同意,并马上通知这位青年干部来到现场,大家语重心长与他进行了谈心,这位青年干部也得到了一次很好的锻炼。

和谐,并不是一个空喊的词,也不是一个时髦的标签,而是一个需要常提醒自己保持明亮的眼睛和清醒的头脑的目标和理想。和谐,不是不战而退的退缩,也不是毫无原则的妥协,而是专业水平在分享经验以后的提升,更是在教育理念碰撞以后教育情怀的提升,它是一种无以言表的美。

心 语

　　党政和谐,是学校工作顺利开展的最重要的保证。和谐,是思想的相通、理念的合拍;是原则的坚持、方向的把握;是配合的默契、工作的支持。莞尔一笑,是和谐的脸谱;心有灵犀,是和谐的智慧。和谐,学校发展大局为重,师生成长格局为要。

特级校长的情怀

时间:2019 年 6 月 10 日

情景:伴人左右的是亲切话语;鼓舞前行的是热情激励;温暖心房的是真诚帮助;长留心中的是灿烂笑容。

一句"相见恨晚",是何等幸福!

听课，是我到六团小学后的主要工作之一。这天在听好了一节课后，我收到了另外一位与我们一起听课的音乐老师的微信。全文如下：

姚校长：

您好！

在上午第二节的音乐课上，您扮演的大灰狼惟妙惟肖，生动形象，让我忍俊不禁，校长是那么投入，没有一丝懈怠，让我肃然起敬。联想上次您在我的音乐课上，也是置身于孩子中间，翩翩起舞的情景，一直在我的脑海里翻转！我和我的同事们在两个多月来看到了一位特级校长在六团小学展示了德才兼备的领导才能；谦逊务实的工作作风；和谐友善的为人之道；严谨与宽厚并存；智慧与幽默共鸣，我们从听闻您要来时的惶惶不安到两个月后的"你来得太迟了"的相见恨晚之感是何等的天壤之别！校长：以上只是我和我的一些同事的有感而发，没有奉承之意，我也是快要退休了，何须那一套？请接受一位快要退休的老教师发自内心的肺腑之言！我想这不仅是我的感受，也是绝大多数老师与我感同身受。在您这样一位大气、雅气、灵气的特级校长的领导下，六团小学一定会打造成成一所浦东新区乃至上海市的高品质的学校、让家长满意的好学校，六团小学的明天因为有您会变得更加美好璀璨！

读罢来信，我既感到欣慰，又感到深沉的压力。也许可以欣慰的是，三个多月的辛苦没有白费，得到了大多数师生和家长的认同。这位储老师，是一位老教师了，由于身体的原因，她近几年由教语文改行教音乐。之前几个星期我也去听了她的课，课堂上她全身心地投入，又弹又唱又跳，充满激情。她为人爽快，在同事间拥有话语权，有一定的影响力。她跟老师们交流是比较多的。我相信，她一部分判断来自其他老师。

我也感到有压力。我到六团小学之前，当老师们知道我要来时，他们惶惶不安，这个词，道出了大多数老师的心声。在他们看来，特级校长到来，或许是大刀阔斧的改革，或许是严格的管理。对于老师们的担心，我在第一次教师大会布置工作时，就郑重表示了这样的一些观点：学校发展需要精雕细琢,而不是大刀阔斧式的。我以听课作为切入点,用实际的工作方式替代说教;从抓行为规范入手,提高学生规范水平;用直接的工作要求,用能够做的现实行为,逐渐影响、改变师生;并且通过召开各年级家长会,提升教师的职业归属感,同时,获得家长的理解和支持。

我也很坦率,曾两次告诉老师们,我来打扰大家平静的生活,我能为大家、为六团小学做些什么。老师们对我寄予厚望,但我告诉老师们的是我愿意与大家一起出汗。要带领六团小学努力前行,需要智慧和勇气,需要团队的共同努力,更需要一位特级校长的魄力和魅力。

心语

　　大凡老师被校长表扬,心中不免高兴。然而,作为校长的我,被一位老师的大段微信感动到了,没有陶醉,却倍感肩上担子更重。被老师认可,说明工作方向对头,努力目标对路,还有个人魅力对劲。有了老师的信任与口碑,更有底气,更可放开手脚干了。

勇敢的 U8 女足队员

时间:2019 年 7 月 28 日

情景:敬畏,是一种心怀神圣感的尊敬和惶恐。做人做事,尤其是教师,需要有一点儿敬畏之心。要让孩子在学习生活中找到适合的节奏和行为方式,就要尊重、敬畏孩子的成长规律,让他们拥有一个真正属于自己的童年时光。

在获得超级联赛冠军后,我校两支队伍参加了在申花训练基地进行的为期四天的精英赛,每个级别共有六支队伍参赛。每天两场比赛,学校为此安排了大巴,有时还要准备午餐,随行的还有很多家长。有时,一辆大巴挤不下，家长们开着小车跟随前往。学校工作组织到位，人气特旺。

下午去现场观战，比赛是 U8 队伍的，也就是一、二年级的队员。当这支队伍在场上激烈拼抢的时候，另外一支队伍的队员就在场边呐喊助威，不时传来整齐、响亮的加油助威声：六团加油，六团加油……我被这阵阵喊声激起阵阵涟漪和激情。孩子和家长们以及普通的观赛人群，都在努力为六团小学鼓劲，作为学校的老师和校长，还有什么理由不努力工作呢，还有什么理由说我们的生源差么！

在这样的活动中，最能感受到她们朴素的情感和善良的品行。对手的个子明显高于我校的队员，但是，我校的孩子们敢打敢拼，竟然一度逼平"人高马大"的对手。无奈的是，毕竟对方有着身高和力量的优势，她们的远射又两次洞穿了我队守门员的十指关。其间，一位小队员因躲闪不及，被对方突然一记大力抽射打在脸上，当场，小女孩疼痛得哭了，毕竟是一年级的孩子啊。要是不踢足球，这个年龄的孩子在家里绝对是小皇帝，尤其是城里的孩子，肯定不会遭受如此委屈的。但是，她们是足球队员，她们是一拨农村孩子，她们的生活环境绝对谈不上优越，甚至经常有磕磕碰碰，还有诸多的不如意。

上半场结束的哨音响了，孩子们从场上悻悻然走下来，守门员以及那个被球击到脸部的孩子在场边蹲下身，捂着脸伤心地哭起来了，那模样真让人心疼。那哭声，那神态绝对不是不懂事、怕疼的哭，而是太懂事了，那是一种强烈的荣誉感。可能是因痛而哭泣，也可能是自责在强大的对手面前自身的弱小。这场景，自然而然让人动容，我想走到孩子们那里，给她们一些安慰，可不知说啥好。正在犹豫之际，一帮大队员到来，围住小队员们，包括两位正在流泪的小队员，有的用纸轻轻为妹妹擦汗水和泪水，有的抚摸着她们的肩膀，有的附在小妹妹耳边，轻声说着什么，那副神情，俨然是大姐姐，是身经百战的。我隐隐听到，话语很简单，却很有道理，伤心掉泪的孩子很快停止了哭泣，用满是汗水还沾着尘土的手臂擦拭掉泪水，走向教练。

我作为校长，肯定不会有这样的思考，即使有，也不会有她们的真实的语音语调。她们有她们的话语，她们的心灵气息，成人、校长、老师要真正走进孩子们的心田有多难，敬畏孩子必须是成人的天职。

足球比赛很有意义。输赢固然重要，成长更难得，让我有启发，又使我更加热爱足球,热爱六团小学的孩子们。明天我要去讨教大队员们,她们给小妹妹们讲了些什么话。

心 语

　　说实话,这么小小的年纪,就在偌大的绿茵场上拼搏厮杀,实在叫我于心不忍。她们是农村孩子,踢球意味着快乐,体现着自尊。从足球中懂得自律,学会勇敢。观战中,我思考着:还能为孩子们再做点儿什么?

肺 腑 之 言

时间:2019 年 9 月 11 日

情景:在前往学校的路上,总能看见两旁的农田里有农人在劳作,或早晨,或黄昏。想想自己,不可拔苗助长,须细心耕耘,静待花开,不也是一个"农人"吗?

　　在庆祝第 35 届教师节的日子里,川沙新镇召开了镇区域内中小幼成职教学校校园长书记座谈会,新镇党委、政府班子全体成员都出席座谈会。到任一个月还不到的镇党委书记吕雪城在会上做了热情洋溢的讲话。

　　在座谈会上,我也发了言。首先,我表达了谢意,衷心感谢川沙新镇党委政府领导长期以来对教育的重视和对学校、教师的关心,感谢各级领导与朋友们在我到六团小学之后的关心和支持。川沙新镇的贺红忠副镇长与社建办的领导、社区的领导等曾先后到六团小学看望我并关心、指导学校工作,在那特定的时段、特殊的场景中,我真切地感受到了温暖、温馨。第二,我表明了态度,不管在哪一所学校工作,我都要管好学校,办人民满意的教育。六团小学的教育虽然不能代表川沙地区的教育水准,但是,当类似于我们六团小学这样的学校办好了,相信川沙新镇的教育水平必将是一次飞跃。随着学校管理实践的推进和经验的积累,我越来越深切地认同这样一句话:教育如同农业。也就是说,教育除了大刀阔斧地改革外,更多的需要精耕细作。我到六团小学后向老师们说的很重要的一句话是:我愿意与大家一起流汗,也就是让每个老师都要静心工作并做好较长时期的准备。

对教育是农业这句话,我还有另外一个理解。农业很大程度上有对天的依赖,教育也要依赖于天,这天就是大环境、大政策和大盘子。大环境就是指自然的、人文的环境。六团小学所处区域环境幽静,民风淳朴,这都是办好学校的有利条件。与教育有关的大政策很多,如在生源方面,由于户口、就业等条件的限制,造成六团小学每年有将近一个班的学生流失。但是,目前的流动是为了以后的稳定。大盘子直接指经济的发展,大盘子厚实了自然小盘子里面也不少。

虽说教育要依赖于这些大背景,但是也并不是全部。办学校,校长必须紧紧依靠各级领导,依靠全体师生,只争朝夕,奋发有为。因此,目前六团小学所采取的发展策略是完全符合学校实际情况的。一是采取开门办学的策略,在开门中发展自己,壮大自己;二是特色办学,针对我校女足的发展现状,我校提出了十六字的女足精神:顽强拼搏,坚持不懈,团结协作,为校争光。这种精神可以进一步发展,壮大女足,也可以促进人的成长,这样的精神不管是对学生还是对老师,不管是学习还是工作,都将具有巨大的促进作用。

尽管我校有来自全国各地的孩子,流动性也比较大,但是经过我们的努力,一定会使孩子们有美好的童年回忆的,一定会有六团小学和川沙、浦东、上海的美好回忆。

我的发言得到了较多的赞许,这些话语是我在六团小学的实践与思考的真实感受和记录。

心语

想要说的,一吐为快。尤其是在属地领导、社会各界参加的场合。让领导知道六团小学现在的进步,让社会了解当下六团小学的发展,我这个当校长的当仁不让。争取领导支持,引起社会关注,让六团小学从幕后走向前台,从配角成为主角,是我流动到六团小学的目标。努力,再努力。

最好的奖赏

时间: 2019 年 10 月 14 日

情景: 这世上总有一种力量让人泪流满面,总有一种力量让人刻骨铭心,总有一种力量让人奋发进取,这种力量叫——关怀。

随着赛事的增加,女足越来越受到校内外关注,有关足球的话题日渐增多。如,在参加市级小组赛的五场比赛中,我校 U11 以平均每场 8.2 个进球的大比分胜对手,且不失一球,每场比赛结束,对手都投来惊讶、敬重的目光,同时,还要问一句:六团小学在哪里? 因为我校实在是名不见经传,因此对手不了解,更不要说熟悉了。对手很大程度上也不会去了解我们,六团小学,在女足圈内实在是太没名气了,一般这样无名之辈要参加市级比赛,不过是充充数罢了。再说,假如对手要了解我们,其实也无法了解更多,六团小学女足起步晚,痕迹少,不深。当场上真枪实弹地较量后,六团,这个名字已经让对手肃然起敬了。

关于女足队员变化和成长的故事也让人津津乐道起来。如:刘同学,之前有做作业拖拉或者需要家长督促的情况,自从迷上足球后,这些现象消失了,取而代之的是主动、自觉。再如:守门员马同学,腼腆、不善言辞,主要是缺乏自信。但当参加守门员训练后,她表现出特有的天赋,得到了掌声和赞扬声,她变得大胆而自信了。她在教练的帮助下,苦练大脚发球技术,在今天的比赛中,临终场结束,竟然一脚命中,全场欢呼,她自己也笑了。尽管依旧腼腆,但是可以看出,那是一种成熟的腼腆,那是谦虚和内敛,真不容易。

参加市级比赛,我会每次派一名干部一同前往,既是观战了解足球,也是为足球队加油助威。我没有让干部们报名前往,而是从副校长到主任做了有序安排,不管是懂足球、喜欢足球的干部,还是不懂足球、不喜欢足球的干部,按照指定的计划参与,目的是把干部关心支持足球队作为一项工作去完成,形成一个团队去关心这项工作。连续几场比赛后,这项小举措显然收获了诸多成果。

女足队员高兴,因为干部们每次自掏腰包买些小礼物奖励她们。女足队员们不仅进一步认识了学校的干部和老师,更激发了她们的斗志。干部们从比赛中感受到了紧张、激烈,被我校女足队员的付出和拼搏精神深深感动,也更加体会到宣传、发扬女足精神的必要性和意义。还有其他的成效或许还是潜在的、隐形的、长期的,如进一步扩大足球影响,改善干群关系,提倡实干精神,进一步密切家校关系,获得更多家长支持等。

心 语

六团小学的足球,已经超出了其运动本身的范畴,而被赋予了更广的含义,产生更多的激励效应。小小足球,滚出了大大的同心圆、向心圆;飞出了高高的精神弧、斗志弧。足球,改变了孩子的认知,转变了教师的观念,提振了学校的士气。是足球成就了这些,还是师生合力创造了足球文化、缔造了足球精神?

努力在时间里

时间:2019 年 10 月 21 日

情景:再短的路,不迈开双脚,也无法到达;再长的路,一步一步,也能走完。

在 70 周年国庆前夕,工会布置了一项活动:经典诵读。当然,这项工作是学校计划中的,目的是围绕庆国庆进行爱国主义教育,同时与教师专业发展相结合。活动要求之一是诵读,也就是要求背诵,不能看本本。这个要求也是针对之前组织过类似的活动而提出的。在活动排练过程的几个星期中,老师们或许有些抱怨,为何一定要背出来呢?尽管如此,各组还是积极排练着。

在今天的演出中,全校老师统一着装,一身的中国红,精气神十足。每组都有精彩之处,认认真真,有模有样,那全神贯注的样子感染了在场的所有同志。每个节目结束,大家报以热烈的掌声,我到六团小学后很少听到过如此热烈的掌声。当演出结束拍集体照的时候,大家有序快速的状态再次使我感动。今天的活动取得意想不到的圆满和成功。

当活动结束,我环顾四周,分明感到,老师们也为我们自己在这么短时间内能有这么一场质量相对高的演出而感到惊喜。我更是感到高兴,因为我觉得在我这几个月的工作中,我所有采取的激励法正发挥和产生着潜移默化的作用和影响。我也看到了未来的希望,因为老师的态度决定学生的态度,老师的水平决定孩子们的水平。

优秀的文化就是这样点点滴滴改变和积累起来的。适当的仪式感还是需要的。更重要的是,老师的改变需要在积极正面的引导之下实现,要充分相信老师们的觉悟和潜力。所以,坚定了我的想法,在六团小学不缺批评和意见,缺的是鼓励、表扬和在此基础之上的自信。

心 语 ❤

是的,时间会证明一切,不会让努力白费,不会让奋斗者自叹。时间嘀嗒,忠实计分;时间知晓,为努力的人们留痕。时间构成岁月,时间成就努力。努力的程度等于时间的长度,奋斗的深度等于岁月的宽度。时间不会辜负勤奋者,岁月偏爱付出者。

招生季——阳光的味道

时间：2020 年 3 月 27 日

情景：校园开放日，因为疫情，网上进行。线上、线下，已不重要。虽有改变，但有努力。"会当水击三千里，自信人生二百年。"

又到了一年一度的招生季。今年与往年不同的地方在于，今年因新冠肺炎影响，校园开放日全部通过网络开展。回想去年，我刚到六团小学，校园开放日那天的活动，电视台还播放了精彩片段。对于六团小学这样出镜机会不多，且需要学校付费，在经费相对紧张的前提下，书记与我，还有其他干部大家的观点相当一致，我们应该自信地向家长们宣传我们的优势。事实证明，这样的宣传是很有必要的，首先是较多之前对学校不甚了解的家长，可以通过这种方式熟悉了解学校。

毕竟，现在社会，家长对学校的评判很大一部分是人云亦云模式，即没有实地考察感受真实体验确凿事例，只是听他人说道而已。这样的传播方式很有杀伤力，名校大校被传神，小校偏远校被诟病小觑，尽管确实有差异存在，但是舆论很多时候却会遮掩真相。

去年，有多名学生家长就是在走进校园后才决定选择我校的。外省市的家长有较大的流动性和不确定性，他们因此也有了较多的选择，当他们走进校园了解学校情况后，他们真正安心地就近入学了。其次，这样的开放日活动，让我们的干部和老师有了适度的压力，一方面梳理总结过去的工作，另外一方面在梳理的过程中进一步明确办学和育人的方向，进一步端正办学思想。

今年虽然是网上开放，显然，我校的宣传内容较去年明显地成熟和丰富了。在防疫期间，我与几位干部一起，把一年来所做的工作和成绩都罗列进了。看着眼前的工作，我看到的是干部的成长，也是办学的成熟。我坚信，今年的招生形势依旧看好。今天中心领导来信息告知,让我继续到我校周边的一所民办学校做宣传,并说去年该园毕业的孩子都被我游说去了,今年就继续吧。我哈哈大笑并爽快接受任务。

这时,春天的一抹阳光透过窗户缓缓地照射进我的办公室,七色的光辉有着不一样的斑斓,这真是一个连太阳都眷顾的地方,那是一种阳光的味道,味道中散发着自信、坚定和从容。

心 语

招生季,很能看出一所学校的发展势头。现在的六团小学,今非昔比,已成为社区居民选择的学校之一。成绩来之不易,向好更须努力。为百姓,尤其是农家子弟提供良好的教育,一直是我们努力的目标。肩负教育重任,心有育人情怀,改变人们对农村学校的看法,路虽远,已上路。

欣喜现在的状态

时间: 2019 年 11 月 8 日

情景: 冬天虽冷,却也使人生变得多姿多彩。领略完灿烂的金色后,那凛冽的白色,练就了我们不畏困难的品质,更加令人陶醉。

又迎来开门式办学,外省市教育同行第五批客人今天抵达我校,她们是来自江西鹰潭的五位语文骨干教师。与前几次交流活动不同的是,这批培训团,采取跟岗的方式,也就是一对一,全程跟随我校的老师。

之前,都是整个团队一起听课,或者一起听讲座。我们相对可以掌握主动权,尽可能把最亮点呈现出来。这次一对一,随班,跟岗,客人老师有较多的时间与老师、学生在一起,也就意味着有可能我们能够展示的亮点不多。

我们会不会捉襟见肘？是不是会自然暴露出诸多问题，使得开门式办学收不到理想中的成效，甚至会适得其反？对此，虽然我没多大把握，但是我坚信，只要客人能走进校园，双方一定都能有收获。

于是，我马上与书记商量，书记的想法与我高度一致，并且如数家珍列出几位老师。因为在周末，我马上打电话给课程教学部的祝主任，与他研究这项工作并请他联系落实相关的老师。他像前几次开门式办学接待外省市同行一样，欣然答应，同时在一些细节上提出了他自己的一些想法，这是他一贯的做事风格，我比较简单、粗犷的想法和原则的指令，他在执行中会做得周全、细致。

放下电话后，我心里没有过多担心，但是眼睛一直盯着手机。不一会儿，铃声响了，手机里传来祝主任沉稳而轻松的声音：虽然五位老师感到有压力，但是都接受任务了。我高兴得连连说好，这和我预期的是一样的。

我的内心无尽欣喜，老师们现在的状态让我感到是那样欣慰，那样踏实，甚至于是那样感动。

心语

> 习惯成自然，工作出经验。历经几次开门办学，教师也有点"轻车熟路"，手里有些"底牌"。悟出一个道理，凡事要敢于迈出第一步，给教师指明正确前行的方向。不停步，迈小步，可以至千里。得惠于教师，施惠于学生，有惠于学校。

美好的微笑

时间：2020 年 6 月 2 日

情景：微笑，也许是教育中最美好的语言。一个微笑，无色，却能让世界五彩斑斓；无味，却能让芬芳满人间；无形，却改变着世间万物，抚慰人间冷暖。

今天一、二、三年级全面复课。有了前两周四、五年级复课的工作经验，我发现干部、老师和职工不论是从一项项具体的工作，还是从他们的话语举止神情都表现出淡定和从容，尤其是一系列防疫举措有条不紊。我则更多地关注和研究防疫工作中的教育问题，再具体一些，那就是我曾在前些时候的随笔中写到的，为何孩子们的文明礼仪水平明显下降的问题。

一大早，我和值日的老师就已等候在校门口、桥两边等值日岗位上，虽然之前各班班主任已下发上学时间的通知，请孩子们按时间段到校，不要提前到校。但是，还是有几位学生早早到校了，因为正在消毒，他们只能在校门口外的花坛边上既当围栏又当座椅的木板条凳上坐着。我故意不先跟他们打招呼，而是走到他们身边，弯下腰。我没有戴口罩，我一直微笑着，我专注地看着他们。这几个孩子没有与我对话招呼，就是眼神的交流也都是一闪而过。当他们发现我几乎以一个相同的姿势站在他们身旁时，他们才腼腆、拘谨地或抬起头，或也用眼神打量起我，仍然没有向我问好。我当机立断立即采取我早已思考好的对策，主动出击。我响亮而亲切地招呼孩子们："同学们早"……在沉默了数秒后，传来了孩子们羞涩胆怯的声音：校长好，老师好。这短短几秒太煎熬了，好在，终于有了我们彼此之间的交流。"哈哈，你们还认得我啊。"我自嘲地说。这句话是四五年级复课与孩子们见面时我讲得最多的一句话，也是令孩子们最高兴最快乐的话语之一。

第二天，我和老师们主动向孩子们问好招呼，孩子们中间也有远远主动向我们问候的，有的在部分四五年级同学的影响下跟着招呼。五个年级都到了，人多热闹，也出现了一些不规范的行为，在课间也发现孩子们在花坛中奔跑。顽皮，孩子们的天性，这么长时间伙伴们没在一起，一旦在比家里大得多的室外，自然他们的天性也随之毫无掩饰地释放了。改变这些行为，需要正确引导。于是，我请德育干部唐老师及时在午会课时间开全校广播会，就行为规范和文明礼仪的事再次做一个培训，我反复关照唐老师，以鼓励肯定引导为主。唐老师微笑应允。放学的时候，传来了此起彼伏的问候声，送路队的老师和值日的老师露出笑脸。有的说，今天孩子们的表现又好像与上学期差不多了，又看到了过去教育的成果。

我感慨良多，教育的力量是强大而又神秘，实施教育的手段没特别之处,唯主动招呼,营造好的环境而已。农村孩子,需要有长期规范的教育行为,需要有良好的学校文化环境,也需要良好的家庭教育。我们的路还很长,要做的工作很多。孩子们的微笑,我的微笑,老师们的微笑,我想我们应该多一点儿微笑。

微笑是一种神奇的力量,能给人美的享受;微笑是一股源源不断的甘泉,能给予你无限的力量。在这所农村学校里,我想我们更需要这种神奇的、无限的力量,让我们身边充满爱和关心。

心 语

农村孩子憨厚、善良,心地质朴,需要学校和老师给予更多的关爱、更好的有针对性的启迪。一旦他们懂事,将具有很强的韧劲和持久力。行为规范之于孩子,更须有耐心地示范和引导。克服环境的阻力,施以热情的关怀,微笑,会在孩子脸上绽开花朵。

防疫下的师德表彰会,更显六团特色

时间: 2020 年 9 月 14 日

情景: 表彰,意味着优秀、先进与成功。有一种成功似乎就在我们身边,却又离我们那么遥远:在平凡中做出不平凡的坚持,坚持把平凡的事情做好。

原定的六团小学第九届美在校园师德表彰会在做好防控各项工作的前提下如期进行了。开还是取消,是这次表彰会因防疫工作而出现的特有情形。

就在筹划这项活动的行政会当天下午,学校接到上级文件,规定各项大型集结活动一律不得组织。行政会结束了,我与书记,还有几位主要的干部当机立断,今年的表彰会不举行了。后来与几位副校长谈起这事,大家都一致认为,只要学校门开着,每天都是聚集,关键是不能有外人,非本校人员必须严控严查。所以,是本校的活动,只要不邀请外部人员如领导、专家、教育同人等。再说,文件规定,假如要聚集,必须上报教育局审批,因此,校内活动是否可以进行必须依据相关标准和程序,在防疫工作上,不得有任何懈怠之处。防疫工作固然是重中之重,在做好防疫的同时,仍然要以发展作为工作的出发点和落脚点,切不能以防疫为名,用形式主义掩盖了懒惰的实质,在特殊时期更要动脑筋想办法,利用特殊时期的特别优势来发展壮大自己。所以,今年的师德表彰会正是在这样特殊的背景下召开的。

前期准备很顺畅,从设计布置到落实,大家都积极参与。后疫情波折,决定取消,大家也没有特别的情绪波动。再后来,再次决定召开,老师们也没有微词。我感到,老师们在变得更加理智和专业,这本身是师德建设所期待的成果。

今年的师德表彰会上又出现了新典型。所谓的新典型,不是新教师,而是多位长期在六团小学工作的老师,他们太平凡了,他们与先进、优秀没有缘分,但是,他们实实在在地在为教育做贡献,学校发展太需要这样的老师了。可惜,发展中的问题和缺陷使得这样的老师很少让人看到他们的优秀与先进之处。表彰会上,当被表彰老师上台受奖时,当主持人深情朗读颁奖词时,台下老师被感动了,获奖者们更是有喜悦和敬畏。

我坚信,每一个老师都有着他们的优势和潜力,每一次表彰会都是正能量的传递和积聚,既是传递情感的有效途径,也是使人激情迸发的良机。优质教育就是这样在持续发展中积累成长起来的。身教最为美,知行不可分。人的价值其实就蕴藏在人的才能之中,积累着,成长着,体现着。

心 语

师德,教师从教之德、育人之德、为师之德。师德,有广义的德的含义,也有狭义的德的含义。德,于教师无处不在。德,是教师立身之本,育人之重。崇尚师德,弘扬师德,是学校办学的方向,是教师评判与发展的根本。之所以疫情下做好防护同时,表彰会如期召开,以示重视、重要。

下篇　寻　道

教育有道,道在脚下;教育释道,道正心明;教育弘道,道广路宽。到六团小学工作,就是为了寻道,更是为了践道。为农村学校扶一程,替六团师生谋前程。

第四章　察　道

看清来路,辨明方向。教育之道,要求敏锐体察;学校校情,需要明察秋毫。察清道,才能用好道。

为了孩子,去创造美

时间: 2019年4月11日

情景: 成功不是将来才有的,而是从决定去做的那一刻起,持续累积而成。让我们一起努力,去寻找,去改变,去付出……

继昨天召开教职工座谈会之后,今天中午我又召开了学生座谈会。同昨天一样,为了打消老师和同学的顾虑,我没有安排记录,也没有提供给他们书面的发言提纲,而是用通俗的话语表达今天座谈会主要的内容。我说跟同学们聊聊天,熟悉熟悉学校。同时为了让他们可以发言,我把它归结为两个话题:一是学校留给你最美好的印象是什么? 二是你有什么希望?

开场白是在自我介绍当中开始的,六个孩子都来自外省市。我从他们的介绍中不时地提出一些小问题,比如家乡最美好的景色是什么,家乡有什么土特产。同样是一个省份的孩子,一个城市,他们以前认识吗,他们怯怯地说不认识。说起最美好的印象,孩子们异口同声提到的是体育节,给他们留下了深刻难忘的印象,也提到了六一儿童节当天有活动,学校给他们吃甜甜的蛋糕,觉得特别温暖美好。足球队的孩子,提到了参加足球比赛留给自己美好的印象。我突然打断她的话语:"老家有没有人说女孩子踢啥足球啊?"她说:"有的。""那么你是怎么回答的?""我说有啥不好,踢足球,身体健康还聪明。"

学校美丽的景色给孩子们留下了深刻而美好的印象。我几次暗示和引导他们,学校中有没有老师给他们留下美好印象的? 他们好像一下子回答不上来。等到提出希望的环节时,孩子犹豫了一阵之后,话匣子渐渐地打开了,无所顾忌地、滔滔不绝地向我诉说起来。因为在每一个希望的背后,都是孩子们一连串对学校现实的不满。他们希望能吃上辣椒,甚至有同学说要吃老干妈,那是一种浓浓的乡愁。

我一想,对呀,他们都来自外省市,尤其是安徽一带的孩子比较多,他们都喜欢吃辣。他们希望老师能公平地对待他们。孩子们普遍认为老师太凶了,老师会推搡他们,也可以说有暴力的倾向。也有老师用粉笔头砸学生,撕作业本,罚抄,罚站。有的学生作业做错了,要被罚抄十遍。有的孩子说由于作业太多,晚上做得很晚,影响睡眠,第二天上课精神不振,结果又被老师罚站,或者被狠狠地批评。孩子反映也有老师用上海话批评学生,有时也会出现脏字。这些老师认为外地的孩子听不懂上海话,其实用孩子们的话来说,他们有些上海话是完全能听懂的。有时上课,窗帘拉着,教室里光线很暗,老师要求学生两手反剪在后背坐正,眼睛盯着屏幕。由于时间比较长,有的学生打了哈欠,被老师看到后少不了罚站或者罚抄。

上课更是有诸多的怨气。在孩子们的心中,课堂以语数英为主,副课一般都被这些课挤占掉了。星期二和星期三,几乎都是语文和数学的天地。由于作业多,有些本来很喜欢体育的学生,为了做作业,也只能偷偷地从体育课上溜回教室做作业。

座谈会使我很郁闷,心情感到特别沉重,一种莫名的不安随之产生。这时恰巧又看到原来工作的学校在微信公众号上发布的两则信息,一则是团支部被评为区优秀团支部,另一则信息是语文组在新学期第一次大组活动。内容有声有色,并安排得十分科学合理。鲜明的对比,使我内心更加焦虑。

在静下心来冷静思考之后,我还是决定按既定方针办,用我的眼睛去发现六团小学的美,不断地鼓励老师,逐渐地让他们学会反思。至少在这段时间里,我还不能直接把问题提出来,而是要让干部和老师自己去找问题,去不断地创造美,去除和改变丑陋。就如马克思所言,人类社会的进步是人们创造美的结晶。

我也反思我的优劣势。针对学校一些问题,我应该冷静,要有智慧。二十年前,刚任正职,有冲动,有激情,有闯劲。当时没有什么经验,凭着一股子的闯劲,大刀阔斧地进行改革。显然,在二十年后的今天,我这一股子闯劲已消退,取而代之的是我的经验和沉稳,我应该扬长避短。下一步,应该继续发现美,让老师也感受到美,接着让全体教职工一起去创造美。创造美的过程,就是去丑扬美的过程。要让六团小学的老师看到自身的不足,并且愿意去花力气、花时间、花功夫改变。

老师们看到我时说,我们学校上新台阶就靠你啦。我就对老师说,学校发展需要你我共同的努力。这一年学校在年终考核中获得三等奖,这是历史性的突破。我要告诉老师的是:要改变,要有所收获,就一定要有所付出。下周的行政会,我想好了要让每个干部找问题,如果他们找的问题和我所看到的问题是一致的,我们继续研究问题解决的方法;如果说我所看到的问题,在他们看来不是问题,那么,我们更要去研究如何解决问题了,首先要解决的是干部的理念和目光的问题。

心语

美,能打动人的心灵,焕发人的精神面貌。人们最能接受的,是对美好的向往。孩子们的心愿,同样有对美好的追求。给孩子留下美好,是学校的功德;让孩子对美好发生审美,是教育的责任,让懂美审美为真善美充值。赐予学生一双发现美的慧眼,在美的熏陶下健康成长。

听课,了解实情的好方法

时间: 2019 年 4 月 15 日

情景: 让每一棵树成材,或大或小;让每一朵花芬芳,或浓或淡。或浇水施肥,或修枝剪叶……无论哪种,都需要技术和耐心,也许,这就叫艺术。

这个星期开始听课。校长到一所学校工作,听课是重要的工作内容之一。之所以说是重要内容,是因为新校长到一所学校,情况还不明,他只能从常态的工作当中去寻找长处,发现问题。一所学校的运作,最主要的部分就是课堂,老师们最常态的工作就是上课。学生们表现的主要场所也是在课堂。一堂课中师生的行为,折射出平时学校的管理状况和教学习惯。因此从听课中,既可以熟悉了解老师、学生、班级教学等情况,又可以判断学校的管理水平和师生的教与学实际。

新校长听课,穿梭于教室、办公室之间,既给人忙碌的印象,又给人亲民的感觉。从全校教师对校长宣布开始听课的反应,可以判断这所学校教师的敬业精神、教学水平以及对初来乍到的校长的尊敬程度。校长听课的目的,有了解型、科研型、研究型、评价型等主要的侧重点。但是从了解一所学校开始进行这样的听课,他的落脚点是看教师的教育教学理念,看师生关系,看教师专业发展技能和学生的学习习惯,从中对办学理念、管理方式等方面做出适当的判断。

我在第一周行政会上对干部们说,从下周起,我开始听课。行政会结束后,干部们把这个消息及时地告诉了全校老师,很快反馈给我的信息是,老师们的意见,最好能够提前一个晚上告诉他们,使他们有所准备。我知道了这样的意见之后,索性在第二周没有实施我的听课计划。

到了第二周的周五下午,在全校教职工大会上,我向老师们就听课一事进行了说明。我说要是提前一天告诉大家,老师们就会多一天紧张。我自己也会多一天担忧。我担忧的是,因为我明天要听课使老师今晚没睡好,于心不忍,老师们笑了。当然,我也知道老师们是出于对我的尊重,想把课上得更好。而提出这样的意见,其实不必太纠结,只要大家在常态下把课尽最大努力上好就行了,不管你是新授课还是作业课,甚至是考试也没关系,我主要看你的基本教学行为,学生的学习习惯。我这样告知之后,再也没有听到关于校长听课的建议了。

我一方面对老师们说,你们不必紧张,放松点,与平时上课一样,自然状态下自由地表现。另一方面,也对老师们说,适度的紧张也利于课堂呈现得更加完美,老师们又笑了。说实话,我也是很感动的,每到一个班级,老师和学生都会做好充分的准备,迎接我的到来。我听课的同时,也有学校管理干部以及教研组的老师一同参加听课。我突然想到,课还没上,有这样的局面呈现,我觉得已经成功了一大半。

听课中,发现了一个很有趣的情况,几乎是所有的课堂,老师都会对孩子们说,今天你们怎么啦,比我还紧张。因为我坐在教室里面,使老师和学生有一点儿紧张,这是完全可以理解的。但同时我也看到了,至少有两个方面的工作,还是需要老师们一起去做一个改变的。首先是正向引导,即使孩子们真的很紧张,老师也应该从另外一个角度去引导他们,而不是说你们不要紧张,越说不紧张,越容易造成学生紧张。应该在不露痕迹的情况下,让学生渐渐地进入另外一种情景而忘记有人在教室里听课,这样他们就自然地呈现出轻松自由的状态了。

其次,要让孩子们多锻炼。他们之所以看到陌生人坐在教室里,或者学校的领导坐在教室里听课,感到有点儿紧张,主要是平时缺乏锻炼,或者看到陌生人会有好奇之感。假如是一所开放型的学校,势必会使孩子们接触更多的陌生人,人与人之间的交流合作是一种重要的教育活动。

再者,也说明学校的德育工作要跟进。在课堂教学中学生们要养成聆听、思考、积极举手发言的习惯。不能因为有陌生人坐在教室里,或者课堂外有活动的影子,而使他们注意力受到影响,分散他们的学习之心。所以从这一点儿上做判断,至少可以说明我校要在培养学生良好的注意力方面给予创设机会,让学生多参加社会实践,同时还要加强德育工作,双管齐下。

心 语 🫶

听课,是校长最接近真实状态的教师、学生的方法,是最有效了解课堂情况的形式。听课,是校长主抓的学校工作之一,缩短了校长了解、掌握教学一线情况的过程,减少了不必要的中间层次。听课既是手段,也是目的,对转变教师观念、改进教学方法、提升课堂效果都具有重要作用。

心田上的单子

时间: 2019 年 4 月 18 日

情景: 相信自己拥有无限的潜力,只要有一刻你渴望成长,并持续加油,它就会支持你开花、结果。

阳春,白日风飘香。今天方略教育培训公司的干部来到六团小学,是为了昨天他打电话过来,说下周有一批来自珠海的校长,想到六团小学挂职一事来实地考察。因为是一所农村学校,要待上一周的话,说实话,是有难度的,心里没有底,我还是请他实地感受一下。一方面请他来对我校的优势给一些具体的指导。在我与韩书记以及另外几位干部陪同下,客人们在花园般的校园里参观了起来。温暖的春天让我们感受到了初夏的感觉,一场瓢泼大雨后,花园里的花草特别鲜艳美丽。走廊里孩子们很有礼貌地与客人打着招呼。虽然,与我对他们的不卑不亢、落落大方的要求还有一些距离,但是我感到,孩子们在老师的辅导下,正逐步走向神态自然。

我们与客人一起随手推开了一间办公室的门,这是英语组,里面有一位老师和一个孩子正在写着什么,老师看见我们走进去,就立刻站起身,淡然地微笑着,并且自然地与我们打了招呼。这既可以证明我们老师个人修养好,也可以说明昨天我就迎接客人一事,所提要求得到了老师们的认同,我倍感欣慰。这个场景、这个微笑,在我心里就是一道最美的风景,我内心充满了期待。当客人老师走进综合会场后,她对我们的工作十分肯定,并且说这样的学校值得让来自农村的老师看看。于是我说:接单! 同时转过身征求书记的意见。韩书记语气坚定地说:我坚决支持你的选择和安排。随行的干部也表态,一定做好相关的准备工作。

没想到昨天刚做了开门办学的培训工作,今天就有客人来了。于是,我又想到了另外一个问题,这样的接待是开门办学的主要形式,它只是一种手段,但不是根本目的。根本的目的是通过这样的接待,使得老师们专业水平有整体提高,在此基础上,再回到官方组织的各类教育教学的平台上,能够有所斩获,能够产生一支有思想、有水平的教师队伍,当然最受益的是我们的孩子们。

我希望他们能够快乐健康地成长,希望他们能够接受更好的教育,能有好的未来,成长为优秀的人。看着那一张张稚嫩的脸庞,我的意志就会更坚定,那就是我要为你们服务好。

心 语

接单! 对于六团小学这样一所农村学校,在我和书记的大胆决定下,破天荒地应诺了。第一次接单,要完成它确实有难度,但是放弃机会,今后学校工作的难度将更大。工作就在矛盾中发展,开拓中前进。故意寻找对立面,有意树立假想敌,是突破工作瓶颈、实现跨层次发展的有效方法。必要的刺激,适度的紧张,外来的推动,"鲇鱼效应"激活一潭死水。此为开门办学的意义所在。

从最深处站起来

时间: 2019 年 5 月 18 日

情景： 做棵向日葵，始终面向太阳。无论在什么样的境遇中，我们都努力成为更好的自己。

　　农村学校有它的特殊性。作为一名特级校长，我准备从专业发展的角度做一些思考和实践。农村学校教师的专业发展最大的障碍是机会少，平台小。所谓机会少，无非是参与竞争、展示、晋升、评优、培训的机会少，甚至没有。平台小，即使有机会参与竞争、展示，因为农村学校普遍名不见经传，因而吸引力不大，也使得教师专业发展获得指导、提高的资源单薄，从而使得名校长、名师成长速度减慢。长此以往，校内教师大部分看不到同伴成功的榜样、先例，从希望到观望，最后到失望，从最初的满怀信心，逐渐变得焦虑，到最后在无可奈何中接受无法实现的事实。

　　一旦有在专业上有所成就的教师，也是多年里的凤毛麟角。专业发展整体比例极大地低于城镇、城市学校。再加上长期以来人往高处走的心态，好教师从农村地区调往城镇地区的现实，农村学校教师专业发展阻力重重，收效不大，名师甚少。同时，现实让无法在专业上突破的教师感觉到，一些专业提高活动在短期内几乎看不到成效，又增加了推进教师专业发展的工作难度。

　　因此，在学校中要让教师，尤其是中老年教师不被边缘化，任务是相当艰巨的。

心 语

　　教师专业发展，于学校是发展根本，于教师本人是事业灵魂，于学生是关乎培养质量。专业精进，有理念完善，有方法提升，有学科水平，有科研能力，有进取欲望和发展期待。教师专业发展，须烘托氛围，搭建平台，创造条件，让教师有表演的舞台。既然想到了、看到了，启动教师专业水平提质的工程就不远了。

有些老师，有些同学

时间：2019 年 5 月 21 日

情景："总之，我们要拿来……主人是新主人，宅子就会成为新宅子。然而首先要这人沉着、勇猛，有辨别、不自私。没有拿来的，人不能自成为新人。"

没有拿来的课堂，不能自成为新的课堂。

用微笑换取沉默，用好态度换得逃脱一次发言，在一般课堂教学中很常见，农村学校的孩子由于更腼腆些，所以这种情况会更多见。有了第一次便可能有多次，有多次便成了习惯，这不是好习惯，从不发言慢慢成了不思考，有了一种惰性，这是非常可怕的。学生养成了懒惰的习惯，老师形成了定势，认为这样的同学不善言辞，如果请这样的学生发言，不但得不到好答案，而且还有可能浪费时间。也有的老师希望以后发生变化，变化不是没有可能。

学校不注重课堂上学生的表达，育人功能会弱化。越是不敢表达的学生，老师越要鼓励他们发言。如果老师带着期待并默许学生下次发言的心理的话，那么，这样的学生很难跨出第一步。得到老师默许，这是算好的；次于这样的方法，还有的老师说，你思考一下；差点儿的老师说，谁来帮助他；再差一点儿的老师就是批评和讽刺：这样的问题都回答不出来；最差的老师是一言堂，没有任何问题，提了问题也不让学生回答，自己讲得唾沫横飞，学生听得云里雾里，还常常说学生不机灵，使得老师来不及讲，于是，拖堂、挤占其他课、训斥等时有发生。

在课堂上经常会看到这样的情况：学生一时回答不出老师的问题，或者无法回答出教师心里所想的答案，于是老师会对学生说，你思考一下后再说。事实上，"再说"基本属于客套，不是老师虚伪，也不是老师记忆差，那是什么？心中无学生。老师根本不在乎自己在学生面前所说的话的价值，根本不在乎学生的感受。多次或者经常有类似客套而老师根本没觉得客套的话,教师的话语可信度在学生心目中将大打折扣,在学生的心里不知不觉地留下这样的概念:原来老师的话可以是假的。

> **心语**
>
>   教师的提问是课堂完成度的重要内容,学生发言是了解其理解程度的有效方式。六团小学的有些课堂情况还不尽如人意。如何掌控课堂?如何调动学生情绪? 如何……实际上,六团小学的有些教师还没能掌握课堂教学规范。改变,关键在教师。教师培训,落实要求,任重道远。

让学生抒发真、发现美

时间: 2019 年 6 月 26 日

情景: 教育是熏陶、感染和影响,所谓"随风潜入夜,润物细无声"。

看五年级作文有感。这次五年级期末考试语文试卷作文题目是:记一次有意义的活动。翻阅学生们的试卷,快速浏览后,发现学生们在作文中记叙的主要是两大活动:一是春游活动,因上半年刚组织过春游;二是六一节这天校园里的义卖活动。不说语言组织,遣词造句,单从内容来看,值得让我沉思。

一是学校活动少。在学生记忆里只有这两项内容,并不是这两项活动特别让孩子们有深刻记忆,因为从他们的表达中并没有看出这两项活动有特别的形式或者意义,也就是说学生们没有太多可选择的内容,在他们的学校生活中,就这么几次。于是,学生们认为有这样的活动把它写下来就万事大吉了,说不定老师还会教学生们审题、套题等,而不是去记录真实的情节和抒发内心真实的情感。

二是学生们的思维单一,不够活跃,眼界还不够宽。其实校园里活动还是很多的,如每月的主题节活动,不仅内容丰富,而且时间跨度长,参与面广,这样的题材远比一次春游要可写、好写得多。那么学生为何不写呢?无非是套题惹的祸,而不是要表达真情实感。再比如,学生的社团活动,在学校中开展得丰富多彩,这些都没进入孩子们的法眼和笔下,是令人感到遗憾的。

今后,我们要加强活动,让他们积极体验每一次活动,用比较独特的眼光去发现校园的美,发现生活的真,尽可能让他们在有限的条件下找到更多童年的快乐。

心 语

学生对事物的认知,是随着心智的逐步完善而提升的。当学生还没有对事物建立概念与联系的时候,认识的"盲区"无法避免。教育的责任,就是帮助学生获得科学思维的方法、认识事物本质与形态的办法,让学生下笔有内容,叙述有头绪,有自己独特的认知与情感。

躬 亲 示 范

时间：2019 年 9 月 17 日

情景：教师的每一句言语,每一个行为,每一种态度,本身就是一种教育。在学生眼里,所有的知识和智慧,都从教师而来。"欲影正者端其表,欲下廉者先之身。"

农村学校在发展中出现的种种情况,自有其特殊原因。到六团小学已经好几个月了,始终感觉在看似平静的表面下暗自涌动着巨大的甚至不可抗的阻力。之所以说暗自涌动,因为,一般这股力量不会直接面对面地与学校正常的前进线路对抗,但它会时不时地出击一下,让前进的列车减速甚至停下来,或者冷不丁地飞出几根细针,让飞行着的球或有点儿伤痕,或渐渐泄气,或让人产生恐惧心理。这股力量不一定固定在一个或者几个老师身上,这是一种不断流动着的、不会停滞的、弥漫在校园里的隐形之物。

它今天可能在这位老师,明天可能在另外一位老师那里,今天可能是为了一件具体的工作,明天可能是为了一句话,大家发表着各自的言论,谁都是振振有词,谁都是颐指气使。这股力量就是人们常说的文化,是相对落后的学校文化。

绝对不可小觑这股文化,它的危害性值得提防。一是纠缠在琐碎事务中,无法集中精力抓教学改革;二是阻碍校园正气,正能量缺少,负面情绪增长。讲规范者不敢理直气壮,宣泄负面情绪者却可以无所顾忌。要使之缩小、遁形,唯一的方法是,用正气逐渐占据校园各个场所和教育教学活动。

正气来自领导干部的以身作则,密切联系全体师生,按规范具体推进。特别是作为特级校长的我,更应该以身作则,躬亲示范,身体力行。

心语

言教不如身教,说教不如示范。示范,就是树立榜样形象,让教师来模仿。人是要学习的,然后才有进步。学习应有榜样,言语和行为都可以用来做榜样。榜样是无声的力量,示范是最好的动员。相信教师,榜样面前,自当效仿;示范之下,自会追赶。

重视细节,崇尚细节

时间: 2019 年 9 月 24 日

情景: 一举手一投足,对个人来说,细节体现素质。当这个人是老师,细节,便不只是素质这么简单。一树一菩提,一沙一世界。生活的一切,原本都是由细节构成。

在每周一升旗仪式的时候,总会出现一些不和谐的行为。这个周一又有老问题出现了。首要问题是集队的时候有说话声,不仅是学生在说话,老师也在说话,老师有的是一本正经地管理班级,因在户外、操场上,又是从头到尾一长队,老师声音响自然在所难免,与其他的声音相比,我完全能够理解和包容。其他的声音是指非管理班级、教育学生的声音,退一步说,不管是说啥事,至少与此时此刻无关。嘈杂的声音必然伴随不整齐的队形,学生们左顾右盼,身体摇晃,也有故意触碰前后同学,嬉笑打闹的。其次是在鼓掌时,有一部分老师不鼓掌,没有积极响应,随班教师有两手反剪着的,也有交叉在胸前的,甚至有点游手好闲的样子。还有一个问题,唱国歌,全场声音比较轻,高唱两字几乎是一句空话。

这一系列的现象呈现在我眼前,我一时觉得难堪、失望和感到很无助。想到下周一又有一批外省市的教育同行将来我校进行互动交流活动,心里更是焦虑不安。操场的一边有个孩子可能不遵守规矩,被老师请出了班级队伍,孤零零地远远背对着全校师生站在那儿,这一幕又使我本已不爽的情绪顿时怒火中烧:竟然如此状况,基础管理、基本素养到哪里去了?我恨不得立刻冲上司令台,劈头盖脸地对全校师生一顿狠狠批评,然后,规规矩矩、安安静静、很规范地完成升旗仪式。但此时此刻,理智占了上风。

我牢记一句话:千万别在发怒的时候说话。尤其是在学校管理中,还是要讲道理,更要智慧地应对各种暂时的问题,或者说有些虽然将长期存在但也不会影响大局不会造成负面影响的极个别的,或者是一些小问题。有些问题不是教师个人的问题,而是一所学校的文化问题,有时矛盾就在这认识偏差中产生,往往把文化问题归结到个人,于是,直接导致人与人之间的矛盾。而文化的冲突,虽然不会直接归因到问题的症结,但至少不会引发人际矛盾和冲突,这就利于今后的问题解决。即使要提出问题,也应该真诚地告诉老师们,且要以鼓励,看到变化,进步为主。我一边思考一边等待整个升旗仪式结束。

这时,焦躁的心情已经平复了许多,我稳稳地走上司令台,从主持人手中接过话筒,向全校师生表达了我的想法:升旗仪式是严肃、神圣的活动,每位师生必须带着敬畏之心去参加。我充分肯定了升旗仪式中有进步、做得比较好的几个方面,如班主任队伍精气神特别好,每班举牌的学生很神气,随班教师都能排列于队伍后面等,还表扬了国旗下讲话的老师,礼仪队队长点评本周值日情况等。在充分肯定的同时,我也及时指出了上述几个问题,并且当场与全校师生一起操练了一下,如静静地站立,做到纹丝不动,随班教师站立在两排队伍的中间,全场热烈鼓掌等。

"天下大事,必作于细。"注意细节,尊重细节,崇尚细节,细节的魅力就在于此。

心 语

　　细节反衬出办学理念,透露出学校管理水平,也传递出师生工作学习的严谨程度。学校各项工作的完美,就是通过细节呈现。细节决定成败,决定高度。师生的成长发展,就是由无数个细节成全的。注重细节,绝非小题大做。崇尚细节,才是正解。

让文明礼仪潜入孩子心田

时间: 2019 年 10 月 16 日

情景: 学过车的人,绝大多数被教练或"老师傅"嫌弃过,该责备就责备,不留情面,似乎也天经地义。他们也都是从学员过来的,可早就忘了,鼓励和提醒才是最有效的方法。

每学期,都有儿童剧进校园的活动。学校师生不用去剧场,只要在校园里操场上或者体育馆内观看。这样的活动很能看出一所学校的管理水平,如组织工作如何,学校硬件管理、维护状况,再如学生的礼仪、规范水平。学生观剧的规矩,往往又与学校德育、教学管理有关。

今年上半年的观剧是在四月,那时我刚到学校一个月,我还来不及就这样的活动提出特别明确的要求。再说,那天正好教育局有一个重要会议。

因此,没有直接观察到学校在这项活动中的情况。但是,从干部和老师们反映的信息来看,最大的问题在于:整个过程中,学生讲话声音比较响,跑动的孩子比较多,以至于剧中较多情节、对话使人无法看清、听清。我相信反馈的情况。因为,据我几个月的观察,确实存在着一部分学生好动、随便说话、随意跑动等现象。

如早上广播操时,集队、入场、做操、退场等一系列环节中,总是会有杂音传来,甚至有嘻嘻哈哈的声音,队伍也不再整齐。虽然,体育老师在广播里统一口令时十分强调,但是,这些问题时不时地、或多或少地出现。有时,我巡视教学区,不管是课间还是课中,整个校园显得不够静,总是有一小部分学生大声喧哗,胡乱奔跑。有几次分年级的活动,如国学诵读、班班唱比赛等,发现坐在下面观看的学生总会发出讲话、嬉笑的声音。所以,在一次说家乡话的活动中,我要求干部把观看演出也作为一项评价的指标,简单地说,就是看哪个班级能认真聆听观看他人的演出。因为有了特别的强调和评价的标准,那次说家乡话的活动,由于台下静静观看,而使得活动收到了很好的效果。老师们、干部们都说,从来没有过这么好的会风。

这次活动以后,我一直在思考着,如何让全校师生都能有端坐、静听、鼓掌的好习惯。我也不想在较短的时间内,有太多的想法和做法,力图立马改变,太操之过急不但收不到好的成效,反而会得不偿失。有令不行,比没令更糟糕,它会使政令失去强制性和严肃性,会使学校领导失去威信,会极大地降低执行力。

机会终于来了,下半年的儿童剧进校园活动将在本月进行。为此,在观剧前几个小时,我请德育主任把相关要求向全校师生郑重提了出来,那就是之前我曾比较委婉表达过的:端坐、聆听、鼓掌。之前为何要委婉、含蓄地表达,那是因为,假如你非常认真严肃地提出:必须怎么样做,必须怎么样好,在还没有达成共识基础的学校根本不可能推行。但是,作为一种价值取向,校长完全可以提出来。在德育主任讲清要求和做法后,我又给了全校师生积极的鼓励,同时也提出了一些要求。给全校师生积极的鼓励,是我奉劝自己必须坚持的工作策略。

我肯定了全校师生的努力,所以学校越来越静。如礼仪队员更加规范、到位;学校里的垃圾桶减少了很多,等等;见到老师问好主动、响亮的越来越多。我说,我们六团小学的孩子真可爱,我真为你们感到骄傲。同时告诉他们我看到的一些问题,如老师不在教室里的时候,比较吵闹,广播操时队伍里有嘻嘻哈哈的情况等。我也告诉大家,这些都是小问题,我相信我们完全能改变而且越来越好。如说家乡话活动,说明我们有能力、有潜力做好。

我请全校师生考虑,什么地方什么时候该做什么,如应该在什么地方跑动,在什么时候喊叫。生活的美妙在于文明,文明始于足下,每一步都应该扎实和稳重。

心 语

举止文明,是有素质的学生的形象;讲究礼仪,是有素养的孩子的风貌。文明和礼仪,是综合因素施加于学生的总体效果,是学生经过自己的"过滤系统"后再以本人独有的表达方式呈现,故文明和礼仪的教育必须有针对性、实效性和目标性,落实中注重养成性、习得性和参与性。

我 思 故 我 在

时间:2019 年 11 月

情景:学校矛盾,方方面面,心急吃不了热豆腐。子曰:"己所不欲,勿施于人。"

何谓学校发展? 可能有诸多的答案,在六团小学,我不去接手有一部分老师关注的人事问题和绩效问题,人事问题上包括了比较特殊的干群矛盾问题。不是我惧怕,而是我觉得没有必要纠缠于这些既无法解决又无法得到大多数人赞同的事。目前看似有些不平衡,但是一旦想使它平衡,反而会引发更大的不平衡。暂时的、表面的、直接的没有去触碰这些敏感的问题,并不是不去研究,更不是不作为,而是一种蛰伏,或者说采用迂回前进的策略,通过四周包围,逐步孤立,最终解决问题。

如,比较敏感的干群矛盾和绩效矛盾问题。在党支部的支持下,我仅对一位非常特殊的干部的岗位做了调整;绩效问题并没有触及。当老师们都关注着新举措时,我从抓学生行为规范,抓环境卫生开始,行为规范又从为开门办学迎接客人做准备。这些工作与解决干群矛盾、完善绩效等相比,相对好做,且容易看到成效。果然,经过较短时间的努力,就已经有较大改观,大家也都很有信心,整个过程也是在相对宽松的状态下进行的。

我回顾了前前后后,感觉老师们之前关注的干群矛盾、绩效矛盾问题,无形中被淡忘了。这是事实,之前还有老师到校长室反映问题,也有老师用书面形式向教代会提出一些这方面的问题,也有代表在教代会讨论学校计划时又提到绩效的问题。但几个月过后,大家对这些问题的关注度下降了,时间可以淡化一些问题,因工作彼此之间的交往、合作产生理解、包容,在此消彼长中,有些问题也此消彼长。

心语 ♥

　　抓主要矛盾和矛盾的主要方面,是工作思路和方法,但这又应随着时间的转移和条件改变而变化,否则一步走错,步步艰难。流动到六团小学,更是如此。在思想上,要有六团小学改革发展的总体推进图鉴,退一步是为了进两步。"农村包围城市",夺取最后胜利。

为女足队员的午餐"小题大做"

时间:2020 年 4 月 15 日

情景:笨拙的身子,几个橘子,成就了经典《背影》。摘一朵小花,想给你的,是一座花园。

在家长进校日活动中,有家长反映,女足球队员的米饭有时不够。我向家长解释道,每班都有添饭有备份的,假如再不够,可以派孩子直接到食堂里去打,一般不会有这种情况。虽然我的解释打消了家长的顾虑,但是我总觉得在学生用餐这项工作上,学校还有很大的改进空间。于是,在校长进班陪餐的过程中,我特别留意这方面的情况。

我在这学期的一个多月时间中,连续到各班陪餐。相对于其他孩子,女足球队员的饭量普遍要大,有的女足球队员想去添饭的时候,备份的饭盒中米饭已不多,老师请她们自己去食堂打,孩子们一般也不愿特地去跑一趟。有的孩子一看不多了,也有怕难为情的,连想加一点儿的愿望都没有了,这个情况老师当然不知道。对于这个问题,我在园西的经验是,加强管理,加强教育,还要兼顾孩子们的自尊。同样,在六团小学也适用。

在六团小学,还有一点儿特殊的是,女足球队训练时间长,运动量大,体力消耗多,就必须考虑到孩子们的体能和营养的补充。但有一点儿又恰恰是与城里孩子不一样的,农村的孩子伙食营养等不及城里的孩子,假如回到家得不到补充,对于正处在生长发育阶段的她们,对以后的身心健康都是极为不利的。学校要做好相关的工作。

为此,我十分关注学校食堂的工作情况,同时,也努力为女足球队员做好服务工作。在听取各方意见后,我想到了一个办法,把女足队员集中在一起用餐。主要考虑一是足球队员之间彼此都熟悉,可以在添加饭菜时,不必有太多的顾虑和尴尬;二是便于管理和教育,不排除个别女足队员也挑食,集中在一起,提高教师对女足队员的关注度,确保她们在一定的监督中合理、正常地用餐,从而保证训练的质量。

今天是女足队员集中午餐的第一次,她们表现出了很高的自律素养。在队长和大姐姐的组织下,有序排队领饭菜,用餐过程中静悄悄,即使说话,也尽量压低嗓门。书记也来关心她们,当我说韩书记也来关心你们了,她们竟然齐刷刷地说,谢谢韩书记,当然也齐刷刷地说谢谢我。我感动至极。

午饭结束时,我观察到,大部分队员的饭量与在教室里的孩子差不多,倒是备份的饭确实比班级里消耗得多。看到她们添饭、加汤,我心里甜甜的,又有些酸楚。这么好的孩子,我还能为你们做些什么呢?

心 语

　　学校工作,我主张"抓大放小",但有时却推崇"抓小成大"。问题是,"大"与"小",此一时彼一时,如"小"成为制约继续发展的短板,就要把"小"当成"大"来解决了。女足队员加农村孩子的双重身份,吃饭问题真不是小问题。区别对待,问题就迎刃而解。

为教师专业发展谋略

时间: 2020 年 11 月 10 日

情景: 想做的人总会有无数个办法;不想做的人总会有无数个借口。智者总能帮助别人认识自己。迷茫不可怕,迷茫至少比不知道迷茫更可贵一点儿。

　　联盟校长会上决定组织教学节,目的之一,为职称晋升的老师搭建平台,创造机会,直接点说,让老师们有执教公开课的记录、积累。联盟公开课的级别,相当于区级公开课,对于要参与职称评审的老师来讲,肯定是一件好事。联盟成员学校校长对此都表示积极赞同,同时,也就具体操作进行了细致的研究。

　　每所学校都有这方面的需求,不管是城区学校还是农村学校,想评职称的老师总是有的,差异在于人数的多少,如果竞争氛围较浓,那么,欲参评的人数就多。六团小学所在的观澜联盟内各校情况,城区学校的额度少,像我们六团小学类似的学校留有较多的额度。其原因是多方面的,其中一个原因,就是农村学校教师参与公开课教研的机会少之又少。

　　细细分析,其内外关联的问题很多,其一:生源问题,农村孩子知识面窄,不善言辞,不够自信等,这是教研活动的阻碍;其二:农村小学中个体素养、教学能力好的教师少于城区学校,农村学校老师可以提供给同类学校老师学习借鉴的经验少,教师的自信心不足;其三:农村学校在研究课堂教学方面没有顶层设计,有学校特点的教学研究少,因而能为同类学校或者其他学校提供学习和借鉴的经验也少。加之本区学校多,农村学校路途、环境等多方面因素限制,因此,教研活动要设点安排在农村学校的概率就减少了。因此,在以往的职称评审中,农村老师的公开课、论文等指标往往成为短板。

现在,联盟组织教学节,无疑为一部分积极要求专业发展的老师提供了可能。为了保证公开课的质量,联盟校长们集思广益,积极谋划,努力体现公平性和专业性。由此,我想到,假如农村学校课堂教学研究力度大点儿,那么,以上三个问题造成的影响就会少一点儿,仅仅通过联盟这种方式不是解决问题的根本途径。最终,靠的是实力,而实力需要在平时练就、积累,课堂教学研究也正是本学期六团小学正在重点落实实施的工作。

心语 ♥

学校发展,关键在师资质量。六团小学由于历史原因,师资建设基本处于无人过问的状态,严重制约了教育质量提升。现在有了教学节平台,无疑给学校教师带来了希望。光有平台还不够,引导教师克服长期以来形成的心理痼疾,大胆地、理直气壮地对自己提出专业发展的要求,是重点、难点。有了好的开始,争取开出好的花朵。

无奈的"不"

时间:2021 年 5 月 7 日

情景:如果你问一个善于溜冰的人怎样获得成功时,他会告诉你:跌倒了,爬起来。人生一切魅力、一切美丽,都是由目标和坚持构成的。

之前在园西对于接待工作,不好意思说"不"。因为,客人们是冲着学校的实在做法而去,觉得如果拒绝他人的请求,难免对不住这份真情。再说,确实也有一些东西可以分享,这绝不是不谦虚,或者说是骄傲、自负。而本周,当六团小学有接单任务的时候,我不得不说"不"。多年的老朋友、方略教育培训集团的老师来电,说下个月要来一批近百人的宁夏数学老师,他们来自宁夏的中心城区,到上海来培训,鉴于之前六团小学与方略的业务往来的口碑,方略准备把这拨老师派到六团小学来培训。电话里告知我,近百人,一天,上午同课异构,六团小学和宁夏方面各派一名老师执教。下午由六团小学给宁夏的同行做一个专题讲座,关于单元整体设计的思考和实践。

与以往接电话后快速回应,尤其与爽快答应不同的是,这次我支支吾吾,并没有给出一个明确的答复。那时刻,我瞬间闪出两个特别清晰但又十分矛盾的想法:接单、开门办学、展示;因为疫情的缘故,已经有一年多不见外省市同行光临六团小学了,现在好不容易盼来一批尊贵的客人,自然很有必要。但另外一个念头又重重地击打着我的胸膛,没有足够的自信,无法接单。理由是,我们六团小学的课堂在专题研究方面的实践还不够,仅仅停留在抓规范,落实常规,略微有自己一点儿思考和实践,如上学期开始实施的小老师模式。假如要进行专题探讨,赶上时下比较热门的话题,单元整体设计,我校还没有成熟的思考,更没有取得实效的做法。

挂掉电话,我便与几位干部一起研究是否能够接下这单的事。干部们与我一样,内心希望有客人们到来。毕竟,通过以往几次开门式办学的活动,确实鞭策和鼓舞了全校的士气,有朋自远方来肯定是好事。但他们与我一样,有着同样的担心和疑虑:近百名数学老师,对我校的挑战太大了。我校的课是否有足够的底气让客人老师来挑剔?我们的教师、学生的教学规范是否有足够的亮点?近百名客人一天在校园里,他们会不会闻到厕所里的异味?我最担心的不是他们的吃,而是他们的"拉"。客人们会不会听到不和谐的声音?

我们也想到了邀请教研员来指导和专业支持一下,帮助我校来支撑一下。可遗憾的是,教研员都无法前来助阵。我们也想到了请观澜联盟内的兄弟学校来救场,但是一时也无法找到合适的人选。依靠外部力量和资源来改变一所学校几乎不可能。百般无奈之下,我拿起手机,拨通了方略老师的电话,轻声地给出了答复:我校无法接单。我言辞恳切,早已没有往日的那种激情和力量。想到首次开门办学,2019年4月19日,福州朋友到来,当时,我信心满满,还没有如此多的担心和疑虑,为何在过去了将近两年后的今天,我却犹豫了呢?

确实当交流主题有所规定,客人开出菜单时,六团小学能够应对自如的可选择性很小。毕竟能来上海培训的教师在当地大多是经过选拔后才能被派出,他们本身很优秀,甚至有的老师所在的学校办学水平和质量都是一流的。我们仅靠上海、浦东这样地域、文化、物质条件等带给我们的优势,去与外省市的教育同行进行交流还是远远不够的,更是万万不能做的,那样会有损浦东、上海的形象,更是有愧于六团小学。

六团小学开门办学之路漫长而艰难,因为学校常规管理、基础建设工作还要花时间、下功夫。我的内心有些淡淡的忧伤,似烟像雾,若隐若现。也许这里就是我的使命,为了践行一个平凡、美丽、无私的梦想而来。

心语

> 校长的无奈,有时真的很"无奈"。这么好的一次交流学习机会,就被我无奈地婉拒了。然而,知不足而后赶,这次的说"不",是为了下次的说"行",并且门还要开得更大。六团小学在进步,师生在行动。对自己有正确的估量,学校才有准确前行的航向。

意见——改进

时间: 2021年5月10日

情景: 开门办学,交流研讨,期待着更多的朋友、更大的收获。"虚心竹有低头叶,傲骨梅无仰面花。"

在前几次的开门式办学活动中,也曾多次有执教示范课的经历,上课结束同样也安排了说课、评课等互动的环节。记得客人们在充分肯定的前提下,比较含蓄委婉地提出了一些意见。

这次的评课中,客人老师也以充分肯定为主,也有含蓄委婉表达的。但有两位老师批评意见是直截了当的。如关于小组合作学习,在这堂课中共有三次,三次合作都是相同的方式,既没有明确的要求,也没有看出层次和递进,只是形式而已。再如一位老师在点评两堂课时,直言不讳地指出,应该要有教师的板书。确实,今天的两堂课上执教教师都是以贴为主的,也就是课前写好板书,在课中适时贴在黑板上,没有当堂板书的。

客人们还提了一些其他的意见,我担心两位执教教师会当场反驳,好在没有。他们都微笑地做了回应和回答,也真诚向客人致谢。事后,我问执教数学的尹老师,客人提出批评意见,你受得了吗?她微笑着说,当然受得了,我那个环节确实没有处理好,得到他们的指点求之不得。

今天的交流活动结束了,来不及回味快乐,我立马想到,继续推进变革。下周一还要接待河南来的第二批语文、数学教师,我校仍要安排两节课。我决定,建立小组分头落实试教,不再像以前一样,可试教也可不试教,参与试教基本没有同事参加。我第二个决定是,继续加强教师专业发展工作,提高专业知识,提高专业修养。我相信一个看似遥远却并不遥远的目标一定会在我们的齐心协力中实现。

心语 ♥

开门办学中,为客人上公开课被提意见,是正常的事。关键是,我们自己的心态要放平,姿态要端正,对意见要有正确的认识。我认为,有意见比没意见好,一时之尴尬能换来实质性的提升。何况,我们的执教教师都很乐意听到同行的不同声音。学校在进步,教师在提升,这是开门办学带来的正向效应。

第五章　悟　　道

教育要有悟性，校长应有悟劲。没有现成公式、答案和方法，靠底蕴去品悟，凭经验去体悟，依感觉去开悟。悟出的道，是真道。

水会有清澈的一天

时间： 2019 年 3 月 22 日

情景： 梦想是一束光，它能将我们的人生照亮。追寻梦想是幸福的、充实的，没有任何理由能够阻挡我们追寻梦想的脚步。

春日的校园里弥漫着沁人心脾的花香，今天教代会顺利召开，并一致通过了几个方案，包括绩效工资分配方案、放学后看护方案、新学期工作计划。关于新学期的工作计划，由我宣读。我在全文宣读之前，向老师们做了说明，主要是有这么两点：一是由于本学期校长书记岗位的变动，学校工作计划直到今天才提交给教代会讨论；二是由于我刚到学校，工作情况还不够了解，无法迅速地对工作计划做出判断，我只能从一般学校发展规律的角度做一些初步的思考，从计划所呈现的指导思想和框架上做一些判断，也就是说从文本上做一个研判。我认为新学期工作计划目标明确，重点突出，具有本校的一些特色，可操作性也是强的，我个人是同意的。也就是说，这份计划代表了校长的初步意见。当然，我会在以后的工作中，对工作计划进行进一步的了解消化,根据需要做出一些调整。

关于学校工作计划,我在调离园西小学的时候,就已经这样思考:根据自己的理解和体会来撰写。到六团小学之后,原本也想通过一至两个月的调查摸底掌握情况后再写计划。今天教代会已经讨论通过了学校工作计划,也就意味着在今后的日子里,要按照计划来执行,这就同时给我带来了一个问题,假如说你要不按计划实施而要有所调整,那你应该怎么样去自圆其说,与计划相吻合,就需要更多地从理念这个角度让老师们来转变。

今天有两个接待,先接待了一位校内的老师。这是一位优秀的教研组长,优秀的老师和骨干教师,她来反映的问题是内心的不平。因为在今天上午召开的全校班主任工作会议上,负责这项工作的赵老师,在她离开会场之后,提出了严厉的批评。因为这位老师有事,所以向赵老师提出请假并征得赵老师同意之后离开了会场。赵老师却说她班级管理显得比较乱,这些话语被这位老师知晓了。于是,她罗列了自己如何认真工作,得到师生、特别是家长好评,以及抱病参加工作,尤其是上个学期身体动了手术还及时上岗等等,来向我说明赵老师对她的批评是不实之词,她感到内心不平。

我耐心地听了她的陈述,然后表达了我的观点。我非常理解她的心情,对她所受到的不公感到理解和同情,同时我作为校长向她表态,要抓好干部队伍的管理,提高队伍的管理水平。我还告诉她,我要去核实,与赵老师当面调解一下,假如这个情况属实,那么,请赵老师在适当的时候赔礼道歉。提高干部队伍管理水平永远是校长责无旁贷的责任。

今天还接待了一位学生家长。他来电告诉我今天早晨他送孩子上学的时候,因为天下雨,下车给孩子打伞,时间上稍微拖延了一下,后面赶来进校门的老师就显得不耐烦地对他说:难道你家孩子不会走路吗?他认为这样的老师缺乏耐心,更有损老师形象。在他看来,老师的职业是非常神圣而有尊严的,但是这位老师说出这样的话令他感到非常不快。于是,他来到学校,要向校长反映这个情况,但是门卫同志没有让他进校园,只给了他校长室的电话,他打到校长室来在向我陈述这些情况之后,我客气地请他到校长室。我表示这位家长表达的诉求是非常合理的,表述的方式也很通情达理,我向他表示了由衷的感谢,也同时对他说,我会进一步让全校老师更加努力做好细心周到的服务工作。

今天早上这样的情况是极个别的,我作为校长有责任,下决心一定要做好教师的管理和引导工作。

心语

静待,是智慧的选择;静观,是明智的决定。静,为动准备,为动蓄能。静,是进之前的蛰伏,是进之后的舒坦。情况不明需要静待,有时情况已明仍须静观,等待更有利的时机亮相。静待、静观,是门学问。静之过后,一片灿烂。

三　把　火

时间: 2019 年 3 月 29 日

情景: 我小时候,农村人家办喜事都不上酒店,请个乡村厨师自己烧。我们宅子上有个烧火高人,厨师极为喜欢,不管是开油锅还是下大料,是煎炸热炒还是小火慢炖,从不需要厨师提醒叮嘱,火候掌握极为准确。

这把烧火的功夫,让小时候的我无比佩服,甚至颇为向往。

记得我曾写过一篇文章,题目是《老校长别忘了引荐新校长》。主要的内容是讲前任校长在离任的时候,要向全校的学生告知一下,并向全校师生介绍新来的校长,这样利于全校师生知晓情况,并能为新校长工作的展开提供条件,我也曾多次向校长培训班的学员介绍过这个观点。但是,这一次的调动,我没有向全校师生道别,也没有向全校的师生介绍新来的校长。这不是我口是心非,而是另有原因。

首先,接任我的校长是从这所学校副校长岗位走出去,在经过三年多之后又回到这所学校的,可以说这个新校长,是大家所熟悉的,与完全陌生的

"新校长"还是有所区别的。另外，这一次的调动，有较多学生及其家长，还无法完全知道。我自认为，在这所学校的 10 多年中，与学生、老师和家长建立了比较深厚的感情，假如通过介绍的方式，让全校的学生及其家长一下子知晓的话，可能会引发一些反响，或者说引发不必要的麻烦。所以在离开这所学校的时候，我既没有向老师们集体道别，也没有在全校学生面前说再见。

新校长上任一定要有三把火吗？答案是不一定的，因人而异，因校而异，因经验而异。三把火，果然有三把火的独特功效，三把火自有三把火的道理，三把火自有三把火的必要。火到底怎样？到底怎样才算适合呢？人们通常认为，新官上任三把火，这个火一定是颠覆前任的，翻天覆地的，震动全局的，不同凡响的举措。而且往往三把火，一定会取得比较明显的成效，三把火，往往会取得成功。

同样，办学校，新校长上任也可以烧上三把火，但是，这三把火是怎么样的？值得研究。一大把的火，可以把天空照得通红透明。一根小火柴，在漆黑的夜里，也可以让人们见到光明。办学校，可以是明火，也可以在无声无色之中点亮心中的那把火。

新校长上任，与其他岗位上的新官上任，还是有区别的。最大的区别就在于：新校长上任，他所做的工作，不单单是从管理的角度，大刀阔斧，锐意进取，进行改革。教育，更多的可能是一种影响活动，从这个意义上说，新校长走进一所学校的时候，他会备受人们的关注，校长的一言一行，一笑一颦，一举手，一投足，一个笑脸，一个眼神，都将给全校的师生留下直接而深刻的印象。其实，这把火，在此刻已经烧起来了，新校长要珍惜这样的机会，要时刻做老师的老师，这才是校长应有的本分。

我到这所学校之后，从第 3 周开始就熟悉情况，我每天早晨站在校门口向师生问好，学生和老师与我微笑着招呼，而且行为越来越得体、规范。这无形中点燃了一把德育之火。

我走进了课堂，虽然没有告知老师要听课，但是新校长要听课的消息不胫而走。老师们纷纷紧张起来，时不时地进行小组讨论研究，这就是第二把火。新校长听课是再熟悉不过的一项常规工作，但是，当老师们能够认真准备的时候，作为新上任的校长，你应感到欣慰，他们表现出的不仅仅是尊重和理解,他们在对你的尊重当中,开始了教育教学的改革了,这是办学校,是抓队伍、建文化的最根本也是最重要的阵地。

第三把火呢? 还没有点燃,或许已经开始。

心语

三把火,耳熟能详,新官常态。我却反其道而行之,没有"大火""烈火",只有"小火""微火",而且是和风细雨的"春火"、和颜悦色的"心火"。这"火"被用来点燃教师的进取欲望,用来照亮教师前行的道路。开始时"火"势虽小,一旦燃烧起来,势不可挡,凤凰涅槃。

思 深 忧 远

时间:2019 年 4 月 18 日

情景:春天来了,嫩嫩的叶子,绿绿的草地,淡淡的花香。如此怡人,可总是无法完全放松下来。近虑,远忧,汇聚成一条小河,不舍昼夜。这,便是人生。

下午与几位干部一起从二楼往下看,欣赏着校园里的美景,校园如花,色彩斑斓;校园如海,宽广博大。书山填心海,有心思赏美景,说明大家的心情都不错。好心情来自这些天师生们的变化,整个校园很快变得干净整洁多了,更多的可能还来自集体的行动后面是较多一致的认同,这为今后的进一步变革和发展奠定了基础。渐渐地办学思路又有了新的内容。

以开门办学为契机,达成全校共识,清洁、美化校园中,逐步改变师生的行为,养成良好的习惯。在开门办学中发现自身不足,如教师专业发展水平不高,动力不够,途径单一等,发现课堂教学中培养学生思维和表达方法简单。为此研究落实措施,开设演讲与口才课程,研究情趣教育,情趣教学在课堂教学中的基本手段、方法,甚至模式。师生共同学习,探究学习方法,拓展学习内容,充分发挥图书室的作用,开展书香校园活动,组织开展家长学校活动,促进家校社区多方面的融合。

明天就要开创学校发展史上的新篇章了。首批外省市同行将走进我校,这是史无前例的。支撑开门办学有利条件,一是花园学校的环境;二是作为农村学校的发展史可以为同类学校提供正反两方面的借鉴;三是农村学校开展教科研、开设特色课程等做法也是本校的亮点。

虽然全校师生都做了积极努力,学校在环境和精神面貌方面有了较大改变,但是要被人参观和学习,我还有些担心。一是担心环境和接待能力上的不足而影响整个开门办学的信心和质量。室外环境优于室内环境,如室外的小品、花草比教学区内的整体性和观赏性都要强;室内组室的环境比公共的环境要好,如办公室比过道、洗手间的要好;上午的环境要比下午的好。二是担心接待中师生的规范性不够,或者有些细节因为没有实践经验,而显得被动,如喝茶、上洗手间、中午用餐等。三是担心展示的亮点不足、特色不浓。

学校发展的几大板块有较大差异,可以说是特色不浓,亮点不亮。我觉得这些都应该是我事先要考虑到的,毕竟是第一次,我一定要思深忧远。

心语

思无深度必定浅薄,人无远虑必有近忧。不被眼前的景色遮挡,不为已有的成绩沾沾自喜。思深,既要思考学校长远发展,也要思索当前工作的进展。忧远,既要考虑影响学校发展的外部因素,也要担忧制约学校适应优质发展的内部因素。提前设防,措施到位;想深一步,防微杜渐。

我们可以做得更好

时间: 2019 年 4 月 19 日

情景: 上天也许并不怎么公平,但它能看见啊,你付出了努力,会给你相应的回报,尽管有时不成正比。通常我们更崇尚"欲穷千里目,更上一层楼"的豪情,但笃信"挥洒一些汗水,收获一份成功",会让我们更踏实,做得更好。

2019年4月19日,这是值得我永远记住的日子,六团小学迎来了百年发展史上第一批尊贵的客人,72位福州台江区的校长和老师走进六团小学的校园。这是我到六团小学后实施开门办学、开放教育的第一次接待外省市教育同行。

为了迎接客人们的到来,全校师生共同努力,从校园卫生、师生行为规范、课堂教学实施等方面做了较大的努力。在与本校的几位老师交流中发现,他们认为学校已经有了较大改变,这让我感到欣慰。确实,全校师生付出了积极的努力,流下了很多辛勤的汗水。我发自内心感谢全校师生的努力和支持。

我也要感谢沪江教育学院的领导,他们作为我多年的朋友,带队到农村学校,这绝对是对我工作的强力支撑。因为,能来上海参加培训的老师可能走过很多学校,好学校走得太多了,客人们会有一定的挑剔,他们会以之前对上海的了解来判断一所学校。在他们的判断中,上海的学校都应该是一流的。但要知道,现实中,学校是有差异的,农村学校还有许多不尽如人意的地方。我更要感谢台江区的同行们,他们怀着期待走进校园,带着满意走出教室。能有这样的结果,既是我们所预料到的,也是令我们感到惊讶的。这既归功于我们的工作扎实有效,又得益于台江区教育局同行的包容和积极鼓励。

这天校园美丽、整洁、安静、有序。我最担心的洗手间有异味和午饭后地面上有污渍的情况也没有发生。有老师说,洗手间是几年来最香的。全校师生的状态特别好,很多老师比平时更注重仪表。学生们都表现得特别乖巧懂事,课间安静,奔跑现象少了,几乎没听到大声叫喊。老师们的办公室特别整洁,花草的叶子都显得特别绿,很多办公室都主动打开了门,当客人们走进去的时候,我们的老师能站起身与客人老师热情交流。在教室上课的老师,课间、午间管理班级的老师都显得轻盈放松,没有听到或者有反映老师大声训斥孩子们的情形。

　　活动内容也很丰富,从学校领导到校门口迎接客人开始,分别安排了参观校园、听课、茶歇、课程教学汇报、学校整体发展的实践展示以及未来的展望等,每个环节之间都衔接自然,没有出现纰漏和明显错误的地方。在接待中,家委会志愿者参与整个接待活动,他们忙前忙后,熟练,热情,专业,成为这天诸多热门话题之一。行政管理团队的每个同志自觉主动地工作,是这天的活动取得成功的最重要因素。干部们不断研究细节,改进工作,努力把六团小学的热情和专业,努力把上海、浦东改革开放精神和海纳百川的文化体现出来。放学时送客人出校门,家长们自觉地让出车道,几位外婆级的农村阿姨,也津津乐道地说着今天学校接待外省市老师的事。显然,孩子们回家把这重要的消息告诉了家长。

　　这次接待中,我们获得了很多经验和需要反思和提升的地方,下周要组织干部、老师小结和展望一下,分别请干部和老师就首次开放教育开门办学活动谈谈心得体会,目的不仅仅是为了下次接待我们会做得更好,而且是为了提高学校管理水平,提高学生学习效率,促进教师的专业发展,从而推动学校办学的整体水平提高,最终实现办一所有特色的家门口的农村好学校。

　　从首次接待中,我们的收获有两点:一是六团小学有实力,有潜力;二是我们可以做得更好。六团小学的师生们没有让我失望。"潮平两岸阔,风正一帆悬。"我们六团小学的师生们正一起手拉手、肩并肩地开创美好的未来。

 心语

　　六团小学从百年沉睡中醒来,敞开校门,以主人的姿态迎接外省市教师同行到访。全校动员起来了,以前所未有的热情做好各项接待工作,让客人看到六团小学光鲜的一面。这由衷的自豪感,写在师生脸上,映在校长的心上。迈出第一步要有勇气,更要有实力、功力、毅力作为后盾。校门已打开,阳光就会照射进来。

持续做一个深情的人

时间：2019 年 5 月 26 日

情景：促进"美好教师"的发展，引导"美好家长"的提升，打造"美好校园"的境界，所有这些，都是为了"美好学生"的成长。

很难，但，心向往之。

我设定的分年级召开的家长会，经过几个晚上的忙碌运作，终于圆满完成任务，可是我竟然没有轻松的感觉，倒是又多了许多的思考和压力，有太多的工作需要认认真真、按部就班地去落实。我突然之间觉得自己要做的事很多很多。

为何每一场家长会都得到了家长们的认同和好评？学校高度重视是重要原因之一，学校领导和教师始终遵循为学生健康成长、尊重家长、真心服务的宗旨，努力做好学校的各项工作。从门卫工作人员到一线老师，从礼仪老师到主持人、主讲人，所有参与家长会的老师都尽心尽力，构成了一道道靓丽的风景。即使每次都很晚，但是老师们没有叫苦，行政干部四次全部参加，还要在结束前站立于校门口与家长道别，干部们一直保持着微笑的良好状态。家长们踏着夜色回家，面带微笑，表现出满意的神色和更多期待的神情。任课教师全部亮相于家长面前，向家长展示班级活动开展情况，各学科教师向家长汇报学科理念和教学情况，这些改变是令家长耳目一新的。

保持这些做法，我自认为不难。难的是如何保持家校一致，更难的是，如何真正落实我代表学校向家长们承诺的三点。我代表学校向家长们承诺：一是努力关爱每一个孩子；二是坚持全面发展；三是努力建立民主的、平等的、和谐的师生关系。这样的承诺不是特立独行，作为现代教育，作为优质教育资源，这是最基本的要求和指标。但是，要真正有效、持久、普遍地做到这三点，绝不是一朝一夕就能完成的，这是一个较为长久的过程，也是一个困难多多、阻力重重的过程。

当我们艰难地走出第一步,六团小学的每一个教师都要做好充分的心理准备。与传统文化既要融合,又要改造,很多已经习惯的做法,不管优劣,根深蒂固,其中的人熟视无睹,你去改造,肯定有冲突。如有学生不完成作业,老师便大声训斥,在所谓的非主课的课上动脑筋,挤占时间,或是还要补上、罚做,这样就成了恶性循环。课堂教学不敢大胆让学生表达他们的所思所想,而是以老师的讲为主,老师讲,慢慢变成满堂灌,越满堂灌,学生越不要听,学生越不要听,师生关系就会紧张,老师也懒得花力气去发展教师的专业。有时这样的讲课绝对是噪声,陷入恶性循环中。

当这个团队中的绝大多数成员都能按照规范办事,人际关系会变得柔和,校园会变得更加安静和美丽。对于这些,我似乎是满怀信心的,我也似乎看到了我们的校园不仅仅是鸟语花香,绿树成荫,更是那么的温馨、和谐,让人心旷神怡,是一个诗画校园。

心 语

校长的深情,无言以表,是对党的教育事业的赤胆深情,是对祖国花朵的一片深情,是对教师厚望的无限深情,是对学校发展的拳拳深情。深情,来自强烈的使命感,来自社会的责任心,还来源于自己永不泯灭的良心。

迷茫中的顿悟

时间:2019 年 6 月 18 日

情景:生活中难免有迷茫的时候,甚至是不知所措。这时,需要我们坐下来静静思考,给你提醒,走出旋涡,体味世间的甜酸苦辣。

到六团小学三个多月了,冥冥之中我似乎有点改变了自己的工作习惯。

其间,在全校教职工大会上,我只讲了两次话。第一次,为了做好首次迎接外省市教育同行的开门式办学,我提前就我的办学设想向老师们交了底。之所以说提前交底,是因为我想在比较充分调查的基础上,更加完整地提出改革发展的思路。由于客人的抵达,有些工作不得不向老师们提出要求。于是,就学校的优势呈现,未来学校发展的愿景、策略等向老师们做了诠释。

第二次讲话是说,不开会并不是说不工作,更不是说没有变革。开会是为了提高认识,转变理念,促进工作。只要在转变,就不要急于开会,有些工作,通过实践摸索,走过弯路,更能有实效和积极意义。开会,要越开越会,而不是越开越不会。要做的工作很多,想说的话也很多,这些话语的核心,无非是让老师们认真工作,或者促进自身成长。

几次,欲言又止。有时候,学校里有些问题,不开会,过些时候自然也会得到处理。有些话,前任校长肯定也讲得不少了,我可以讲一些与前任不同的话语,但不可能都不一样。既然有雷同,一定是老生常谈的事了,作为新任校长要尽可能慎之又慎。迷茫中产生顿悟,顿悟中激发斗志。

心语

迷茫与顿悟,看似不搭,其实缘分不浅。工作中难免一时产生迷茫,心生苦闷。无迷茫,不正常。顿悟与长考不同,是顿时有豁然开朗之感,突然有彻悟的感觉。顿悟源于平时工作的深度思考,日积月累,了然于胸,才有顿悟的灵感闪现。

对 症 施 教

时间: 2019 年 12 月 17 日

情景: 俗话说:给猴一棵树,给虎一座山。好办,因为猴、虎好分。让李白研究数学,让陈景润写诗,好办吗? 好难! 正因为难,认清他们才是意义所在。

针对有不做作业的情况以及我提出让孩子们走出教室的要求之间的矛盾,我跟干部们、老师们一起积极研究对策。有老师认为,这些孩子的问题是家庭教育的问题,家长不管,请家长来校也不管用。也有老师认为,这部分学生无药可救,唯一的办法只能用惩罚的手段,盯着他们补上,或者重新做,甚至罚做。

我给老师们的建议当然是积极正面的方法,其中之一就是不能用罚的手段,不仅不能罚,而且还要有优惠政策。比如,比一般同学少做,我的意见是,与其不做,不如少做。关键还是要在情感和方法上动脑筋,让孩子能自觉主动学习。

因为,这些孩子中有几位家长确实不懂该如何教育孩子,家长们也坦诚,他们啥都不懂,只知道交给学校和老师了。看上去是对学校的高度信任,其实是一种真实的不负责任。

为此,作为学校,也应该给任课老师一些帮助。于是,我与课程教学部、学生德育部一起召开了这部分学生座谈会。我想,家庭教育和学校教育的有效结合对学生是非常重要的,两者相辅相成,缺一不可。

心 语

对待学生学习中的不良习惯,要像中医辨证施治那样,不可头痛医头,脚痛医脚。光一味地罚做,效果适得其反,反而会激起逆反心理。通过旁敲侧击、综合调理、丰富活动、提高兴趣,在"辨证施治"的良方中,不良习惯自无立足之地。看来,六团小学的教师要学习中医方法以攻管理之玉。

爱,让艺术教育在六团起步

时间: 2020 年 1 月 9 日

情景: 倘若希望在金色秋天收获果实,那么,在寒意逼人的早春就该卷起裤腿,去不懈地拓荒、播种、耕耘,直到收获的那一天。

"衣带渐宽终不悔,为伊消得人憔悴。"

这几天在工作中的感触,让我今天有写一个敏感话题的想法,与经费有关的事。之所以说敏感,首先是钱本身,不分国籍,不分贵贱,不分高下,不分长幼,对钱的关注度普遍比较高。其次,对于一所农村学校来说,经费究竟是怎样的现状,同样会有关注度,尤其是教育同行。从我任职的几所学校的经费看,农村学校普遍都存在经费紧张的情形。这十多年来,学校公用经费不断提高,人员经费与公用分开、不能混用,确保了学校条件的不断改善。在经费不断提高的同时,需要支出之处也在增多,因此学校总觉得经费特别紧张。加之人的欲望也不断升级,或许,紧张会在较长一段时间内一直存在。

但是,紧张与紧缺还是有很大差别的,紧张之中有钱花,紧张束缚了大手大脚。保证学校基本运转没有问题,如要做些锦上添花的事,就有点困难了。造成经费紧张的真正原因是城乡差别。城乡差别导致学校规模的差异,学校规模大小直接决定经费的多少。城里优质资源比较多,因而生源多于农村。

在到目前为止的流动随笔中,有关经费的片段还不曾出现过。之所以想起这个话题,是因为近日准备推进艺术教育。艺术教育,表面上看来是唱唱跳跳、拉拉弹弹敲敲之类的,其实背后与众多元素有关联,其中一点,通俗地讲,烧钱。为此,一般的农村学校不会也无法花较大数目的经费去投资开设一个贵族课程。这个名词,暂时算我自己发明的提法,我不用解释概念,只须列举两个现象,就能让人明白。

有多少农村学校能开设西洋乐器课程,如铜管乐队、马术课程、高尔夫课程、机器人编程课程等?我曾到过国内多地的农村学校,这些学校开设的艺术课程无非是合唱和舞蹈,一般全校性的器乐活动,往往是口风琴、葫芦丝等一些小玩意儿,为何?是农村孩子笨,不会学习类似铜管乐队中的那些乐器吗?答案肯定是坚决的否定。那么,是什么限制了农村学校在这方面的突破和发展?答案又是显而易见的。

我一直在思考:在六团小学,要推进艺术教育,如何突破?开设乐器课程,该选择哪项?苦苦思索了很长一阵,也苦苦等待了一段时间,区教育局又给农村学校倾斜,给农村学校一块贴补,于是,便促成了我把推进艺术教育的想法告知团队的勇气。

在选择什么项目上,犯了难。铜管乐队,投资大,周期长,师资要求高,相对难找。假如开设铜管乐队,需要每周有多名专业教师赶到地处农村的学校,无论是财力、物力还是体力,现在条件还不成熟。假如,通过购买课程的方式开设艺术教育课程,经费远远不够。

我与干部们的共识是,开设一个投资相对较少,涉及指导教师不多,便于学生学习掌握,在表演时又能有气势和较好的艺术效果的课程。最终,我们选择了手风琴。于是,先落实人员和老师,在新镇文化馆领导们的全力支持下,师资有了落实。接着,继续思考下去,购买几架手风琴,最后在反复论证和测算后,决定控制在一定额度之内,购买十五架手风琴。

对于我们目前的条件来说,真的是精打细算了。期待以后会越来越好,用更多的爱,使我们的孩子能感受艺术的魅力,用更多的爱,让我为我们的孩子做一点儿事,用更多的爱,让我们的孩子感觉到在六团小学是最幸福的事。

心语 ♥

在六团小学这样的农村学校布局艺术教育,为"五育"并举、全面发展奠定了物质基础和有形条件。艺术具有很强的感染力,潜移默化中陶冶情操,日积月累中提高审美意识。艺术教育将与足球运动一起,成为培养学生具有勇敢、奋进、向上、赏美、学美、化美的艺体结合、综合发展的美育平台。

开门办学,助推转变

时间: 2019 年 10 月 25 日

情景: 尊严来自实力,实力来自拼搏。抱怨生活,放弃改变,永远不可能获得尊严。

莎士比亚说："对自己都不信任，还会信任什么真理？"

自从学校开门式办学课题确立以来，每一次接待工作感觉特别顺畅。其实，这是心理感觉，觉得有了正儿八经的课题支撑，这也成了理所当然、顺理成章的了。究竟是否真正在做每一项工作时，老师们真的相对接受、认同，暂时也不敢说。毕竟，这些工作的开展需要干部、老师花时间和精力，这与之前的状态有很大不同，正如我刚到时向老师们告知并表达客气的话语，打扰大家平静的生活一样。之所以说打扰，是因为之前这样的农村学校，不用关注专业发展，不用去争取名师、话语权，不用参与职称评审。整个校园没有一种特别紧张的氛围，久而久之，很多教师激情消退，目标渐渐缩小。

我到后的这几个月，校内一直有着动作和变化，或大或小的。学校发展是在点点滴滴不知不觉中变化的，它渐渐地潜入老师们的心里，从理念到行为，从个体到组织，正确、规范、优秀的文化会慢慢壮大。我常说，给我时间，因为我相信，时间推移的过程，也是优秀文化积淀的过程。

最近一段时间，对外开放和接待工作较多，在下两周中分别要接待来自江西和云南的教育同行。对于一所农村学校来说，这已经是相当不容易了。对于大校、强校、名校来说，这样的工作不是特别稀奇，甚至有时会不假思索地说不、婉拒。但对于我来说，一方面努力通过我和干部团队加强内部管理来促进学校发展；另一方面，很需要通过一些外部刺激，来全方位地促进学校的快速变革和发展。

农村学校的教师很大程度上是很要面子的，当他们认同你这位校长后，他们便会十分卖力地做自己的工作。下周有来自江西的五位语文老师来访一天，这次的交流活动与以往不同点有两点：一是时间长了，一天全程在校；二是，一对一跟岗，这也是一次全新的挑战。于我而言，我对自己和对我的团队也是信心满满。"长风破浪会有时，直挂云帆济沧海。"相信坚持总有收获，坚持总会成功。

心 语 💙

　　坚持，是认准方向的果断，认定目标的持久。一旦方向确定，目标锁定，就要坚持不懈地去努力实现。坚持，是对自己信心的考验，也是对学校和师生期望的耐心的信任。坚持去做，终成大事。开门办学从无到有，从有到强，就是坚持的功力。任何事，坚持去做，终成大事。

绩效分配的初尝试

时间：2020 年 5 月 12 日

情景：每一次的尝试未知，都是对已知的突破；每一次的颠覆创新，都是对未来的探索；每一次的锐意进取，都是对生活的满腔热爱。

"竹杖芒鞋轻胜马，谁怕？一蓑烟雨任平生。"

　　虽然绩效分配指导思想正确，但是具体分配中很难做到人人满意，因而绩效考核的方案不可能有十全十美的。疫情的特殊时期带来特殊的工作，因为随之有特殊的分配方案。这个特殊性主要表现在两大方面：一是班主任在疫情期间做了较多的工作，联系学生以及家长，关心学生的动态、学习和身体健康，以及其他特殊情况。二是语数英学科教师在网课期间，也做了大量细致的工作，突出的是批改作业与学生互动，互动情况可以从晓黑板的后台管理中看到。

　　绩效是块大蛋糕，你多了我就少，无法全部满足。假如说，一个单位没有好的风气，是很难拉开距离的，假如都能理性地认识，可以适当拉开差距。农村学校不患寡而患不均的思想很突出，一旦要拉开差距，马上招致舆论围攻，本该因工作多，成绩多，照理应多得的教师，此刻却不敢理直气壮地提出自己的诉求。

　　周五行政会上，大家基本统一了思想，制订了分配方案，并决定在下周一听取教师们的意见，初衷是在听取意见的同时奠定执行的思想基础和群众基础，具体方法是邀请班主任、语数英以及其他学科教师代表一起讨论。从最初推进绩效时的工作经验来看，这个方法是可行的。优点之一，可以使学科教师相互辩论，以至于矛盾暂时不会集中到行政，特别是校长那里。为此，这次疫情期间的绩效方案采用这个办法也无可厚非。

　　但是，回到家，我还在思考着这项工作，还回忆着白天会议以及午间与体育教师聊天时的对话。行政会上，工会乔主席把老师的话语转述了出来。意思是语数英老师的意见：如果数字不大，大家兴趣不高，也不用兴师动众地讨论了。言下之意，他们对这次绩效分配的期望值是较高的。

　　但是，当上午行政会结束后，分配方案已有很多教师知晓，这个倒是没有任何问题。因为我到六团小学后，为进一步做好校务公开工作，每次行政会都邀请教师代表参加，且告诉大家，行政会没有可保密的，教师们可以向其他教师宣布行政会的内容。对此，我不惊讶。略感到不爽的是，综合组，也就是语数英学科之外的老师，意见较大。假如召集班主任、语数英以及其他学科教师一起，在所谓的民主、讨论、征求意见等借口之下，必将会打破好不容易在努力之下获得的校园的平静。看似是学科矛盾最终变成人际关系的冲突，并会埋下不和谐甚至冲突的隐患，讨论不会有圆满的结果。与其解决不了问题，且会使矛盾知晓面加大，不如去开思想工作座谈会，不去刺激它。

　　周一到校后，我把想法告诉了书记，书记与我一拍即合。于是决定，书记与我分别找党员、干部、教师谈话。谈话的要点是，党员应增加大局意识，干部可以保留意见，青年教师要学会服从和理解。对于普通教师，听取他们的宣泄。我也做好了充分的准备，根据干部们反映的情况以及之前的矛盾焦点，我最底线的话语是，你反对，也无济于事，校长可以负责。你反对，这些钱也到不了你的手里，何必去做得不偿失的事呢？

　　果然，在分头做工作时，遇到了事先曾预料的那些状况，好在我们都有比较成熟的思考，在与老师们沟通、交换意见之后，大家基本有了统一认识，方案实施已无阻力。这也是第一次拉开较大差距的一次分配。

　　特殊时期，有特殊收获。不管任何时候，想要做一件事，都要克服困难。

如果团队之间只是为了彼此证明一件事不可以做,那么这样的团队一定是没有竞争力的。人生就是尝试,在尝试中收获成功的喜悦。

心语 ❤

　　绩效分配,牵挂着全体教职工的心,牵连着大家的切身利益。绩效分配,实际上是对教职工工作表现的物质评定,尺度与标准,考核与激励,将会对教职工的积极性产生重大影响。慎重细致,价值导向,体现竞争,营造向上的氛围,是绩效分配的原则。

足球和学习,找到平衡支点

时间: 2020 年 6 月 9 日

情景: "鱼,我所欲也;熊掌,亦我所欲也。"可兼得否? 我不反对适当的放弃,因为有时放弃是为了更好地得到。我更赞赏"天下无难事,只怕有心人"的勇气,如果你有不达目的誓不罢休的决心,那么,鱼与熊掌,完全可以同时拥有。

　　人的欲望在不断实现中升级,办学,也是一个不断提升和突破的过程。自从六团小学女足有了一点小成绩后,关于足球的话题就多了,或者说人们对于足球队的关注度也高了。如何加强对足球队的教育和管理,既要给一定的倾斜,又要体现公平性,这是我在管理中一直思考的。同时,我一直关注女足队员的学习情况和在学校的各方面表现。

　　刚起步时,为了形成一定的氛围,可能会特别强调处理好足球训练与学科学习的关系,特别是语数英学科的学习。在我的话语中,比较多的是请语数英老师高抬贵手,让孩子们走出教室,走向绿茵场。言下之意,就是这些学科的老师对足球的支持还不够。当然,很多时候,我还是比较多地表达对语数英学科老师的谢意的,正是因为有这些学科的质量保证,才使得家长们放心地让孩子们奔向球场。

随着女足成绩的增多,声誉扩大,特别是本学期,因足球有三名队员从兄弟学校转学到本校后,我就特别关注六团小学对足球队的保障工作,其中课堂教学是一个十分重要的部分。如果女足队员的学习成绩不稳定,那么,不管是对女足队员个人还是对整体的发展都是不利的。女足队员的学习要有基本的学习行为规范,要讲究学习效率,假如能够与不参加足球训练的同学有不同的学习方式和成效,那么,至少女足队在人员数量以及队伍的规模上有了保障。

今天,教二年级数学的付老师向我讲了一件事,同时,也是把她的决定告诉我。她说:我决定这两天不让孙同学去参加足球训练。她的理由是,这个学生因为要踢球,因而全然不顾学习。原来这位二年级的男生认为踢球可以不要学习,并且列举他姐姐的事。说起他姐姐,绝对是校园球星,学习尚可,绝对不是如她弟弟所说的学习成绩不好。我听了付老师的陈述,心想,这是我到六团小学任职以来第一次遇到任课老师当面向我埋怨足球队员的不是。看来,这里面确实有问题。既然她已做出这样的决定,作为校长,应该尊重她,这也是在她的职责范围之内;她现在告诉我,也是对我这个校长的尊重,更加引起我关注足球队的发展。

我听完她的陈述,当即表态,我支持她的做法。同时,我告诉她,为了形成教育合力,建议她与教练沟通一下,并且希望教练在知晓的前提下也能够理解和支持她,这样,真正地形成了教育的合力。如果缺少沟通,教练不知情,很容易造成任课教师与足球教练之间的隔阂,也容易使孩子有空子可钻,问题得不到有效的解决。之前,足球队成功转化特殊学生的案例有几个,很有说服力。

付老师听了我的建议后,点头表示赞同。随后,我又分别找了这位男同学,只问他喜欢踢足球吗,他说是。又从班主任老师那里了解到他的家庭情况,家庭教育简单粗暴。父母相对宠爱弟弟,重男轻女,在六团小学学生家长中经常可以找到痕迹。

我只了解情况,不参与具体的教育,因为,这些工作首先属老师和教练的职责范围。我主要关注动态并适时给些建议,或者引导大家向更合理、科学的方向努力。明天或者以后,这个孩子是否有变化,依旧是我关注的。包括其他的孩子,每一个孩子都是我一直需要用心去关注的,给他们更多的关怀。

心　语

　　足球运动与学科学习,在时间分配上看似有冲突,孩子如果处理不好,确实会影响到其中的一项。一个都不能少,每个都是强项,我是这么想的,也是这么要求的。其实,要是处理恰当,两者会相互促进,共同提高,对学生学力、智力、体力、毅力的发展都有好处,对全面发展极为有益。

微信——我和家长有了更多的交流

时间:2020 年 10 月 26 日

情景:爱是阳光,能融化冰雪;爱是春雨,能滋润万物;爱是桥梁,能沟通师生心灵。有了爱,师生之间就能以诚相见,心心相印。

所谓"亲其师,信其道"。

周六的上午,因有外区兄弟学校女子足球队来访,我便也出现在操场上。我刚想拉过一张圆凳坐下边观战边拍些友谊赛的照片,手机里出现一条短信,我打开一看,是一年级新生张同学的妈妈来的信息。每年新生家长会以及所有家长会,我会在介绍内容的课件中,打上我的联系方式,自然有一些家长加我微信了。我安民告示,微信要写清我是一年级几班某某学生家长,这样我才接受。自然,有众多家长与我建立了联系,我会一直回复标注完整家长信息。虽然一开始在添加时会需要一定的时间,但是,据我的经验,平时真正因琐事直接找校长的是不多的。

校长与家长直接建立联系,作为校长的我可以有掌握第一手资料的可能,可以从家长那里知道教师工作得失,了解家长需求。家长也可以从我这里了解一些学校情况,更多是我希望家长多些信任。我一般都会回复家长。

今天,张同学的妈妈来微信说有问题要咨询我。于是我迅速回复:可以。于是,就等着手机铃声响起。可是,手机铃声没有响起,我身后却传来了招呼声。我转过身去,还没等我开口,这位家长先自我介绍起来,她就是要咨询我问题的一年级某班的张同学妈妈。"哦,你特地赶来学校?"我问道。"不,我孩子也在足球队训练。"张同学的妈妈回答说。我顺着她的手势看到了在操场另一半区域里的一个小男孩,脚边带着一个黑白相间的小足球,正排在训练队伍中,按照教练的指点在做着动作,有点像模像样的。

收回目光,转入正题中。张同学的妈妈告诉我这样的情况,她的孩子比较调皮,班主任经常与家长联系,告知家长孩子在学校里调皮捣蛋的情况。昨晚班主任又批评他,孩子实在忍不住了,与老师怒怼起来,年轻的班主任拉扯了他,手臂上留下了印痕。这位家长也向其他学生了解过,基本证实了事情的来龙去脉。她感到很迷茫,一是上海的老师不会出现打学生的情况,二是最主要是如何教育自己的孩子。她说,她的孩子给老师添麻烦,觉得过意不去,因此,今天咨询校长,绝不是打小报告,而是想听听校长的意见,如何与老师配合好,改变孩子的坏习惯。她的语调、神情是犹豫的,看得出她的顾虑,也有一些焦虑。

确实不是告状,而是对校长我的信任和期待。我听着她的讲述,眼光又捕捉到在操场上训练的她的孩子。说实话,我真没本事看到孩子有什么特殊之处,何况我又是在远远地看。张同学妈妈的信息传递,我最直接的反应,便是要加强师德教育,要加强对青年教师的引导。

我产生的另外一个想法是,这位家长真好,她没有直接把这事报告给我的上级,假如真因有拉扯而使孩子留下痕迹的话,事态会变得复杂。她直接来找我,至少是对我信任,我必须妥善处理好这事,我此时又完全肯定把自己的联系方式告知家长的做法。略作思考后,我告诉她,我现在很难给你一个满意的指导意见。我把我的设想告诉你,你觉得行,我们就一起努力。于是我继续询问,这个孩子幼儿园时的情况,还有家庭环境、学习、踢足球等校内活动情况。了解到这个孩子在幼儿园里时因顽皮而出名,家庭中倒是没有特别溺爱孩子的情况,小孩子的学习情况,用班主任的话,是不用老师担心的,就是顽皮,有时要影响他人。

我告诉她我的设想,一定会加强学校的管理和队伍的建设,今后绝不容许拉扯的行为,仅这样还不行,还需要老师有更多的微笑和鼓励。当然,我也就一般情况下,类似这个孩子的教育方式,特别需要的是肯定和鼓励,但是面对调皮捣蛋的孩子,老师微笑不出来,反而在向家长告状。传递信息中,无疑一次又一次地把调皮捣蛋的特质给这个孩子固定下来了。需要改变的是学生,最关键的是老师。这个孩子需要老师的肯定和鼓励,需要老师的微笑。面对调皮的孩子要让老师露出微笑不太可能,即使可能,也是勉强的。但微笑、鼓励是必不可少的特效药。我请家长放心,等上学了,我再去了解一些情况,后召集相关老师一起努力,改变学生从改变老师本身做起。张同学的妈妈频频点头。

足球场上的比赛惊险连连,不时传来观战者的评球声音,我的眼睛和思绪已不在球场上了。我马上想起平时我看到老师们的严肃表情,怒怼表情多,除了认可老师们工作认真、严谨、一丝不苟之外,我总觉得少了一些什么。平日听到的大声训斥、严厉批评的高分贝,除了说能严格要求之外又少了点什么。

六团小学的孩子很多没能有较好的教育环境,他们不懂,不会,需要学校老师一点一点地教,用体贴温馨的话语,用规范专业的要求去引导、影响、感化他们。又联想起这学期来了一位代课的王老师,多名干部和老师都夸他工作认真,班级管理得安安静静,连保洁阿姨都说这个老师真好。原来,我们都知道好老师是什么样的。

只是当我们遭遇困难甚至挫折时,缺乏足够的定力和耐心,使我们每个人内心深处的优异特质消散,变得平庸。我们需要的是不浮不躁,不慌不忙,淡定从容。用柔软的心去爱护他们,心美一切皆美,情深万象皆深。

心语 💗

老师教育学生的方式方法,往往决定了教育效果几何。不同的老师,有不一样的教育手段,但结果都应是学生诚恳认识、虚心接受,即使勉强,也需有基本的认识态度。加强对老师这方面要求的知晓与引导,让动机与效果尽量统一。

进步——让我累并快乐着

时间: 2021 年 4 月 28 日

情景: 一个人真正的幸福并不是待在光明之中,而是从远处凝望,朝它奔去,就在那忘我的时间里……

今天迎来了疫情过后的第一拨远方来客,他们是新疆博州博乐市九中的五位领导和老师。由于前一阵全校的不懈努力,今天全过程表现得前所未有的出色,井然有序是很突出的一点儿,一切工作安排有序,接待工作一环扣一环。客人进校,学校领导带队迎接,观看足球操,在小导游带领下参观校园景点,听评课,听我做题为《办一所留下美好童年记忆的学校》的报告。午饭之后,客人与我校老师互动交流。最后,观看了女足表演。每一个环节都给客人留下深刻的印象。

有序,还体现在师生的良好的规范和精神面貌。最令六团小学师生骄傲的是今天的足球操表演,从进场到足球操到退场,都得到客人们的啧啧称赞。进场时,在熟悉雄壮、节奏感强烈的分列式进行曲中,22 个班分别从不同方向齐步走进操场,整齐划一的摆臂和抬腿姿势,都表现得训练有素。足球操中相对难度高的动作今天也表现得特别优美。退场时,每班都精神饱满,目不斜视地踏步回教室。活动结束后,干部和老师们还沉浸在快乐和自豪中,这种高兴和自豪的劲头也前所未有,足以说明今天师生们的表现特别好。其他的环节在进行中时,整个校园都安安静静的,一直到客人道别离开学校,校园里一直干干净净的。

累而愉快的一天,我发自内心地感谢全校师生的努力。我也更加坚信,只要努力,可以超越自己,可以创造非凡。我也庆幸自己,在六团小学我一直充分信任师生,从没有苛求师生更没有批评和指责他们。也许,鼓励、赞赏是另一种很好的激励模式。

心 语 ❤

> 付出之后必有收获。付出的大小,付出的高下,决定了收获的成色、收获的质量。付出有累,当工作中倾注了自己的感情,有累的感觉,美感就产生了。所以,累过后,会特别珍惜眼前的成绩,幸福感从心中涌起。眼下的六团小学,全体师生都在为她梳妆打扮,并享受着难得的快乐。

第六章 指 道

以特级校长身份去六团小学流动,就是要带动六团小学发展,为实现教育公平、办好百姓家门口学校的教育布局,贡献智慧。学校发展之道、教师成长之道、学生成才之道,就是指点方向之道。

特级校长的魅力,在校园开放日闪现

时间:2019 年 3 月 31 日

情景:我们要有执着追求的梦想,要让原本白纸般的生命开出五彩斑斓的花朵,回首以往,使得内心盛满充实与感动。

昨天是校园开放日,灿烂的阳光穿过树叶间的空隙,一缕缕地洒满了校园,舒畅又悠长。学校周边的公办、民办幼儿园的 100 多个小孩子,在家长的带领下,来到了我们的校园。

为了迎接他们的到来,我做了充分的准备,事先有了比较详细的安排。学校向家长和孩子们展示了几个经典课程的成果,如:获得上海市啦啦队操比赛二等奖的足球啦啦队操,获得上海市 6 个单项奖的空手道表演,主持人也及时邀请场上的孩子参与到啦啦队操的活动中。主持人是课程教学部主任祝老师,这位年近五十的中年男子,成熟稳重,有着十分丰富的教育教学经验,能较好把握场上的气氛。接着在干部和体育老师的带领下,孩子们还意犹未尽地参与了其他丰富多彩的活动。

家长们则来到综合会场,集中听学校的介绍。学校张副校长介绍了我校所做的工作和取得的成绩,让家长们对我们学校有了更深刻的了解。接着,我简要向家长们谈了我的一些思考,主要讲了三点:一是我对教育的理解,二是我要办怎样的学校,三是我们六团小学能够提供怎样的教育。我讲话过程中,家长们始终专注聆听着,我也是一气呵成,清晰地向家长们宣传了我和学校,在家长们热烈的掌声中我又一次深深感到了任重而道远。

在谈到什么是教育的时候,我说从理论上讲,教育是有计划、有组织、有目的、有影响的活动,使受教育对象达到预期目标。我引用了习近平总书记的话语,说明教育的重要性。习近平总书记在不同场合多次强调教育工作的重要性,他说,"教育是提高人民综合素质、促进人的全面发展的重要途径,是民族振兴、社会进步的重要基石","是人类传承文明和知识、培养年轻一代、创造美好生活的根本途径"。因此我们要提供和创造更好的教育,使"孩子们能成长得更好、工作得更好、生活得更好"。我也谈了我对基础教育学校的任务的认识,就在于培养学生从小打好基础,培养他们做人做事做学问的扎实基础和良好习惯。

在谈到办怎样的学校的时候,我向家长们描绘了我的愿景:办一所家门口的好学校,这样的学校环境优美,鸟语花香,有完好的设施设备,有欢声笑语,有好老师,有好伙伴,学校是孩子们学习的学园、成长的家园和活动的乐园。

我从这样几个方面说明,好学校是要有多方面构成的,一是孩子们喜欢。学生喜欢是首要条件。二是教师认同。还需要家长放心,领导满意,社会好评等条件。在向家长们承诺我校能够提供怎样的教育的时候,我说我们六团小学一有优美的校园环境,介绍了我校在开展绿色教育校园活动,建设美好家园方面所取得的成绩;二有优秀的文化,向家长们介绍我校是一所百年老校,凝重的历史,给我们带来了文化的优势,这样的文化,置身于其中的师生,可以受到潜移默化的影响;三是我校有优良的教师队伍,一支爱岗敬业、年龄结构相对合理的稳定的教师队伍,能够为学生的成长提供良好的教育和教学。

讲话中我提到了我到六团小学之后,在各类座谈会上听到的情况,校园里面发生的事儿,包括昨天刚给孩子们吃辣酱的小故事。我也向家长保证说,以后我们校园里不能说"外地人",不能简单称之为"山东人""安徽人"等,我们要用规范的语言称呼,如来自安徽的、来自山东的,或者说安徽的朋友。要让孩子们学会说家乡的话。学说家乡的话,不仅仅是一种语言的学习活动,更是一种思想品德的教育。爱国从爱家乡做起,爱家乡从爱家乡话做起。这种活动可以在孩子们幼小的心灵中种下爱的种子。

我说我们六团小学有优势,其他学校没有的教育资源,我们有。要让孩子们记住,在上海,在浦东,在川沙,有这样一所六团小学,还有一个特级校长姚星钢。

校园开放活动,干部们都做了积极的准备。下午的活动是1点开始的,在我11点多赶到学校的时候,好几位干部已经在操场上紧张有序地忙碌了。他们自己动手做了大型的喷绘,为了节省资金,没有用专业的框架,干部们把大型的喷绘幕布挂在了足球架上,这样一个小小的举动,就节省了很多经费。各个场点的干部都在做各自的准备,有在操场上准备器材的,有带着孩子在景点试讲的,也有在会场内安排座位,还有在准备学校工作总结相互研讨的,以及在为师生张罗盒饭的。有几个细节做得特别好,在向家长们介绍学校工作中,及时地把最近发生的事和所做的工作照片放了进去,所有的环节设计较好,干部们也真是动足了脑筋。

在过去的学校里,我也参与过校园开放日活动,但是好像没有特别的记忆。这次不一样,我感受到我们干部的真诚和用心。签到处,干部们不时地向我报告着在逐渐增加的人数,表现出兴奋和激动。假如没有对学校深深的爱和对美好未来的期待,是不会有这份激动的。我被深深地感动着,就像一股沁人心脾的甘泉使我的内心变得澄澈而坚定。

心语

校长是学校的人格象征,校长魅力四射,学校活力呈现。家长是通过众多老师,尤其是亲睹校长风采来感知学校的。校长魅力,来自对教育的热爱、对事业的忠诚、对工作的专业、对学生的大爱,是自然流露、浑然天成。在校园开放日,校长魅力已然成为家长口碑、孩子心仪目标,师生为此而由衷自豪。

听课,让我有了配伍的药方

时间: 2019 年 4 月 26 日

情景: 一念花开,一念花落。一路远行,坚定、勇敢、自信,前方终会是温柔和月光。

前一阵听课之后,我把每位老师课堂中的一些优势在全校教职工大会上通过课件呈现了出来,那天我边讲边观察老师们的反应。很显然,当出现他们自己以及其他老师上课时的照片,还有旁边一句话概括的时候,他们的注意力明显提高,脸上露出会心的微笑,虽然个别腼腆的老师笑容不易察觉,但我接收到了他们反馈给我的正气场。

我一个不落地点到了这些老师。好课还不少,尤其是几位组长,他们在个人基本功、课程标准落实等方面表现较好。他们之间有差异,每个人却都有优势。假如这些优势汇聚在一个老师身上,那这位老师一定非常优秀,至少他的课堂几乎完美,但这是不可能的,也是不现实的。即使老师做到了至善至美,随着要求的提高,也会有进一步提升的空间。

再说,老师在课堂中所表现出的问题也是一种教育资源。我通过这种方式评价老师的课,主要目的是两点:一是课程价值追求引导,呈现所有我认为新课程应该关注和落实的要点,让老师们在分享中有所认识和感悟,并期待在以后自己的课堂中落实。二是让老师们更加自然地应对校长听课这项工作,把校长到班级听课看成是展示自我、增强自信的契机,而绝对不是一种负担。我在接下来的听课中,对自己的角色定位、听课目标、任务也有了清晰的路径。

　　从目前来看,课堂中呈现的主要问题是:老师讲得太多,学生讲得太少;以讲代练,以老师的讲替代学生的学;学生发言面不够广,发言缺少个性,声音比较轻;个性化的理解和学生自己独特的理解比较少;集体回答、朗读远远多于个别朗读和回答;有意识地培养学生思考和表达的方式不够,情趣教育的特征、路径和方法几乎看不见。至少六团小学要与其他学校有所不同,那就是在课堂中应该有情趣,所以在今后的课堂教学实践中,六团小学要研究如何做到情趣教育,我们的主要路径有啥,是否能够研究出情趣教育的课堂教学模式,这是今后教育实践要做的工作。

　　表达的方式首先要突破,学生要敢于表达。学校要开设演讲与口才课程,让每个学生都有表达的机会,都有规范表达的基础。我内心一点点地详细规划着,远景也一定是美好的,我坚信。

心语 💗

　　听课,既是了解真实情况,也是把脉诊断,对于新到六团小学的校长,要尽快熟悉学校、熟悉课堂、熟悉教师和学生,尤其重要。课堂是教学质量的晴雨表,深入课堂,分析课堂,指正课程,就抓住了教学质量的"牛鼻子"。听课是我关注的重点,不是权宜之计,而是常态策略。

观念,在开放办学中发生着变化

时间: 2019 年 4 月 23 日

情景: 苏州有座拙政园,驰名中外。去过的游客对湖上的北寺塔啧啧称奇,走近一点儿发现,塔在园外。借景,却是远近相映,浑然天成。

　　上周五为迎接学校发展史上第一批尊敬的来访客人——他们是来自福建台江区的 60 多位教育同行——我借这个契机,向老师们及时传递了我的办学理念,也对一些具体的工作做了布置。对一些相对能够做到的事提出了要求。第二天,发现清扫办公室和教室的老师、同学多了,走进教室听课,发现教室变得窗明几净了,但与我心目中的整洁度还是有距离的。

为此,我与书记商定,在这周一我们要再强调一下,从中层执行的角度再做具体的指导,分别由后勤保障部、课程教学部、学生德育部、工会等负责人细化了一些要求。老师们听得相当认真。可能这样的工作方法之前从未有过吧。第二天,发现几乎所有的老师都在动手参与整理,打扫卫生。教室、走廊、厕所、办公室等又干净了许多。我坚信,只要养成好习惯,垃圾会越来越少,环境会越来越好。两位帅哥老师同一个办公室,却从未擦过玻璃窗。这次,一位老师竟然对另一位说:"我们擦擦玻璃吧。"这一切连他们自己都感到很惊讶。他们也把这事告诉了我。我听后很感动,也感慨万千。

今天中午,远远地看见英语老师在打扫办公室,她们的卫生已经做得很好了,但是她们还在努力擦拭着,像要做到极致的样子。这三位老师分别是本周一在会上被我表扬的孙老师,那天我带着两位客人走进英语办公室时,她起身问候,得体又礼貌。另一位是上周被我表扬的听课留下好印象的陈老师,还有一位是刚担任德育工作的唐老师。我在三楼向二楼的她们远远地招呼,向她们致谢,她们爽朗地笑着说,我们英语办公室是窗口的窗口,所以要打扫得特别干净。我向她们点头并竖起大拇指。确实,英语办公室正对着小广场,这是进校门后的必经之地。她们的付出很感人,她们的话语充满了自信,也充满了对学校的爱,我又一次被深深地感动着。

前天,有两位评委专家来到学校听课,我陪着他们在楼梯上走的时候,正好遇上了张老师,他很有礼貌地向我们和客人老师问了好。我在一旁观察着两位专家的反应,我看到了他们在回应张老师时高兴的神情。午饭时,我及时赞扬了张老师,表扬他有礼貌,不卑不亢的问候,他竟然有些腼腆。

这几天,体育组特别忙,隔壁幼儿园借我校场地开家长会,因人数多,会场改到体操房。于是,体育组的老师利用中午的时间排好了凳子,布置好了会场。课间,午间,放学后,他们又把大大小小的足球架上的旧网拆下,换上了新网。一连几天的早晨,体育组老师训练队列和广播操,从队形排列到进出场,到广播操,都有了很大的变化。

诸多的变化,说明老师们认同我的理念和观点,也坚定了我的信念,校长调动教师的积极性,一要以身作则,身先士卒;二要公平公正,相信大多数老师会理解、支持学校的。要相信老师,他们的潜力是巨大的。为迎接福建台江区的客人,我要求每班都要做关于接待福建台江区教育同行的小报。结果高质量的小报精彩纷呈,连老师们自己都意想不到。

小报好处在于可以拉近与客人的距离,使得不同区域的交流有更多的话题。这也是培养学生学习方法的一条途径,学生们可以从制作小报的过程中学会很多知识和本领,可以让学生知道获取知识的途径和方法。要是来的客人多了,每接待一次我们出一张小报,或许真的可以做到不出校门,一览天下事。

心 语

要让教师尽快转变观念,最好的办法就是树立学习标杆,在实践中去感知感悟,把旧有的观念渐渐地抹去。牵一发而动全身,开门办学就是具备这个功能,从课堂到校园,从教师到学生,从教学到后勤,身临其境,定位、站位、补位,都不能缺。开门办学,成果亮相前的一次彩排,整个学校就像演练场。

正向引导,点滴做起

时间: 2019 年 5 月 6 日

情景: 阅读,节食,步行……一旦我们不停地关注那些我们能够完成的小事,不久我们就会惊奇地发现,我们不能完成的事情微乎其微。

两次开门办学,犹如初夏里的一股暖风,着实掀起了全校师生改进现状、提高自我的高潮,从未有过的热情激发着每个老师强烈的责任感。老师们私下胸有成竹地说,我们只要能做的都能做好。事实也确实如此。我之前就跟老师们说过,或许我们可能把某一天做得比较好甚至做得很好,但是我们是否能够长期、常态下都做得很好呢?这就是优质学校与普通学校的差别,更是一些平庸学校无可比拟的。

这两周,没有接待工作和大活动,整个校园又恢复了以往的那份宁静,似乎有点儿太宁静了,这份静既是我所能够接受的,也是我所期待改变的。说接受,这是真实的六团小学,这是农村学校普遍现象。说改变,因为这宁静中还有点儿杂音,有些纷乱,这宁静中少了一些生气和灵动。

每天我依旧在校门口迎接师生,依旧巡查校园,依旧听课,依旧找亮点,找优势。尽管随着时间的推移,随着我对学校的认识和了解的深入,越感到深层次的问题逐渐暴露出来,有些老师也敢于向我表达些意见。我的策略不变,正向引导,即告诉老师们该怎么做,告诉老师们什么是正确的,向老师们表达我的希望,让他们感受到我倡导什么。我暂时不指出问题所在,因为不是老师们看不到问题,不是发现不了问题,而是他们无法改变问题,不知道如何改变问题,或不想改变问题和现状。

我刚到三个月都能发现的问题,他们长期在这里难道会不知道问题所在?当然,也绝对不能排除因为"不识庐山真面目,只缘身在此山中"而无法发现问题。

从学校发展角度看,只有找到大家共同发展和承认的现实问题,并且能够通过变革内部的机制,改变一些策略和行为,学校才能发生变化。有些问题是大家都能看到,但不是学校本身能完成变革的,同样也不能列入学校的实践活动中。就如我在听课后,告诉执教老师他上课的突出优点、优势在哪里,或者告诉他哪一点儿做得特别好。这些好,肯定的地方,其实是在传递我的教育理念、管理方法、课程观点、质量观点等。让老师感受到我关注的是什么,既然无法一下子建立完美的教育教学行为,那么从点点滴滴做起。

假如每位老师都能把自己某一点优势发挥出来,那么这位老师就能不断发展并走向成熟和优秀。假如每位老师都能看到别人的优点和优势,并且能够努力去学习,那么这样的老师也会逐渐规范、优秀。所以正向引导的方法,还得持续。僵持的阶段正是转折的时刻,越是在觉得有问题的时候,越是要沉着、冷静,绝不操之过急。不是具体地与某个老师过不去,而是与一种顽劣的文化习惯做较量。表达过,就不多说。

如同德育工作,需要反复抓,抓反复,道理都懂,实践很难,不知道如何抓反复,也不知道反复抓是怎么回事,只知道重复话语,老生常谈,使人厌倦,这样的工作方式显然是没有效果的。重复话语,反复唠叨,只能说明无能和无效、无方,这样的处事方式也会削弱以后的执行力。处事的方法一定要行之有效,结果才能卓有成效。

心　语

方法与结果,是我到六团小学的工作策略。一所百年历史的农村学校,要牵着它跟上时代的速率一起前进,应有正确的方法做"引擎",适当的"马力"做推动,过犹不及。正向引导开路,点滴做起跟进,积少成多,积小成大。

四位朋友赠六个园

时间:2019 年 5 月 7 日

情景:新的环境,新的岗位,便是一次新的塑造自我。塑造自我的关键是甘做小事,做对小事。这儿做一点儿,那里改一下,将使你的生命更加有滋有味,多姿多彩。

五月的初夏,风暖花开等你来。今天下午督导室的贾志老师带领小学督导组的顾建刚老师、汪明章老师还有白丽波老师,来到六团小学看望我。作为多年的老朋友,况且他们是做学问的人,我特别敬重他们,对于他们的到来我发自内心地高兴。早些年,因参与督导工作,我结识了他们,和他们的相处,我逐渐学到了督导工作的知识和技术,很多融合到了校长岗位实践中。不仅仅完成作为兼职督学的一些工作,而且有效地促进了校长岗位实践活动。假如没有兼职督学的身份,要进入一所学校并对学校进行综合、深入的了解、剖析、研究,几乎是不可能的。而正是有这样深入的全方位的检查、研究,对我的工作起到了潜移默化的影响。因为在督导中,我多种身份不断地交叉影响,显然,这种滋养效果极佳。

虽然参加督导,需要挤出一些时间,但是收获却是极大的。一般情况下,只要有机会,我都积极参加,不放过学习机会。因此,我也打心底感激督导组的同志,今天来的几位又是给我很多帮助和鼓励的专家。本来是一场朋友间的非正式探访,却变成了一次专业的现场诊断。

我向老朋友汇报了流动到六团小学后的思路以及所做的工作,基本策略是:正向引导,适度刺激,相互监督。在循序渐进的过程中,逐步推进变革,实现近期目标和变革,通过变革实现更高目标,办一所特色鲜明、现代气息浓郁、老百姓满意的家门口的好学校。四位专家充分肯定了我的状态和策略,又从他们专业的角度谈了一些想法,如文化的角度,认为我到六团小学,学校要保留老校长文化,挖掘本土文化,还要有新校长的文化,六团小学的文化必将在继承和发展中形成自己鲜明的特色文化。

给我的启示是,如何将学校文化统整到鲜明的特色之中。他们很认可我的观点,前任校长留任这是我的优势,把两人刚中带柔、柔中带刚的特色做实了,就是圆了。他们也建议我思考六个园,以便与六团相一致,也就是把学校建成乐园、智园、创园、爱园、情园、趣园。这与我这周在两次家长会上向家长们宣传的家园、学园、乐园的想法是一致的。四位老朋友真挚的话语再次给了我巨大的鼓舞。动力强了,劲头高了,信心更足了,发展方向也更加明确了。

心 语 ♥

　　圆圆相携,意气相投。心有灵犀,情怀使然。教育是圆的艺术,学校是师生成长发展的园地。圆是智慧的象征,理念要圆融、育人要圆实、发展要圆通、关系要圆熟;园有家的温馨、工作的乐趣、学习的甘甜、成长的旺盛。圆圆组合,六团小学前景光明。

女 足 精 神

时间：2019 年 7 月 28 日

情景：我在期待着那一天：不管你是从课堂里出来，还是从球场上下来，无论你是教师，还是学生，能坚定、自信、从容地从我面前走过，足够优秀，足够勇敢，那是我从没见过的你！

到了六团小学后，我时时刻刻在思考，在努力挖掘，并在找寻。作为一所百年老校，六团小学的文化积淀在哪里？ 百年老校的文化特征是什么？ 可能是由于到六团小学时间太短，对学校的了解和感受不够，我总感觉不到学校的文化特征，这使我百思不得其解。为何历经百年却没有形成鲜明的特征？ 想起曾与其他农村学校校长交谈过，他们普遍认为，农村学校文化积累少。可以得出这样的结论，农村学校最大的文化特征，是没有学校自身鲜明的特点，这是最大的特点。

农村学校一般都有乡村文化的印痕，如我们通常所说的纯朴、善良、节俭等，但要上升到学校文化，并且能够起到潜移默化的影响显然还是不够的。所以很多名校中往往农村学校的比例很小。但不是说，农村学校没有文化，更不能说农村学校无法形成有自己特色的文化。只要找准本校的发展脉络和优劣势所在，就一定能够形成有特色的学校文化。那么，文化建设从哪里起步呢？ 培育学校文化，如何培育？ 从挖掘优势，发扬优良传统中逐步推进发展，在不断思考和探寻中，我从六团小学女足运动中找到了灵感。

六团小学那支引人注目的女生足球队，看到她们脸上那种历经风吹日晒的健康肤色，就足以使人肃然起敬。

我校从 2015 年建立女足运动队，足球运动经历了从无到有、从小到大、从弱到强的风雨历程，女足队员们不知摔了多少次跤，吃了多少苦，挥洒了多少汗水,终于在今年取得了浦东新区超级联赛冠军,为学校争得了厚重的荣誉。

每当看到她们在球场上训练的身影,我也常常思考,是什么让她们或头顶烈日、冒着酷暑,或在凛冽寒风、蒙蒙细雨中,在球场上奔跑? 又是什么支撑着她们日复一日、年复一年地刻苦训练? 我想,应该是一种精神,一种顽强拼搏、坚持不懈、团结协作、为校争光的足球精神。正是这种精神,让她们小小年纪就甩掉了同龄人本有的娇气,练就了不怕苦累、不怕蚊叮虫咬的坚毅品格,懂得了相互之间的学习和照顾,形成了赛场上相互默契的配合,取得了一项项骄人的成绩,一个个金灿灿的奖杯。这种精神是坚毅而强大的,更是值得六团小学师生学习和传承的。

冰心曾写过这样一首小诗:

> 成功的花
> 人们只惊羡她现时的明艳
> 然而当初她的芽儿
> 浸透了奋斗的泪泉
> 洒遍了牺牲的血雨

这首诗写的正是这种顽强拼搏、坚持不懈的精神。这种精神不管是对个人,还是对组织、集体;不管是对我们老师,还是对每一位六团小学的学生,都将是人生道路上必不可少的精神支柱。有了这种精神,我们就不会为学习、工作、生活中遇到的困难而懊恼、沮丧,甚至放弃,有了这种精神,我们可以有满满的正能量。

因此,我提出我校要喊响女足精神,让女足成为全校师生学习的榜样,让健康的小麦肤色成为校园最闪亮的色彩,让女足精神激励我们走好人生之路。女足精神的提出,得到了广泛的认同和支持。明确的思想,再加上我的经验,我想我找到了,也许是一种信念,也许是一种突破,我信心满满。

心语 ♥

　　办学,不可以没有灵魂;师生,不可以没有精神。灵魂与精神,必须是植根于学校土壤、由师生亲自栽培成长起来的。六团小学女足在场上顽强拼搏、全力争胜的风采,并被誉为女足精神,正是六团小学提倡与弘扬的学校文化与学校精神的精练概括和生动体现。爱惜她,光大她,让女足精神陪伴师生成长,成为大家美好的记忆。

改变,在与传统观念碰撞中发生

时间: 2019 年 9 月 6 日

情景: 不是井里没有水,而是挖得不够深;不是成功来得慢,而是放弃速度快。

所谓成功,很多时候是这两点:一是再改变一下,二是再坚持一会儿。

在今天的行政会上,我提出了一些要求:一是减少垃圾桶的数量,垃圾桶不放在显眼的地方;二是要让学生在课间、午间走出教室。这些要求得到了大部分干部的赞许,因为这些要求不高,在贯彻全面发展中是基础。

但是,也有一些不同的意见。如垃圾桶减少,孩子们没地方扔垃圾,势必造成校内地面上有垃圾;垃圾桶不放在显眼的地方,如何表明我校在垃圾分类方面所做的工作,等等。针对所提意见,我问大家:为何要这么多垃圾桶? 垃圾来自哪里? 我告诉大家,有这么多垃圾本身就很能说明问题。扔进垃圾桶的有些啥东西? 有学习用品垃圾,废纸最多。生活垃圾,如午餐后,垃圾明显增多。归根结底是孩子们还没养成好习惯。即使真有这么多垃圾,有了好的行为习惯,即使垃圾桶再远,孩子们也会走到那里去的。看来,我们在这项工作上,依旧任重道远。经我的解释,大家点头称是。

　　针对这些举措,困惑最多的是来自一线的几位老师。因为我到六团小学后,每次行政会都会邀请教师参加,并且请老师们参与会议的各项议程,可随意发表各自的想法,也可以会后向他们周边的老师传递行政会的信息。老师们的不同意见中最多的是中午请孩子们走出教室到操场上玩。一系列的问题均向我投射过来:都到操场上,安全怎么落实?中午出去玩了,作业完不成怎么办?有孩子不愿出去玩怎么办?等等。看来,要实现我理想中的局面,不是轻而易举能办到的,还真是要用推进一词了。

　　听了老师们的提问,我微笑着向大家说道,你们提出的问题,非常现实,我完全赞同和理解你们的困惑,因为我也是学科教师,也曾有过类似的做法和想法。但是,我要告诉大家的是,要做到这一点不是没有可能,因为我同样有经验积累和分享,只是走出第一步,形成良性循环很难。因为这里有很多问题是一环扣一环的,做好了,良性循环;做歪了,恶性循环。为何中午要做作业?上课时来不及做?为何课上不安排作业时间?因为来不及讲?为何来不及?课上一定是老师讲吗?你怎么知道孩子们没听懂?中午布置的作业符合规范吗?是否有加重学生课业负担之嫌?不做作业考试分数低了怎么办?不布置作业孩子们一定会大闹天宫吗?这么多的问题,究竟该如何做?

　　我说最核心的是:大家都按规范做,打出组合拳。尽管现在起步很难,但是我们要有信心。我说完之后,环顾四周,与会的同志都没发声。于是,我又说:慢慢来,散会了。

　　今天这样的结局和反弹,完全在我预料之中,但是没有强烈的反弹却是我预料不到的。我想,要么是同志们会全力理解和支持,要么就是在无声中抵制改革之举。我暂时不做判断,与传统做法、文化比耐心,比毅力,一点一点地改变,这是一项长期的工程。

心语 ♥

　　改变,是我到六团小学的话题之一,也是我决心用先进的理念武装师生,并渴望学校面貌有较大改观的不变信念。改变固有思维和习以为常的习惯，首先要转变观念，是一场耐力赛、接力赛，须斗智斗勇。时间为改变增效，毅力为改变添能。

"学校有变化"

时间： 2019 年 9 月 25 日

情景： 改变态度，可以改变生活，改变工作，改变人生。"乌衣巷在何人住，回首令人忆谢家。"

继 4 月 23 日我校近百年办学历史上迎来第一批外省市教育同行，即来自福建福州台江区的校长和干部们后，在这秋意浓浓的初秋，9 月 23 日第二批台江区学校干部再次莅临我校。这既是台江区的第二批派往我校的访问团队，也是在今年的开门式办学进程中的首批回头客。

说回头客，我和团队都感到很欣慰，因为不管怎么样，至少我校还有值得让客人称道之处。在客人们到来之前，我分析了本次接待的优劣势所在。我们这次接待有利之处，一是我们有经验，知道是咋回事，基本套路、流程清晰。二是师生规范水平又有提升，校容校貌，班容班貌，经得起初看，明显的死角较少，师生礼貌、问好、回应、互动更加真实、自然，声音响亮的孩子在不断增加。很多老师都能微笑着与孩子们呼应。三是主题选择性扩大，有我校的经验和专题总结。不利之处也有：与横向相比，我校的办学整体水平尚在提升之中，精细化、专业化程度不高，有些比较粗糙，也有比较明显的短板，与客人们的需求有差距，与走南闯北的来宾的眼界和心理期盼有落差。行为规范还不够稳健和巩固。

为此，我们要继续努力。一方面，保持我们的优势，另一方面，借助这样的开门式办学活动，进一步推动变革。对于大多数的同志来讲，保持安静、整洁、规范,这天要更加刻意。重点项目,升旗仪式,队伍、随班教师要面对着太阳,大家都要做到严肃认真,唱国歌整齐又响亮,掌声整齐、有力,礼仪队员要有风采,讲话老师是一种精气神的传递。有几点尤其要注意:不大声训斥,洗手间内不能有奔跑、吵闹,学生不能有讲粗话现象。

　　与前三次接待不同处在于,本次主题明确,是学校德育干部培训。为此,我校围绕这个主题,做了一些思考和梳理,请了新上任的学校德育干部唐老师主持整个活动。她在主持中,始终突出德育在我校实践中的落实情况,她的主持稿就是一篇相对完整的我校德育工作的总结稿子。在主持词中既有理念、理论的认识,又有具体的实践;既有德育共性话语,又有我校个性化的概括和提炼。活动中,主体部分当数两个专题介绍,一是大队辅导员陈老师的工作介绍,二是班主任祝老师的关于班主任工作的专题介绍,是两个微型讲座。因为是微型,也就没有了冗长和拖沓,随之就有了精华和精彩,获得了客人们的较好评价。在两个介绍之后,观摩学校女足队员的训练,客人们对女足的表现啧啧称赞。

　　我和书记做了即席讲话,来访客人中的代表、教育局的一名副局长发表了感言,他对我校德育的诸多方面予以肯定,如残缺不齐的鼓号队,因为号手的转学,留下了只有鼓手的队伍,但是,依旧让这部分孩子排列在迎客的队伍中。客人们评价,学校有变化。我自认为,变化就在于,从外部环境转向内涵发展,内部管理凸显特色和鲜明的主题。学校有变化,这样的评价,就是肯定。

　心　语

　　时隔五个月,来自同一地区的外省市同行,留下了"学校有变化"的评价。这来之不易的变化,是时间的磨砺,它倾注了全校师生的努力,化作了大家齐心协力发展六团小学的心声。办学理念、治校策略正在变成师生们的行动落实。即使是微小的变化,只要催化得当,就能产生聚变效应。

三个故事牵动着关爱的心

时间：2020 年 1 月 10 日

情景：电影《摔跤吧，爸爸》中有句话：金牌不是从树上长出来的，它需要爱心、努力，还有热情来浇灌。玉不琢，不成器。爱，可以创造奇迹。

我校的孩子们很可爱。可是孩子们的可爱有时却与令人心酸的故事相关联，特别是女孩子。最近，间接或直接地了解到三件与女学生有关的小事。

第一件，是一位女足队员的事。因她老家是安徽安庆的，有一次，老家有事，她的父母急着回家，竟然把她一个人留在家里，那时她才三年级。在她的父母亲看来，女儿完全有能力自理，照顾自己。后来，被教练知道了，联系了其他女足队员的家长，使这个队员生活起居有了安全保障。

第二件，是二年级有一个小女孩，父母亲离异，孩子归父亲抚养。小女孩的父亲是个装潢小老板，生意都在奉贤，每晚都很晚回家。有一次晚上 8 点，小女孩走到学校门卫室打电话，说有事找父亲。晚上一般就是这样有吃没吃的，自己洗衣，自己料理。她父亲每天一大早又要坐公交赶到奉贤，来不及给女儿做早餐，只好每天留几块钱，让女儿在小镇上买油煎饼吃。他明知女儿肠胃不好，也没有其他办法，小镇上店家也不多，不得不将就着充饥。后来，我跟班主任、德育主任等及时与孩子的父亲联系，通过多途径改善了一些情况。如：让她的父亲早点下班，早上出门前给女儿熬上粥，偶尔有事实在赶不及早回，就及时通知班主任或其他老师，或者托付给房东——本地的一对善良的老人。

第三件，是一个与女孩有关的故事，是在今天进行的五年级班级足球联赛时获知的。球场上，一个明显高出别人一头的姑娘灵活地传接着足球，看她那娴熟的球技，我不禁啧啧称赞。可是，她不是女足队员，因为女足队员我都认识。于是，我便询问身边正在一起看球赛的课程教学部主任和体育老师，这么好的球员为何不拉进球队？我校女足虽然今年有了很大突破，但场上始终缺少像她这样高大、强壮、灵活又有较宽广视野的球员。我的问题刚抛出去,主任、体育老师便一五一十把前前后后的事告诉了我。这时,教练员也围了上来,显然,他感觉到我们的话题是什么了。

　　大致情况是这样的:在刚接触足球时,这个女同学就表现出了与众不同的足球天赋,可是没过多久,她的父亲,一个本地的无业游民,就百般阻挠,不让她踢。原因是父亲认为踢足球会影响学习成绩,班主任和教练多次上门做工作,都未果。无奈,偷偷地练,小女孩竟然被选上区精英队。精英队组建后立马去武汉参加比赛。结果车票全部购买好,就在出发的前一晚,她父亲又突然变卦了,坚决不同意他女儿出去,这次的理由是没人送女儿去车站。后来得知,原来是她的父亲宁愿顾着麻将,而不愿把时间投放在自己的孩子身上。在这样的家长眼里,农村的孩子只有读书,说得再准确些,只有传统中的语数英成绩。

　　听了老师们的讲述,看着场上欢快地飞奔着的孩子,看着他们无忧无虑的样子,我感慨着,思绪万千:孩子们就像一块块无瑕的玉,需要我们精心呵护,细致雕琢。

心 语

　　农村孩子的成长有烦恼,且各有各的"故事"。听来心酸,总想为孩子们做点儿什么,多做点儿什么。这是情怀,更是责任。让普天之下的孩子都有幸福的童年,都能快乐健康地成长。六团小学要为孩子们创造条件,更要有实效的家校育人和联系反馈机制,成为孩子真正的保护人。

从做课题中提振信心

时间:2020 年 5 月 20 日

情景:"合抱之木,生于毫末;九层之台,起于累土;千里之行,始于足下。"万事从小事做起,一点点儿累积,终会引起质变。

每天进步一点点儿,是成功的开始。

疫情防控期间,我先后与三位青年干部一起讨论撰写了三篇文章。这三位青年干部各自分管了德育、劳动教育以及教师培训工作,他们通过自身的努力,积累了一定的工作经验,有可以分享的可能。但是,在农村学校,这方面的意识还是很薄弱的。在之前的随笔中,我曾专门谈到过这个话题。即使有一些工作经验积累,在农村学校能派上用场的时候也不多,久而久之,成为农村学校较为普遍的现象了。

去年6月,就在我到六团小学后的第四个月,应我的请求,六团小学成为《现代教学杂志》的理事单位,这也算是我这个特级称号给学校带来的资源,学校因此有了教师可以优先发表文章的可能,文章质量当然是首要保证。由于这个条件和原因,我校的项老师成为第一个在市级刊物上发表文章的老师。发表一篇文章对于名校来讲,是很普通的一项工作,而对于像我们这样的农村学校来讲,引起的关注非同一般,它增加了老师们一定的信心,渐渐地激发着老师们撰写经验、总结和论文的积极性。我觉得,借此可以进一步加大对青年干部在这方面的要求,期待他们在理性思考方面的突破。

正是有了第一次成功的榜样,当我向青年干部提出合作研究管理课题时,得到三位青年干部的积极响应。不到一个月的时间,三篇文章基本完成。这三篇文章题目分别是:《让学生回归自然,让劳动回归校园》《学校精细化管理与学校干部队伍建设》《农村小学英语教学德育渗透三步法》。"劳动"这篇文章,雏形是我在观澜联盟总结会上,应邀做的论坛专题演讲。那次论坛结束得到了诸多共鸣,于是我便有了进一步完善并发表的想法,当时论坛发言稿在一再控制时间的前提下,浓缩到了三千字之内。"精细化管理"这篇文章雏形是在对观澜联盟各校干部培训时的讲稿,当时已有近八千字数。我请两位青年干部一起研究,并署上他们的名字,因为他们也从头至尾参与了,如寻找资料,研究架构,与我一起提炼梳理,以及在论坛和培训时制作课件。在一系列工作中,他们的智慧得到了充分发挥。

"英语教学"一篇,是完完全全从无到有、由小到大磨出来的文章。青年干部唐老师刚着手学校德育工作,兼外语教学。如何把她的优势与工作整合起来,经过再三思考,就确立了现在的这个题目。文章已几易其稿,还未成熟,我一直鼓励着她,唐老师自己也说,每次修改,都是进步。

虽然,这三篇文章还没发表,但是,我看到了比发表更重要的价值,那就是提振了信心。校长要关注青年干部的专业成长,校长要尽自己最大的力量给青年干部创设条件,搭建平台,要让他们尽早收获成功的喜悦。特别作为一个来到农村学校的特级校长,我要对他们有不一样的引导,不一样的关怀,甚至还要有不一样的细微的爱,让他们感觉到来自我的心灵之爱,从而在生命中找到一些非凡之美和成功的喜悦。

心语

由于主客观原因,六团小学教师过去未曾碰过课题,只有教学而无教研,只是实践而不会提炼。提升,须从课题开始,要从教研起步。六团小学教师有大量教学实践和心得,但是缺乏信心、缺少眼界、欠缺方法,只要领进大门,就能领略精彩。让做课题之风逐渐在六团小学吹起。

成绩背后的隐忧

时间:2020 年 10 月 19 日

情景:"思所以危则安矣,思所以亡则存矣。"在成绩面前,我们更应该常怀忧患意识,永葆进取之心,所谓"如履薄冰,如临深渊",会让我们走得更远、更远……

深秋的风吹进了校园。这个双休日,传来体育赛事的喜讯:三年级女足参加市青举杯比赛,3 比 0 完胜市强队金山队。金山队是在全区挑选的精英队,而我区仅是我校——六团小学的这几位队员,三年级中数一数二的球星王胜怡还不在其中,她参加四年级组的比赛。据随队的老师说,金山队作为一支强队,当比赛结束后,他们的教练,一位年近七十岁的资深教练沉闷不语,或许他在寻找失利的原因,或许他还不知六团小学在哪里。

我校时教练这天亲自坐镇指挥比赛。因为前一阵他在参加市足球教练培训,刚刚返回学校,就投入训练和比赛。他今天告诉我,当 3 比 0 的结果保持到终场,他真想大吼一声,但是忍住了。我深深感受到女足的快速成长,这也就意味着,六团小学的女足挤入市第一梯队中,可以有机会与上海市女足的盟主——普陀区女足切磋并一争高下了。虽然,不能仅以一场胜利作为判断标准,但这是我们女足的里程碑,一个新的起点。

还有一个喜讯是,学校两支触球队周日参加市比赛,荣获两个亚军。触球运动,在近几年的发展中,参加的学校逐渐增多,水平也不断提高,比赛自然激烈得多。这次比赛,因新冠疫情的影响,香港地区的队伍未能抵达,但比赛依旧精彩纷呈。我校最终两队都屈居亚军,失利的主要原因是体力不支。体力不支的原因是没有替换队员,与足球队遭遇一样的困境。

所以,喜讯的快感很快褪去,占据心间的又是之前一直隐隐作痛的足球队存在的问题,缺人手,梯队建设时常岌岌可危。六团小学人数少,可挑选、能训练的队员随之也少。在训练的过程中,由于各种因素影响,人数只会越来越少。主要的因素是家长不支持,家长们认为孩子搞体育没出息,体育与考上大学没有关联,甚至会影响学业。也有的家长心疼自己的孩子,于是不让孩子参加训练。也有家长确实存在困难,如路途远,无人接送等。当然,这些困难学校与教练做了很多工作。也有孩子因学业的问题,而无法参加训练的,尽管孩子本身很愿意参加。这个问题学校教师与家长之间都有一定的关联,任课教师与家长要是缺少彼此之间的信任和鼓励,只是简单地把学业成绩的下降、作业质量下降等问题都归结到参加足球队等活动,那么,学生就不得不退出球队。

因此,我们要做的工作很多,也很艰苦,我们任重而道远。但是我想所有的事情,只有认真去做了,才会到达,才会有结果。

心语 🧡

　　女足精神,甚或是综合性的体育拼搏精神,要后续有人,才能发扬光大。运动队多与学校体量小,外省市孩子多与流动流失率高之间的矛盾,还有家长观念等影响,是客观存在的现实,仅凭一校之力很显单薄。只有比赛取得好成绩,为学校争得荣誉;队员竞技和学习两不误,为学生树立榜样,女足精神才会延续,各项运动人才才会后继有人。

为女足辉煌续薪火

时间: 2020 年 11 月 17 日

情景: 如果你能以愉快的心情去迎接每一个朝阳,挥汗如雨,耕耘不辍,那么,你就拥有了今天,拥有了一个美好灿烂的未来。

　　这又是一篇与女足有关联的随笔。女足,是我校的一张名片,随着女足运动的不断发展以及学校这项活动的持续开展,伴随着女足成长的烦恼也常会困扰我和学校团队。这不,本学期遇到的最大的问题,还是以往所一直担心和困扰的,女足人数的减少。本学期,二年级女足队员人数只剩下四名了,这又给我们拉响了警报。这个年级原先有十来名球员,近期有两位球员因训练中不慎受伤,暂时退出,有两位转学到老家,还有两位是因为家中反对而不能前来训练。只有四位的话,不要说要保持目前六团女足在浦东新区内第一行列的地位,就是最基本的小组赛都无法参加。

　　对此,分管体育的陆海老师以及体育组和教练组的老师真是心急如焚,他们一直在积极思考中。每次二年级的班级体育课上,这些同志就会在现场观摩,他们在寻找和发现女足的苗子。昨天下午,在二年级某班的体锻活动课上,体育组和教练组的老师,从正在学习足球操的孩子中,又物色了几名女孩。

首先是征询孩子们自己的意见,结果,这些孩子都愿意参加女足的训练。问题有两个:一是他们的父母亲不支持,理由是孩子要参加补习班;二是孩子参加足球训练后回家晚,家长无法接。陆海老师和老师们在掌握了这些情况后,心中就有底了。于是,他们立马与班主任老师取得了联系,在班主任老师的支持下,孩子的家长至少答应到学校与老师们聊聊,这让大伙儿感到特别欣慰。放学的铃声响起不久,竟有两个孩子的家长来到体育室,组长张敏老师以及任课老师马上把他们迎了进去。我看到他们走进了办公室,我没有尾随而去,而是在操场上,继续看着女足的训练。

不一会儿,他们走出办公室,从老师、家长、孩子们脸上微笑的表情判断,沟通效果肯定令人满意。果然,陆海老师和张老师等兴奋地告诉我,两位家长同意了,下周一开始就参加训练。一位家长确实有点儿困难,暂时就不勉强。我也终于感到轻松了一些。第二天一早,他们又告诉我,昨晚几位班主任老师又与家长沟通了很久,体育组的老师也与家长进行了交流,努力解决家长的各种后顾之忧,确保了这些女足队员的到来。值得一提的是,陆海、陆燕青等老师的工作细腻而又高效,如及时告知训练的时间和注意事项,从今天起安排到女足的午餐教室,这些能够让参加女足训练后的特别待遇在第一时间内让孩子们感受到。

我和团队清楚地知道,还要解决家长们最大的担忧,那就是女足队员的学习,绝对不能出现成绩下滑的情况。从目前学校的实践来看,女足队员的学习状况是让老师和家长放心的,任课教师在这方面积累了丰富的经验,特别是给了足球队员较多的关注,学校形成了较好的开展足球运动的氛围。我目睹了体育组、教练组在这方面所做的工作,我也尽力为足球队的壮大出一份力,我在旁边积极鼓动那些被教练相中的孩子来参加,说校长亲自邀请你参加足球队。因为有校园足球明星真实的学习、活动的景象,对于球队之外的孩子来说,还是具有一定诱惑力的。

今天,有一位主动要求参加足球队的女孩来到体育组,真是难得。可是体育老师和教练都认识她,这个孩子之前参加过足球队的训练,后来因为学习拖拉而被劝退。但是,这次我和体育组、教练组的老师商量,决定重新召回她。我知道,学习不是阻止参加足球队的借口,因足球而让孩子们改变、成长的案例在六团小学有好几个了,我们已有足够的信心了。老师、教练还有我,分别与这个孩子击掌鼓劲,加入足球队后一定努力跟上其他同学学习的步伐。

看到孩子们开心的样子,回味着你们点滴的成长,憧憬着你们美好的未来。亲爱的孩子们,你们有着最让人羡慕的年龄,让快乐在你们的脚下滚动,梦想在赛场上飞扬。快乐无边,幸福无限。

> **心语** ♥
>
> 六团小学女足的荣誉,成了师生们的心头大事。女足队员人数的不足,更是领导与教练员、班主任挥之不去的心头之隐。焦急,是为了队伍不散;行动,正在火速落实。重视之下,已有进展。女足,已是六团小学的精神象征,为女足续薪火,是共识,是行动。

成长的女足,奋进的六小

时间: 2021 年 1 月 15 日

情景: 回首过去,我们思绪纷飞,感慨万千;立足今日,我们胸有成竹,信心百倍;展望未来,我们引吭高歌,一路欢笑。

足球又为学校和我带来荣誉。去年浦东新区校园足球联盟"中国人寿"杯颁奖仪式在我校举行,这是对我校在这项工作中所取得的成绩的充分肯定。今年的颁奖会上,大会会务组安排了一所学校和一家俱乐部交流发言,我很荣幸地代表我们六团小学上台汇报、交流。我分享了题为《开展女足运动,促进共同发展》的工作汇报,得到了与会者的广泛赞同。

我阐述的主题是:因为重视女足运动的开展,促进了师生、学校的共同发展。六团小学建校于 1921 年,典型的农村学校,地处农村,农村出生、成长的老师和六团本地区教师比例高,将近 80％的孩子来自全国 22 个省份,全校有 22 个班级,816 个孩子。学校女足成立于 2016 年。目前,男女队共有 80 多名足球队员。建队时间较短,所获成绩有一定的含金量,孩子们拥有了与足球有关的梦想,如回到家乡做一个足球教练、未来的球星,校园里也有很多孩子想成为校园足球队的明星。

我分享了三点:一、足球运动激发办学激情。2019 年我到六团小学任职,两个足球比赛的场景深深打动了我。场景一,是赛前教练与孩子们一起大呼我们六团小学的精神是什么;场景二,足球现场比赛时,家长和孩子们、教练们在为六团小学加油鼓劲。触动我的是:校长和老师有没有知道我们的精神是什么? 他们都如此地为学校在助威呐喊,校长和老师们还有什么理由不努力呢? 足球在六团小学的校园里,意义早已超出运动原有的内涵。从感动的角度,要为女足的壮大发展做点儿事,从学校发展来看,女足是我校不可或缺的宝贵资源。

二、多举措推进校园足球。我校做实了各项工作,如:创造条件,新建了灯光球场,做到人手一球,与五三中学、一少体、游之星俱乐部建立了足球联盟。再如:创设氛围。校园电子显示屏上滚动播放全体女足队员的照片,六团小学球星的简介,墙上张贴校园球星的大幅照片。全校学生制作足球小报,每班有足球队,每学期开展班班联赛,球赛间歇是啦啦操表演。今年起,足球比赛球场休息时间安排啦啦操比赛。

还有,我和团队努力做好服务工作。每次的训练,我,或者分管体育的中层干部、体育教研组长、卫生老师都会出现在场边,有时会有好多人,他们的观战和欣赏极大地鼓舞着队员。每次只要比赛,至少要有一名中层干部参加。有一位班主任对女足队员说,只要有你们的比赛,我就每场看。每次,这位班主任总带给女足队员好吃的,保证文化课质量。班主任、学科教师给了女足队员宝贵的关爱。

女足队员也是班内老师的左膀右臂,爱劳动,爱学习,足球的规则意识,使她们成为最守纪律的孩子。自理能力强,管理能力强。积极的鼓励,个性化的辅导,使她们有足够的时间参加训练和比赛。给孩子特殊关爱。冬天,给她们一副小手套;午间集中用餐,地点就安排在食堂旁边,添加饭便当。我的一些足球朋友主动给参加比赛的队员赠送衣物,并与她们一起进行友谊赛。足球队员的家长出入校园,有专门的通行证。假期里训练,教练帮助家长解决后顾之忧,帮助管理午餐,辅导作业,还有休息。这些看似小事,做实了,极大地凝聚了推动足球发展的力量。

三、在我汇报中让与会者称赞的,也是稍后在领导讲话中高度评价的,是六团小学喊响了足球精神。我们梳理了16字女足精神,作为全校师生工作、学习的精神动力,并把女足精神涵盖在学校发展的方方面面,把女足精神作为师生成长的不竭动力。女足肤色成为校园里最闪亮的颜色。

在关于足球教练的评价上,我把我校独特的做法也分享给了大家。我校的时晓华教练,家长认可,学生喜欢,因为他有耐心,技术好。最突出的一点:有教育的味道,始终把立德树人放在第一位,做人,做榜样示范,队员有困难,无人接送,他和其他教练、校内体育老师想方设法帮助解决。家长与孩子不愿意参加足球训练时,时教练不厌其烦上门做工作。我特地在学校里给教练安排了一间办公室,挂上了一块室牌:时晓华工作室。在他带领下教练组积极传递正能量,专业能力也迅速提升。

会议结束后,多位领导和教练又与我进行了交谈,言语之中流露的是佩服和赞美,我内心当然十分高兴,同时,也增加了对未来的展望和信心。

心语

　　六团小学女足开始起源于兴趣,肇始于关爱,而后起兴于成绩,发展于荣誉,再自豪于精神。女足的成长史,其实就是一部六团小学新时代的育人史、发展史的缩影,可以诠释出许多感人肺腑的立志故事。维护女足荣誉,弘扬女足精神,挖掘女足价值,是全校师生的心愿,是六团小学发展的需要。

做有温度的普通人

时间: 2021年3月12日

情景：做一个普通人，不难，难的是立志做一个普通人。更难的是，做一个有温度的普通人。一个有温度的人，必是内心善良，乐观热情的人。做一个有温度的普通人，身着素衣，心有锦缎，面朝大海，春暖花开。

今年是六团小学建校一百周年，为此，全校都在关注此事。在人类历史长河中，百年也是短暂的瞬间。作为一所学校，经历百年也确实不易。我作为现任校长，为遇上建校百年的日子倍感荣幸，同时也感到有较大压力。不是因为组织校庆有诸多的前期准备工作要做，而是因为担心无法准确梳理、演绎学校的历史积淀和文化价值。校庆，无非是通过回顾、展望，使得优秀文化得以传承和发扬，学校文化又通过一些具体的人、物、事来体现。因此，校庆一般都会请上或者罗列一些成功人士，或者学者、官员，或其他名人，这也是普遍的一种庆祝方式。确实，从目前了解的情况看，六团小学百年历史上，也没有特别的名人和其他有影响力的人。

我和团队在前期策划时，定位为培养普通的社会主义事业的建设者和劳动者。在六团社区的各村居委，大多数的村民、居民，或他们的前辈，或他们的子女、或他们的家族成员，都与六团小学有一定的联系。他们不仅建设了各自的家庭，而且为六团的社会事业发展贡献了各自的力量。因此，即使没有诸多的名人，也不能说六团小学没有成绩。我还担心，无法准确梳理出学校百年历史的最亮点，担忧到目前为止，能找到记录学校发展史的资料和素材很少。

其实，我总觉得做个健康、快乐、不违背自己内心、有温度的普通人不正是一种成功吗？

心 语

成才有不同的方式，成人有不同的途径。如同一片森林，既有各种树木也有花花草草，它们都是这片森林的组成部分。普通人不与平庸画等号，不是低俗的代名词。有温度、健康、阳光、快乐、质朴的普通少年，也是成才大军中的一支有生力量。

且听风吟，静待花开

时间： 2021 年 3 月 22 日

情景： 人生的许多沟沟坎坎总要自己去过。任何人帮得了你一时，帮不了你一世。依靠，只会使自己懦弱；祈求，也只是一种安慰。

自身的强大才是硬道理。

农村学校之落后往往会在具体的事和人中表现出来。上周，五年级学生家长投诉，反映 2 班的语文张老师在教学态度、能力方面存在一系列的问题。家长投诉的方式是到校当面告知情形，后又通过晓黑板的途径告知。对这个情况，其实早在我的预料之中，我觉得张老师被家长投诉是早晚的事。但为何我不去事先加以预防和制止，而是要等木已成舟之后才有所行动呢？

到六团要做的事太多了，我先要鼓起大部分老师的干劲，以积极正面的引导方式管理学校。当大部分教师的目光关注着我的时候，我要把关注点和话语权用在刀刃上，用积极鼓励的方式树立大部分教师的信心。对于个别规范性不够的老师，引导他们反思，促进反思的方式是多样的，如学习培训、同伴互助等，这两点学校做得够多了。

所以当有问题出现的时候，说明之前方法还有缺陷，那么，就需要换一种方式。请家长监督，引起家长的关注和警觉，绝不是坏事。作为学校领导和管理者，对被投诉的老师，既要帮助教育，又要给予适度保护。对于投诉的家长，学校首先要表明态度，要真诚感谢家长的关注和支持，对于因管理和教育不当，而给学生和家长带去不便，学校特别是校长一定要真诚致歉。当然，仅有致歉是不够的，还必须有整改的措施，甚至有能让学生和家长看得见、感受得到的举措。

张老师的案例不是孤立的。表面上是其一个人的行为，其实质是学校文化中拙劣部分的反映。首先是以校长为核心的管理团队管理不到位。针对学校中这个那个问题，要么束手无策要么来不及应付，或者问题较多，一时找不到抓手，无法破解难题。其次，这个区域的文化，在张老师这样的老师眼里，他们所看到的是问题、矛盾，如不公，如干群矛盾。当正能量无法流畅传递，必定成为逆流，久而久之就养成坏习惯，偷懒、拖沓、马虎，很难想象这种态度、作风之下会取得好成绩。

虽然，被投诉的是一个人，但是，在暂时处理掉一个人的问题以后，有着更多、更难的人和事的协调和变革。我坚信，在这样一个帮助张老师的过程之后，能影响并让有类似张老师一样的态度和行为的老师觉醒。人所以能，是相信能。我要用我的执着，用我的智慧，用我的努力，去引领每一位老师，且听风吟，静待花开。

心语

老师被投诉，既然免不了，还不如其如"约"而至，逮着个"典型"，举一反三，警醒教师，教育大家。课题要破题，研究才能抓住主题。办学也应有"破题"，审时度势，抓住机遇，由题入境，阶段取胜。工作，你对它用心，它对你宽心。工作，犹如一道风景，你欣赏它，它给你美丽。

现代校长智慧治理学校丛书

姚星钢

著

主动学习，成就每一位教师

文匯出版社

图书在版编目(CIP)数据

主动学习,成就每一位教师 / 姚星钢著. —上海:
文汇出版社,2022.7

(现代校长智慧治理学校丛书)

ISBN 978 - 7 - 5496 - 3812 - 3

Ⅰ.①主… Ⅱ.①姚… Ⅲ.①小学—校长—学校管理
Ⅳ.①G627.1

中国版本图书馆 CIP 数据核字(2022)第 113405 号

· 现代校长智慧治理学校丛书 ·

主动学习,成就每一位教师

作　　者/姚星钢

策划编辑/张　涛

责任编辑/汪　黎

封面装帧/梁业礼

出版发行/ Ｗ 文匯出版社

上海市威海路 755 号　(邮政编码:200041)

经　　销/全国新华书店

排　　版/南京展望文化发展有限公司

印刷装订/上海新文印刷厂有限公司

版　　次/2022 年 7 月第 1 版

印　　次/2022 年 7 月第 1 次印刷

开　　本/787×1092　1/16

字　　数/330 千字

印　　张/21.75

ISBN 978 - 7 - 5496 - 3812 - 3

定　　价/90.00 元(全 2 册)

序　教者,首先应当是一个
持久高效的学者

苏　军

　　《主动学习,成就每一位教师》这部专著出自上海市特级校长姚星钢之手,读来似有一种水到渠成的观感,这与他多年来致力于教师队伍优质化发展的努力密不可分。翻开此书,顿时,我的脑海里涌现出一幅幅与此相关的画面。

　　姚校长在上海市浦东新区园西小学任职时间较长,对学校文化的思索与积淀,成为这部专著的基础。据我所知,在不断提升办学品质的过程中,姚校长对学校文化进行了具有教育哲学性质的提炼。在经历"围棋特色"一说、"足球特色"一项、"课堂教学"一论之后,他强调学校文化对办学特色的形成具有引领作用。为此,姚校长在不断探索中寻找文化的根基,对学校整体文化进行了全方位的架构,并郑重提出"和谐主动"的学校文化,"温文尔雅、善于合作、胸怀广阔、追求完美"的教师文化,"学习、研究、实践、反思、提高"的学术文化,"十五会"的学生文化,"规范、有效、精到、受用"的课程文化,"沟通、配合、齐力、互补"的协同文化。这样的文化架构,可以说是滋养本书的肥沃土壤。

　　树有根,水有源。园西小学获得全国依法办学示范校、上海市文明单位、市小学行为规范示范校、市素质教育实验校、市教师专业发展学校、市花园单位、市见习教师培训基地学校等荣誉称号,呈现出办学新貌。基于规范发展、优质的师资队伍逐步形成的"温文尔雅、刻苦勤勉、理性思辨、善于合作、胸怀广阔、追求完美、和谐发展"的特质,为学校"办家门口的好学校"的发展提供了强有力的保障。

　　因此可以说,本专著有着扎实的根基和雄厚的实力,是姚校长长期倡导的"文化立校"的经典一招儿,也是姚校长智慧践行"教师文化"的精彩一笔。

这本书给我突出而又深刻的印象是:厚重、实在、有用。

——厚重在于:本书抓住了办学中的核心问题、教师发展中的关键节点。教师,是学校最宝贵的人力资源,也是办学最重要的关键元素。关注教师,其实就是关注教育的"生产力";成就教师,其实就是成就教育、成全办学。因此,对教师专业发展中的重点进行理论破解和实践破题,显得十分重要与必要。

学习,是教师的立足之本,也是成业之道。教师之所以能站上讲台,是因为有育人的意识、学科的素养、知识的储备、教学的艺术,而这一切源于学习。教师的职业决定了学习是永远的"功课",是立业的"作业",只有起点,没有终点;只有程度不同,没有完成一说。而"主动学习",正是一个重中之重,也是一个热门难点。

"主动学习",是当今教师面对新时代、新任务、新要求的"出行姿势",也是面对高科技发展,尤其是信息技术迅速发展的"出击姿态",更是实现立德树人根本任务的"出彩形态"。本书对"主动学习"的价值追求和动机激发所做的阐述,为教师持续、主动地学习提供了依据,揭示了内在机理,很有见地。

——实在在于:"成就每一位教师"将本书的宗旨说得明明白白,直击教师的职业发展。在今天,成就几个、十几个骨干教师并不难,难能可贵的是教师队伍的整体提升。本书将"主动学习"作为给每一位教师的"福利",将每一位教师的成功放在普惠的地位,予以全面思考和谋划,这是很有意义的。这种教师观,反映了从整体上提升师资队伍的大局风范,是从根本上提高教育质量的战略思考。

毋庸讳言,教师的成功才能催化教育的成功、办学的成功、育人的成功。而教师的成功,或正如本书所说的"成就",是需要由"主动学习"来奠基、来累积、来升华的。而本书就是为成就教师"打前站",设"加油站",切切实实为每一位教师着想,为成就教师"主动学习"提供最实在的指引和服务。因此,本书提出的"主动学习"的教师文化,既立意高远又脚踏实地,为教师的持续发展提供精神支撑和习得营养,读来既亲切而又富有新意。

——有用在于:"主动学习"可以是集体所为,也可以是个体所为。如何

"主动学习",如何获得高质和高效,不仅事关意识,也事关机制,且事关办法,还需要条件和渠道的供给。在这些话题上,本书颇有建树,对"主动学习"的文化指引、合作机制、深度体验、多元渠道及信息技术运用,均做了从理论到实践的深入阐述,提供了不少鲜活的案例。可以说,这是一个对教师"主动学习"问题提出了真知灼见的范本。

学习,是一门科学,也是一门艺术。"主动学习",说到底是在自觉前提下的有效的学习、有方法的学习、有跨度的学习,需要集体氛围、集体经验,也需要个体感悟、个体习得。和而不同,也许正是"主动学习"的集体与个体融合的完美境界。从这个意义上说,本书可谓是每一位教师"主动学习"的工具书。

"教"者,首先应当是一个持久高效的"学"者。也许,本书的意义、价值就在于搭建了让教师从"教"者走向"学"者的桥梁。

(本文作者为《文汇报》主任记者)

目　　录

第一章
"成就每一位教师"：主动学习的价值追求

著名教育家杜威曾言："教学必须从学习者已有的经验开始。"教师作为知识的传授者，毋庸讳言，须处于不断学习的状态，积累教学与管理经验，满足学生的求知欲，才能真正做到传道、授业、解惑。然而，学习并非易事，需要学习者主动参与且讲究方法。诚如叶圣陶所说："培育能力的事必须继续不断地去做，又必须随时改善学习方法，提高学习效率，才会成功。"因此，作为一名优秀的教师，学习力是其必备的核心素质之一。上海市浦东新区园西小学自创校伊始，一直秉持"成就每一位教师"的理念，以"主动学习"为抓手提升教师的综合素养，营造主动学习的良好文化氛围。

第一节 "问渠那得清如许,为有源头活水来"

——主动学习的基石

"问渠那得清如许,为有源头活水来。"教师作为小学生知识的主要来源,其知识储备应该是一个动态、持续增长的状态,仿如一泓泉水,源源不断。换言之,教师须树立终身学习的理念,有效地促进自我的专业发展,保证知识的实时更替与补充。因此,一个成功的教师绝不会满足于自己的知识储量仅有"一碗水"或"一桶水",而会自主构建一个开放的、多元的知识存储系统,不断更新学科与专业知识,让自身成为鲜活的知识来源。教师的主动学习就是这个知识系统的基石。

一、"学而不思则罔,思而不学则殆"——传统教育思想的引导

"学而不思则罔,思而不学则殆",语出《论语·为政》,这句话辩证地阐明了"学""思"关系。"学"与"思"是教师职业生活中不可回避的问题,教师持之以恒的学习,可以为其日常的教学管理工作奠定良好的知识基础,而要将这些零散的知识有效地转换成教学资源,则要求教师具备较强的思考力。具体来说,教师只有将所学的知识经过思考的过滤,才能转化为自身的文化见解和教育智慧,才能将教材中的静态知识转化为与师生生活时代相映生辉的动态知识,将原本与教育生活关系微妙的信息素材转化为教育学生的形象化内容。通过思考,教师还可以提升自身的学识阅历和人生境界,有助于在学生心目中树立良好的教师形象,对学生产生积极影响的同时,也帮助教师顺利从事教育教学工作。

教师通过"学"与"思"的过程,使自我"寂然凝虑,思接千载",使民族文化得以更好地保存与延续。"学"意味着承继与留存,关涉过去和现在文化的赓续问题;"思"即联系与发展,意味着在现有文化知识的基础上推动其向更高、更深层次发展。两者的结合,在时间上建构了文化的过去、现在与未

来三个维度,在空间上凝聚三个维度于当下,从而使个体被放置在时序的连续性秩序与空间的同时性秩序的交点处,成为教育的落脚点。教师如若能立足于"学""思"交并的状态中,不仅将成为古今知识的传授者,更将化作文化的传承者。加之教师的天职本就是授业解惑、传承文化,为此,教师更应兼顾提升学习能力与思考能力,在使文化得以保存的同时,又能向下一代播撒创新的种子。

教师"思"与"学"协同的过程需要置身于"主动学习"中,甚至可以说,"主动学习"穿插于这一过程的始终。园西小学一贯倡导教师要学会"主动学习",这里的主动学习包含三方面的意涵:第一,强调教师个体的自觉性。孔子曾言:"知之者不如好之者,好之者不如乐之者。"教师诲人不倦的源泉是教师学而不厌。[①] 只有对做一件事感到快乐,才能将之化为自身的习惯,"持之以恒"就不再是能被知觉到的难事。第二,强调教师的专业发展。教师主动学习的内容不是盲目的、随性的,而是有限域与主次之分的,即集中于学科知识与专业知识,兼顾专业外的文化知识,以消除教师个人全面发展与专业发展间的龃龉。第三,强调教师发扬学习力与思想力,即上文谈及的"思"与"学"的内涵及关系问题。学习力与思想力经由个体的自觉性才能得以触发与保持,而且"思"与"学"所指向的对象也需有所侧重,以便最大化发挥教师的学习力与思想力,避免精力的分散。可见,主动学习的三方面内涵环环相扣,其中教师的"思"与"学"须在自觉性与专业性的前提之下才能步入教育的正轨。

上述所提及的"思"与"学",其着力点看似更多地落在教师身上,但成就每一位教师的进程并非只是孤立地在名为"教师"的路径上开拓着,这条路总会与名为"学生"的道路交叉并进。对教师思想力和学习力的培养,既利于教师自身学识与能力的丰满,又在施教过程中反作用于学生。学生所受的影响将成为检验教师培养成效的参照物,以进一步作为教师改进的指标。因此,教师想拥有持续不竭的"活水"般的知识,一方面,须回溯反刍传统教育思想中关乎"学"与"思"的教育智慧,并践行于教师的生活中;另一方面,

_____

① 陈桂生.略论师生关系问题[J].教育科学,1993(03):5-9.

亟待落实教学相长的师生关系,破除师生间的壁垒,为教师的主动学习提供自省的"明镜"。

二、教学相长——教学关系的新理解

"教学相长"出自《礼记·学记》,本义指教师个体的"教"与"学"相互促进的状态。"教"与"学"的过程皆能反映出教师自身学识的不足之处,为教师的自我改善予以指引,"《兑命》曰：'学学半。'其此之谓乎"？ 如果说"因材施教"是以学生为主体,那么"教学相长"其最初的本义就是以教师为主体。虽然教师"教"的对象是学生,但其指向的依然是教师在教学前后的内部状态,即教师在备课和课堂讲授中,发现自身的问题,进而就着问题弥补缺陷,使自己的研究和教学水平不断提高。 由此可见,如果遵循"教学相长"的本义,其对教师专业发展将会具有深刻的启示意义。[①]

在当代,本以教师为主体的"教学相长",引申为一种对师生关系的新描述,即师生双方的相互促进、共同提高。这种现象本是"教学相长"的转义结果。然而,对教学相长引申义的关注在当代愈发普遍,"教学相长"存在失却本义的危险,转义便有了误读的嫌疑。故有学者呼吁,应当使"教学相长"的含义复归于初,将含义锁定在教师身上,而非师生双方,借此为教师专业发展行动提供坚实理论基础。[②] 诚然,复归本义对于教师的专业发展有所裨益,而且在"以学生为本"的教育基本理念和学理基础充斥的背景下[③],复归本义能引起教育界对教师培养的重视。但是,"教学相长"的引申义并不意味着对本义的遮蔽,纯粹复归原义也有其倒向另一端的片面。引申义的出现,反而点明了教学关系不只是教师一方的独角戏,将学生从原本的"缺席"状态中解脱,也正反映着现今教育领域对于学生的重视。鉴于此,最好的处理方式就是将"教学相长"的两重含义结合起来理解。

对于"教学相长",若想教师学生两手抓,反而不利于把握重心。故应

---

① 张荣伟.论"教"与"学"的五种关系范型[J].教育发展研究,2012,32(10)：50-56.

② 李保强,薄存旭."教学相长"本义复归及其教师专业发展价值[J].教育研究,2012,33(06)：129-135.

③ 钱广荣."以学生为本"还是"以育人为本"——澄明新时代高校思想政治教育的学理基础[J].思想理论教育导刊,2019(02)：122-126.

立足于"教学相长"本义的基础之上,即以教师为抓手,再综览引申义中的师生互利关系。换言之,将师生视作共同体,从教师的视角出发,审视师生双方的互利过程,在教师方面做出及时的变更与调整,进而影响到学生层面。这样,既保证了教师的专业发展,也把握了学生的具体情况,还能使两者有机结合。

从实际来看,教师在"学"的过程中,一方面要注重理论的积累,即持续巩固自身的专业基础,拓展专业外的相关学识。此外,还需以学生的具体情况为导向,补充缺失的相关理论;另一方面须增强实践能力,即教学技能、表达能力和逻辑思维等,达到理论的学以致用,借实践的结果来检验理论学习的效果。教师在"教"的过程中,应于课前钻研教材、厘清教学重难点和教学目标三个维度,根据学生的知识与能力水平设计适切的教学方案;在课堂上"以学生为镜",从学生对知识的掌握水平中揣度教学质量,并做出适当的即时调整,动用教育智慧解决突发情况;于课后复盘教学中的得与失,自觉做好教学日志,总结学生课堂上的疑难点以及教师讲解不够通达的知识点,以用作教学反思,便于日后改善。基于此,教师"教"的三个步骤方能形成一个反馈回环,呈现持续螺旋上升的良性发展。

上述教师的"教"与"学"虽是分开来解读的,但两者却不是各自孤立的平行线,而是交织融汇后的一条线,契合"教学相长"的本义。这条线里因存有师与生的共同参与,是以顺势营造出了"师生共同成长"①的教学关系,契合"教学相长"的引申义。在这里光是谈及教师如何为之,似会忽视学校对教师专业培养所发挥的功用。学校对校园学习文化的构建、对师资培养项目的推进、新型教师学习机制的开拓等,不仅予以教师高效又高质量"学"的路径,而且也为教师的终身学习提供物质保障。

三、做一名主动学习型的教师——终身教育思想的启发

不论是教师学习力与思想力的培养,还是教学相长新型教学关系的贯彻,都被附上了时间维度的限制,即终身。终身教育可以说是成人教育的改

---

① 张荣伟.论"教"与"学"的五种关系范型[J].教育发展研究,2012,32(10):50-56.

革与延伸,是对成人教育的一种超越和升华①,教师职业的特殊性更是要求成人后的教师仍须接受持续不断的教育。教育界有一个耳熟能详的比喻：教师是园丁,学生是花朵。这一比喻容易忽视教师价值的直接呈现方式,而且"生长"与"被呵护"意象较强的"花朵"对应"学生",似乎默认教师无须"呵护",也不再会"生长"。② 其实不然,教师亦是如花朵般的园丁。原因之一在于,教师自身就经历着一个由相对不成熟到相对成熟的发展进程,不存在绝对的成熟。故任教后未必就代表着成熟,任教多年的教师也不意味着无须再接受教育。③ 原因之二在于,当今科学技术的时代意味着"知识正在不断地变革,革新正在不断地日新月异"。④ 知识的更迭要求教师与时俱进地翻新、补充知识体系。当今时代下的市场压力迫使知识的分化呈现明确的专业化目标指向。⑤ 教师不仅需要把握教师专业领域内的知识技能、深入挖掘对应的学科领域,还需要应对不同学段的学生,调取合乎学生阶段性发展特点的学识、采取便于学生接受的教学方式。由此可见,教师职业发展同"花朵"一样,也应得到持久的呵护与滋养,终身教育思想便为此给予了启发。

终身教育思想主要有两大内涵,包括时间上的延长与空间上的扩展。其一,个人在急剧变化的社会中也能实现自我价值、发展个性、追求理想。个人的教育生涯不再止于"从学校毕业",而将浸润于人的一生;其二,施教方应从原来的"以学校为中心",转为统合社会的所有教育相关机构,调动整个社会施以教育。⑥ 终身教育思想更多指向外界对人所施展的教育,而在"终身学习"逐渐取代"终身教育"后,其教育思想的实施主体开始转向个人,开始将发展的主动权赋予人自身。⑦ 当然,这不意味着终身教育精义的泯

---

① 高志敏.关于终身教育、终身学习与学习化社会理念的思考[J].教育研究,2003(01)：79-85.
② 苗作斌.园丁·春蚕·红烛及其他——从教师的比喻说起[J].当代教育科学,2006(02)：62-64.
③ 覃玉荣.终身学习与教师职业生涯发展[J].中国教育学刊,2015(S1)：255-256.
④ 联合国教科文组织国际教育发展委员会编著;华东师范大学比较教育研究所译.学会生存——教育世界的今天和明天[M].北京：职工教育出版社,1989：14.
⑤ 王保星.从"终身教育"到"终身学习"：国际成人教育观念的根本性变革[J].比较教育研究,2003(09)：67-71.
⑥ 高志敏.关于终身教育、终身学习与学习化社会理念的思考[J].教育研究,2003(01)：79-85.
⑦ 王保星.从"终身教育"到"终身学习"：国际成人教育观念的根本性变革[J].比较教育研究,2003(09)：67-71.

灭。终身学习思想汲取了终身教育思想里的时空特性，一方面要求教师能动地、自觉地学习；另一方面要求社会中的教育机构组织为其提供学习的条件，奠定终身学习的物质基础。

终身教育思想转向终身学习思想，终身学习思想将促就主动学习型的教师。从教师的角度来看，作为一名主动学习型的教师，除了拥有前文所要求的学与思的能力、对教学关系的新理解，还应具备以下几个特点：第一，树立终身学习的观念。教师不但要学习，而且要终身自觉地学习。在学校没有特别组织教师培训事项时，教师也能够在工作之余主动摄取知识、提高教学技能。第二，明确时代所需的人才类型，掌握科学系统的知识内容。终身学习的内容虽然是丰富多样的，但也不是无所不包。主动学习型的教师应对学习内容有所取舍，建构适应时代与学生需求的知识体系。考虑到学科之间的内部联系不宜割裂开来接收，故还要求教师往"全通"的道路上前进，以打破学科之间的知识壁垒，给学生呈现完整的知识体系。第三，加强自身信息素养，熟练电子信息技术。科学时代背景下，知识与信息的更新极快，在某个时期中获得的知识很难终身运用①。而具备一定程度的信息素养，不仅能使教师获取信息的效率有所提高，还能潜移默化地影响学生的信息素养。

从教育机构与组织的角度来看，学校在造就主动学习型教师上，仍发挥着不可取代的作用。教师不同于学生，教师的工作与学习活动大多情况下在学校中发生。教师的工作与学习几乎融为一体。工作中在隐性学习，而私下学习的方向取之于工作性质，故学习也可视作带有工作性质的学习。因此，以学校这一特殊场所在培养主动学习型教师方面，既是最便捷的，也是最有效的，理应肩负起相应的职责与使命。

园西小学就积极履行了这一责任和义务，为教师提供主动学习的外部条件。具体来看，在环境设施上，园西小学建立教师专属阅览室，及时添补教育类书刊，为教师随时举办研讨会提供场地；供以信息化组件与配置，如平板电脑引入课堂、建构网络平台等，便于教师信息素养的培育。在课程

---

① 陈桂生.终身教育的精义何在[J].上海教育科研,2000(04)：2-6+49.

开发上,园西小学经由拓展型课程、整合课程,以破除学科壁垒,培养会通多门学科的教师。在制度与活动上,园西小学定时安排班主任校本培训、教职工讲堂活动;通过教师读书活动的开展,陶冶教师的学习性情;邀请专家名师进校,传授教学经验;采用集团化办学的方式,联动多所学校交流学习。

第二节 自主、合作、超越
——主动学习的基本品质

要做一名面向未来的优秀教师，需要先从教师自身发展出发，教师的专业化发展赋予了教师自主、合作、超越的成长意蕴。但由于外界元素的颇多干预，教师发展的基本特质并未得到彰显。要攻破教师专业发展缺乏主动性的难关，化"被动"为"主动"，其关键当从自主、合作、超越三者入手，要让自主成为教师主动学习的一种习惯，不断调动教师成长内驱力，使教师成为自我导向、自我驱动的学习者；要让合作成为教师主动学习的一种品德，提升教师与他人的话语互动能力，使教师成为延展探究、协同互惠的合作者；还要让超越成为教师主动学习的一种精神，拓展未来发展的可能性，使教师成为实践取向、突破自我的超越者。以上既是园西小学教育教学发展所需面对的重要课题，也是教师个人专业化成长的实际诉求。

一、让自主成为一种习惯

教师的角色定位长期被窄化，成为实现教育目的的手段和工具，为了获得社会的认同，教师往往是被动地以外界所订立的标准执行所规定的要求，致使教师知识领域狭窄和发展动力不足。如何激起教师个体主动发展的自觉，须把教师个体生命成长的权利还给教师，使"自主"深植于教师内心，成为一种学习习惯，成为教师发展的不竭动力。在教师发展的过程中，园西小学注重培育教师自主意识，鼓励教师自主行动，引导教师自主管理。具体表现为以下三点：

首先，让自主成为一种习惯，需要具备自我意识。自主发展的意识是教师专业发展的必要条件。拉森·弗里曼（Larsen Freeman）认为，在教师发展中，教师要具备高度的自觉和自我意识，要有随时准备接受改变的积极态度,以改变自己所需要的知识和技能结构①。意识可带动教师对态度、知识和技能的关注。在传统的教师教育中,教师专业发展常常忽略态度、意识的成长,但长期的发展又与意识和态度的改变息息相关,教师的职业特性决定了教师的专业发展具有自主性,自我发展的需要和意识是教师专业发展的内在动力,同时也是教师专业发展的前提,为此必须使教师具备发展的主观愿望和积极态度,才能实现教师专业发展的自主性②。根据马斯洛的需要层次理论,自我实现的需要是个体对发展和实现自身潜能的心理渴求,是追求个人能力发展的内驱力。发展教师的自我意识能够使教师认识到自我的内在潜能或价值,从而把握自身与外部世界的联系,将自身的发展作为认识的对象和自觉实践的对象,成为自我发展的主体,促使教师成为自我引导型的学习者。园西小学注重培育教师包含自主发展需要意识、过去发展过程意识、现在专业发展状况意识以及未来发展规划意识等在内的自主意识,鼓励教师在自我意识的驱动下,自觉承担专业发展职责,将自己的专业发展状况作为反思对象,通过自我反思、自我设计、自觉实施和自觉调整,不断更新自己的内在专业素质及其结构③。

其次,让自主成为一种习惯,需要进行自主行动。教师的发展包括个体自主发展和合作性自主发展。在个体性自主发展方面,园西小学主要通过三种方式进行：其一,培养终身学习的观念和行为。知识总是在不断地更新换代,在特定领域工作的专业人员必须不断地补充新知识以适应社会发展需求。通过获得知识、更新知识以及应用知识所达到的终身学习,强调教师应具备一定的自学能力。园西小学不仅要求教师接受职前教育,更表示教师应在从教的过程中主动更新已有的知识。其二,反思性教学。园西小学倡导教师通过对教学活动的反思,对教学行为和过程进行批判性的、有意识的分析和再认识,从常规的教学行为中解放出来,避免出现"温水煮蛙"不自知的情况,从而进一步改进自己的教学实践。例如,通过撰写反思日记来

① Kathleen M.Bailey Andy Curtis David Nunan.追求专业化发展——以自己为资源[M].北京：北京师范大学出版社,2007：27.
② 杨馥卿,葛永庆,王京华.自主意识、自主行动、自我管理——教师自主发展的必由之路[J].教育探索,2008(10)：97-98.
③ 袁祖荣.教师自主发展初探[J].重庆教育学院学报,2006(04)：92-94.

强化教师专业意识、塑造自我、提炼和扩充经验,进而提高教师教学实践水平,促进教师共同发展。教师可以在课堂教学前后,记录自己的教学计划与思考,尤其针对不足之处,寻找原因,提出办法,进行新的尝试,直至问题解决。其三,开展行动研究。在园西小学,教师通过行动研究检验教育相关理论,并对实践进行反思,从而获得提升教育实践以及解决实际问题的知识和方法。在合作性自主发展方面,园西小学则有多种方式,如集体备课、同课异构、共同研讨、课题研究、合作教学等。集体备课是园西小学最常见的合作方式,能够帮助教师相互取长补短,借助集体智慧提升教案质量。在集体备课的过程中,教师通过说课、评课、议课,形成比较完善的教学思路和策略,使原教案更加精进,更加符合教学实际①。

　　最后,让自主成为一种习惯,需要推动自我管理。自我管理是指教师在相对开放的教育教学情境中,在内外因的相互作用下对自身专业发展进行规划、设计、实施、评估和反馈的一种模式,它能够使教师的发展行为目标化、组织化及高效化,能够最大限度地发挥教师的潜能,实现教师的个人价值和社会价值。园西小学认为,让自主成为教师学习的一种习惯,需要教师为自己树立合适的目标,这是教师实现有效自我管理的第一步。首先,教师需要基于对自己过去专业发展的过程、现在专业发展的状态的客观认识,确定自己的发展方向,如学历进修、撰写论文、出国深造、职称晋升、教育技术能力的培养等。其次,教师要在提升个人素质的同时拓展外部资源,整合一切可用资源以实现自己的目标。园西小学鼓励教师将自身发展主动融入学校的整体规划中。教师与学校的规划发展相同步,能够为教师取得必要的再教育或训练的机会,促使教师的发展目标得以实现。最后,结合预设目标,教师须依照实际情况进行自我评价与调整,以促使自我实现最优化。在目标的实施过程中,园西小学强调教师要不断进行自我检查、自我分析和自我评价,及时掌握发展状态,发现问题并解决问题。在教师发展过程中,自我评价和自我反思相辅相成,教师须不断总结经验,发现不足,对自己的状况进行阶段性评估,并将评估结果及时应用于自主发展过程,以实现自我超越。

---

① 王水玉,褚海燕.自主:教师成长的专业化诉求[J].职教论坛,2011(07):63-66.

二、让合作成为一种品德

合作素养被视为 21 世纪 5C 核心素养之一,构建教研共同体是新时代教育改革的现实需要,也是促进教师专业发展、改善教学质量、回归教育本真的关键办法,学会合作是教师走向未来社会的必备品德。为有效推动教师主动学习,促进教师专业成长,提升教师队伍素质,园西小学以分享、合作为切入点,利用"雁阵效应",通过三项措施使"合作"内化于心,外显于行,成就教师学习品德,以此构建教师教研共同体,促进学校教师实现"共赢"。

其一,在价值观念上构建合作共识。这里的价值观念特指教师信念及态度,是教师对事物的情感、态度和价值判断以及在此基础上所展现的行为倾向。让合作成为教师的学习品德,其核心在于共享的价值与信念,以此成为教师团队的愿景共识。如何围绕园西小学的总目标和规划在认识上让大家形成一种共识,主要从两个方面考虑:一是全员参与、明确目标。为了使教师队伍所制定的目标明确具体,使设计的规划预见性强,能够发挥团队的个人潜能,学校领导召集教研组成员全程参与讨论、修改、完善,在交流、学习的过程中,明确教研方向,为打造优秀团队形成教师教研共同体做好心理准备。建校至今,学校教师队伍不断发展壮大,队伍结构逐渐合理,教研组主要由分管领导、骨干教师、青年教师构成,大家具备共同愿景,自愿组队以老带新。团队定期开展学科专业研讨、交流、分享等活动,研讨内容分专题或学段完成,研究路径环环相扣,逐渐形成属于园西小学自己的教研模式与办学风格。二是实事求是、达到目标。良好的专业成长规划在一定程度上能够促进目标的高效完成,同时也能够帮助教师提高对专业发展的兴趣。园西小学倡导教师队伍要围绕学校教育教学总目标和办学规划,依据教师个人实际能力科学制订个人成长计划,确保实事求是、准确定位,力求在同组研讨共同成长的过程中达到目标。

其二,在组织制度上建立合作机制。园西小学围绕校园合作建设构建角色定位、利益与公平及行为规范等三维度在内的制度规范,对教师合作的激励与引领、过程与方法、评价与拓展做出相应的顶层设计。具体体现为三个方面:第一,"将权力关进制度的笼子"。健全学校教育教学相关制度,使学校内部权利诸如行政权力、学术权力等落实到具体执行主体上,最大化赋予教师参与学校课程、教学、评价、改革等方面的知情权、参与权和决策权。推进师生、家长和社会多主体共同合作,实现学校内部合作共治共赢。第二,促进组织结构变革。基于学科逻辑建立健全相应的组织机构,如从学校组织变革出发,实施"三轨制",即成立包含学校发展研究中心、课程与教学中心、学生成长服务中心和资源协调中心在内的"四中心",学术委员会和课程研究办、教师研究办在内的"一会两办",以及实行项目负责制。第三,提高学校领导的认识与素质。合作机制的完善不仅需要在学校内部建立相应的民主制度,还应关注学校领导人员的民主领导能力,尤其是领导人员对学校发展的正确定位与认识,对实现既定目标所采取的有力手段与措施。规章制度与领导人员发挥合力,才能进一步推进民主管理。不仅如此,促进教师专业合作还需要领导的情感支持、组织支持、信息支持和专业支持①。

其三,在行为模式上推动合作共享。教学就是要开创一个真正的实践共同体空间。"雁阵效应"的核心是建立协同合作、凝聚团结的高效团队。由分管领导作为"头雁"负责组织统筹,骨干教师作为"飞雁"起到中坚支撑作用,"雏雁"青年教师在前者带领下学习技能,实现学校教师专业成长的"群雁起飞"。在行为模式上推动合作共享,首先要从磨课开始,其中教研组的作用不容忽视。园西小学教研组发挥团队力量,把青年教师站稳课堂、上好课堂的技能作为学校打造教研共同体关注的重点,构建"新老同磨课,实践促成长"活动模式。骨干教师作为老手进行磨课示范,提供教学经验;青年教师作为新手在磨课中把握方法、解读教材、学习课堂设计;通过听评课,新、老手教师在研讨中反思不足,全员交流。这种以老带新的磨课方式能够激发教师主动学习、接收团队的智慧与力量的动力,进而促进教师专业化发展。在行为模式上推动合作共享,还需要搭建区域活动平台。园西小学以同课异构、同课同构、双师同堂、微型课展示、说课比赛、教学技能大赛等形式,根据不同年段、不同学科,分设不同组别参与进行交流学习。无论是报

---

① 程灵西,吴重涵.教师合作文化对学生合作行为的影响——基于南昌市某小学的田野调查[J].教育学术,2020(08):57-65.

名、比赛结果都以教研组为单位进行统计量化,纳入年度考核。竞技同台赛的成绩体现出各教研组教研共同体的达成效益,展现出团队精神面貌和集体成果,进一步促进了教师整体素质的提升。

三、让超越成为一种精神

在《什么是教育》一书中,雅斯贝尔斯从存在主义哲学的方法论出发,将教育的定义和个体的培养紧密联系,认为个体要不断超越现实存在达到精神自由,才能收获最本真的教育,教育也要发展成为教授"全方位发展人才"的教育①。联系当下,教师主动学习、不断革新自我便是超越现实存在的一种表征。"超越"是未来视域下教师专业发展的新样态与新作为,它要求教师超越自我、善于反思、终身学习,成为未来学习与教育变革的主动参与者。对此,园西小学从教师的学习力出发,提出如下策略:

1. 激活与唤醒,让教师在反思中坚定学习信念

只有触动教师的灵魂才能激发教师的学习力,推动教师主动学习。园西小学注重引导教师内在省思,通过摒弃偏见和成见、把握认知水平、反思教育得失重构价值世界,以此形成对自我的客观认识。告诫教师既不能把功利性作为教师职业的唯一评价标准,也不能把怨天尤人作为主要的话语方式。要在反思中找出差距与不足,充分认识只有通过主动的、不断的学习才能充实自我和提高自我,才能增进自己的职业理解力与胜任力,并坚定正确的价值追求。通过激活与唤醒,明了学习的魅力与价值,将主动学习作为人生态度与工作方式。

2. 培训与交流,让教师在接纳中挖掘学习意义

园西小学关注每一位教师的职前培养和职后培训,鼓励教师在集体交流的过程中进行经验传递与借鉴。学校的培训不管是短期还是长期,其主要目的都在于打开教师的内心世界,让教师认识到只有不断地学习通识知识、学科知识、教育知识以及开展教育实践,不断地从中汲取和接纳养料,才

---

① 王文中,林静.教育的本真:超越精神的自由生成——解读《什么是教育》[J].教育评论,2016(12):170.

能葆有自身的职业适应性和价值对称。除此之外,这种接纳还包括对他人的接纳,对教师职业的接纳,以及对学生、对教育事业的接纳。

3. 对话与碰撞,让教师在探究中感受学习价值

新课程改革强调研究的价值。如果没有对课程标准、课程纲要、课程实施与评价进行深入的探究,教学效果恐难以达到预期的目标。探究不止于教师的自我清思,它更需要教师通过校本教研、集中备课、小组讨论等方式,来提高探究式课程意识和教学意识的有效性。在探究中,教师不仅能够理解教育改革的发展方向,同时还能辨析当代课程变革的理念,教师探究的自觉与习惯一定程度上可以促进生成教师主动学习的恒定与坚毅。

4. 反馈与总结,让教师在生成中享受学习快乐

杰克·梅兹罗(Jack Mezirow)曾言,决定人们的行动、希望、满意度与幸福感,以及工作表现的,与其说是所发生之事,不如说是他们如何解释与说明所发生之事①。教师通过反馈和总结,可以为主动学习的外在性生成和内在性生成找到合理的解释和说明。教师在反馈与总结中,重新认识自己、打量自己,这是修剪整饬的过程,是提升教师整体学习力的过程,同时也是教师获得幸福感、成就感的过程。

5. 制度与规约,他律与自律相结合提升学习主动性

教师工作学习的过程中容易产生惰性,从而影响学习前进的脚步。教师学习力的养成不能仅仅依靠教师个人的约束和信念,还需要他律性规约辅助其成长。针对这一点,园西小学制定相关规章制度,帮助教师培养自觉的秩序和学习品位,提升自律性的学习力,实现自我超越。学校通过建立系统的教师培训制度,与教师学习力相关的绩效评定制度、考评鉴定制度、激励监督制度、奖励惩罚制度等,实现他律与自律相结合,以合成之力推动教师自身学习力的不断加强和提升。

---

① Jack Mezirow. Transformative Dimensions of Adult Learning M7. San Fransisco: Jossey-Bass,1991: viii.

第三节 "明者因时而变,知者随事而制"

——主动学习的立足点

"山不在高,有仙则名。水不在深,有龙则灵。"一批好老师成就一所好学校。园西小学始终重视教师的师德建设、专业成长,因校制宜地开拓符合教师专业发展的"成长"路径,并将主动学习作为推动教师专业成长的重要抓手。

一、困难与责任同在

教师质量是教育发展和改革的关键,而教师学历又是影响教师质量的重要因素。2011 年发布的《教育部关于大力加强中小学教师培训工作的意见》中就明确指出,要"以中青年教师为重点,努力提升教师学历水平。在有计划地补充优质师资的同时,重点鼓励支持 45 岁以下中小学教师通过在职学习、脱产进修、远程教育、自学考试、攻读教育硕士等多种学习途径提高学历水平,特别是对专科学历以下小学教师进行学历提高教育"。可见,大力加强教师培训,进一步提升教师学历,是教育事业发展的重要任务和紧迫要求。目前,园西小学在编教师 126 名,在岗在编教师 124 名,师资数量庞大。但从当前园西小学教师学历分布结构来看,一线教师队伍中,硕士学历(包括在读硕士)教师共 4 名,仅占教师总数的 3.17%,大专学历教师这一比例却高达 11.1%,二者比例的差别明显反映出园西小学教师的学历结构不均衡且学历层次较低。强调教师学历的重要性,是因为"就整个国家来讲,各种学历人数所占总人口的比率,说明这个国家的发展水平、现代化的程度,是一项重要的人文指标"。[1] 就教师而言,学历则是衡量其专业知识和职业素养的重要指标。所以,园西小学教师学历结构的不均衡以及层次水平低

---

[1] 顾明远.论学历主义与教育[J].教育研究,1995,(04):16 - 18+30.

的问题，一方面会导致教师教育教学观念的矛盾与落后，教学方法的单一以及专业知识的理解不全面等问题，另一方面则会影响教师对学生多样化发展需要的满足程度，降低教师的自我认同感和教学热情。

此外，园西小学的师资队伍还面临着新手教师教学经验不足、教学质量不高以及老教师在现代信息技术方面的运用能力弱、接受度低等困难。目前，园西小学共有高级教师 8 名，一级教师 56 名，名师后备 5 名，区学科带头人 3 名，署骨干教师 9 名，区兼职教研员 1 人，区学科中心组成员 4 人。新手教师占该校教师总数的比重较大，由于他们缺乏教学经验，对知识的应用比较僵硬，缺乏灵活性，使得他们在教学中容易出现较多的低效行为或无关行为，导致课堂教学陷入混乱，教学质量总体较低。

对有着丰富教学经验和一定教学研究成果的老教师而言，虽然他们的教学质量较高，但是却因年龄、环境、技术支持等原因，使得部分老教师不会或不用信息技术辅助教学，对信息技术缺乏深入的了解。同时还应注意到，即使大部分教师已经将信息技术融入课堂，但由于缺乏专业指导和技术方面的支持，他们对于信息技术的应用仍旧停留在简单操作上，未能将两者很好地融合，充分发挥信息技术在教育教学中的作用。

正如维克托·迈尔-舒恩伯格在《与大数据同行 学习和教育的未来》中所说："大数据正在进入教育的方方面面，并将对这个世界的学习产生深远的影响。有别于'讲台上的贤能者'的传统教育，本书讲述的是大数据如何改变教育。大数据帮助我们以前所未有的视角判断什么可行、什么不可行；展示那些以前不可能观察到的学习层面，实现学生学业表现的提升；可以基于学生的需求定制个性化课程，促进理解并提高成绩。"[1]在今天信息技术高速发展的时代，面对日益开放、多元和碎片化的教育环境，教师如果不积极主动学习，改变落后的教学理念和学习方式，学会合理使用大数据为教育教学提供支持，那么就会在很大程度上制约课堂效率的提高和教学质量的发展，影响教师个人和学生的未来发展。

---

① （英）维克托·迈尔-舒恩伯格，（英）肯尼思·库克耶著；赵中建，张燕南译.与大数据同行学习和教育的未来[M].上海：华东师范大学出版社.2015,33-34.

师资队伍建设问题所带来的机遇和挑战，以及知识经济和信息技术所带来的学校教育的变革和发展，都要求教师必须秉持主动学习的理念，自主构建开放多元的知识系统，保持终身学习和持续性学习，不断巩固、更新、提高自身专业知识、科研水平和教学能力。教师需要积极主动学习，方能有所思、有所得、有所悟，进退有度，把握其中，更好地胜任教育教学工作，满足学生多样化和科学化的发展需要。同时学校也应注重完善师资培养体系，创设良好的学习环境，配备完备的信息化设施，加强信息理论知识的培训，提升教师信息素养，只有这样，才能使教师的主动学习更加高效。

2011 年 9 月，园西小学获评"上海市教师专业发展学校"，且历年考评均为优秀，这离不开园西小学一直注重引导教师主动学习的传统与责任。当然，教师专业发展工作任重而道远，如何使专业发展逐步走上系统化、规范化、制度化、现代化的道路，以什么样的形式展开，还需要我们在主动学习的道路上继续探索。

二、希望与发展共生

园西小学以"强学、力行、致雅、尚美"作为校训，坚持"文化育人"的办学理念，开展学科研修、项目研修、校本研修等多项活动，构建多元立体的学习空间，着力提升教师专业发展和学校办学质量，充分发挥引领示范作用。

园西小学一贯倡导教师要学会"主动学习"，积极践行校训中主动学习的精神。《礼记·儒行》有言："夙夜强学以待问。"《史记·儒林外传》也力言"为治者，不在多言，顾力行如耳"。勤学好学，笃志力行是主动学习的精神体现和主要途径。园西小学的全体教师包括校长，都非常关注提升自身的专业素养，注重每日的阅读和读书笔记的撰写，通过读书交流、摘抄活动和"园西论坛"等方式，积极与专家名师交流学习，有效推动学校教师的专业发展和教育教学质量。在教研上，他们及时关注教学热点问题，定期开展教研活动，注重对教材的解读、梳理和开发，设计有针对性的练习题，分析每名教师专业发展情况，分层次制定切实可行的发展举措，打造温暖向上的教研团队，不断更新观念，提高认识，丰富年轻教师的教学经验，提升老教师的信息素养。

在教学上,他们积极尝试基于课程标准的多样教学方式和多元评价方法,围绕教学目标,主动学习如何在教学过程中增加幽默感,活跃课堂氛围,激发课堂教学的生机和活力,努力提高教学质量。注重课堂教学实效,对其他年级作业量的科学性和合理性进行随机调研,不断调整教学安排和教学目标,优化教学结果。教师通过各种途径的主动学习,不断更新和完善自身专业知识、教学能力和专业素养,最终达至专业成熟。

"腹有诗书气自华",主动学习就是对教师品格的陶冶,会使教师心灵优雅,也会丰盈教师的教育生命。因此,园西小学不仅强调主动学习的文化氛围的营造,构建多元立体的学习空间,更是积极开展学科研修、项目研修、校本研修等活动,建构主动学习的合作机制。

首先,园西小学针对教师信息素养弱的问题,从学校教育理念、物理硬件和软件平台等方面,创设了一个较为完备的信息化教育学习环境。园西小学在信息化设施配备上日臻完备,教职工办公室、机房、教室里计算机硬件系统一应俱全,学校通信系统、电子阅览系统也已建成。同时,园西小学还配有电子备课室,教师可以在此实现音像的剪辑、课件制作和电子备课。多样的网络平台支撑,使得教师的信息素养得到了较大的提升。

其次,园西小学为提高教师的知识素养,配备了两个阅览室,一个位于南桥校区:包括一间图书室和一间阅览室。另一个位于新德校区:包括一间图书室和一间阅览室。教师阅览室的藏书种类丰富,共分为 5 大类,22 小类,内容涉及哲学、教育、文化、科学、文学、艺术、体育等多个方面。图书分类上架,并在每个书架上进行适当标注,以方便教师查找。具有一定藏书量且更新速度快,功能清晰,环境优美的阅览室让教师养成了主动阅读的习惯,也为教师阅读能力、写作水平及文学素养的提高提供了保障。

最后,为切实提高教师专业发展,园西小学在研修建设方面下了很大功夫。在研修组织建设方面,由师资建设部牵头落实、开展教师专业发展工作。各学科均设一个教研组,两校区分设备课组,具体数目如下:语文有 9 个备课组,数学、英语各 4 个备课组,其余学科各 1 个。要求各教研组和备课组在每学期初分别确定活动时间、地点、内容;教研活动,每学期不少于 2 次,备课组活动每两周 1 次。两校区的日常工作由各组统一设计规划,以同一考核标准为参照，不仅使备课的完成质量得到保证，而且推动了两校区教育教学质量的均衡发展。在研修模式方面，主要有以下五种：研修型培训、指向式研修型培训、报告型培训、互动交流型培训、分层辅导型培训。这些培训既有针对全体教师的培训，又有具体学科的辅导；既有学科教学素养的培训，又有教师专业素养的培训；还有包含有社会形势及其他领域的通识类培训。通过多种模式的研修拓展教师的视野，完善教师的知识结构，提升教师的综合素养，为教师专业发展提供有力的机制保障。在研修实践方面，该校主动与区内、长三角地区，乃至全国的学校结对联动，形成"战略—团队—知识"三维联动的实践样态。作为领衔学校，该校全体教职人员精心设计每一次的活动方案，并积极参与到活动中。三年来，校长先后带队前往安徽安庆、六安、阜阳等地区学校开展现场交流指导工作，派出各个学科教师近30人次。同时学校还每年派出两位新区骨干教师前往两所联合体学校开展进校支教活动，与外来务工子女学校（豫息小学、唐四小学）结对帮教，帮助他们改进课堂教学。

此外，该校还积极开展联合教研、"1＋N"式课题研究、名师访学等活动，从多方面多领域促进教师主动学习，帮助教师专业化成长。

园西小学注重教师的专业发展，以教师主动学习为抓手，依托成熟的师资队伍、优越的学习环境和专业的研修组织建设，优化教师主动学习路径，在提高师资队伍知识素养和专业能力上取得了良好的成效。园西小学之所以能够不断发展的源泉和立足点就是——主动学习。

第二章

根植教学实践：主动学习的动机激发

　　教师的专业成长不仅得益于入职前的培养和入职后的教育培训，还在于日常课堂教学实践中逐步提升自我的专业素养。园西小学特别注重教师的实践性知识，因为我们坚信只有在广泛的教学实践中，才能发现自身存在的不足与缺陷，才能进一步激发出教师主动学习的意愿。概言之，教师的专业成长是以其"课堂经验世界"为核心的"同心圆"似的发展。

第一节　"实践出真知，反思提质量"
——在实践与反思中产生新知识

一、结合研修记录，撰写教育故事

研修记录反映了教师在教学中的点点滴滴，记录着教师近阶段对于教学内容、教学方法的思索与困惑。因此，从研修记录中可以找寻教师专业成长的瓶颈与契机，切实提升专业素养。

1. 教学思考初体验

偶然翻开自己的课堂教学改进计划，发现自己曾经面临开课时的迷茫、初为人师时的不成熟的想法，而现在的我深深了解到唯有主动去学习才能快速促进专业成长。

案　例

勤教学思考，促专业成长

那是参加工作第一年的学期末，我参加了学校的写教案比赛。我觉得这个难度不会太大，因为在读大学以及见习期阶段就参加过类似的比赛和相关的培训。

本想着教案写完即可，没想到在第二学期得知要按照设计的教案进行上课，顿感不知所措，因为这次要上的是 Look and say 部分，我没有上过这样的课，但在内心告诉自己：你行的。于是我按照自己的教学设计进行了备课，接着就是试教。在经过第一次试教以后，师父们给出的评价是比随堂课还不如。之后，我按照师父们给出的意见进行了更改，并进行了第二次试教，结果脱离了情景的我上得很吃力，在上好课以后产生退出比赛的想法。

这时我的师父发现了我的状态不好，于是她先来开导我，告诉我初为人师的人都会经历备课或者是其他的迷茫，也会不知所措，但当我们面临这样的情况时,需要的是坚强,唯有经历才会成长,才能成为一名合格乃至优秀的人民教师。

　　经过师父的开导,根据师父们的建议,我再次更改了自己的课件,终于在第三次基本成型了,最终也获得了不错的成绩。

　　事情虽已过去多年,但这样一个磨课磨人的过程,让我真心感受到做好一个老师、备好一节课的不易。

　　"磨课、磨人",初为人师时只是感觉磨课不容易,但经历了这次的过程我真正体会到了磨课、磨人的味道。在一次次的试教过程中磨教学环节、磨每个细节、磨我该说的每一句话……

　　在这样的"磨砺"中才能得到进步、得到成长。教学过程是师生互动、动态生成和共同发展的过程。在互动中,教师既要努力促进学生实现"预设生成",又要善于捕捉教学时机,锁定教学中新颖的、有价值的生成,从而让学生的学习更富有生命力。只有课前教师的精心预设,才能出现课堂上精彩的生成。

　　结合该案例,我们不难看出研修记录对于教师成长的帮助。我们还可以将它看作是教师在其职权范围内、改进自己的教育教学实践,从而使自己的工作变得更好、更有效率、更富有创见的工具。当然还有很多的研修记录方式,例如录下自己的一部分课堂教学内容,看完录制的授课情况后写下自己的看法,指出优点及可改进之处,并提出改进计划,等等。但这些都贵在及时、贵在坚持、贵在执着地追求,这样才会逐渐发展成为一个自觉而有效的反思者,从而不断促进自己的专业能力和水平再上一个新台阶。

　　2. 班主任初体验

　　有人说:班主任是天底下最小的"主任",也是学校里最忙的"主任"。无疑,班主任工作是平凡的、是琐碎的,更是艰辛的。但班级的管理不仅仅是一门学问,还是一个有较强的技巧性和艺术性的课题。在班级管理工作实践中,我们要不断摸索,不断转变自己的观念,转变自己的角色,转变自己的教育方法,在磕磕碰碰的实践中成长着。初为班主任,会发现要学习的很多,也会有迷茫。

从"管头管脚"到"责任下放"

刚开始做班主任时,我精力充沛,几乎将全部心血和精神都投注在学生身上,早出晚归地"蹲"在班级里,检查学生自学、纪律、卫生情况,甚至连教室开关电灯和学生的佩戴红领巾都要一一检查好。开始并不觉得什么,还为这样对形成并巩固良好的班风起了一定的作用而高兴。

但两三个月后,我却意识到这样做存在着明显的弊端,不但加大了自己不必要的工作量,每天管得筋疲力尽,对学生今后的发展也造成了很大的阻碍。我们的学生将来所要面对的是日新月异的新时代,这一时代需要他们自己去努力、去拼搏。如果班主任一味地"管"下去,一味地"不放心"下去,只会造成学生的依赖性,永远都不能做到自我约束。

于是我进行了反思,去请教有经验的班主任,之后就决定改变方法,让学生自己去"练飞"。我先进行权力下放,召集了我班的班干部,以指导为主,面对面教给他们工作方法:如不能以班干部的身份要求同学,不能是一种上级对下级的管理;要以一种劝告的方式来管理同学,等等。然后进行指导,以这些班干部为主,我则充当参谋,适当给予点拨;最后把工作担子压给班干部,我只负责帮助他们总结经验加以提高。

这样试验实行了几星期后,发现学生自我管理的意识和本领还是很强的,完全能够管理好班级。于是,我慢慢增加班干部的人数,使更多学生能够在管理的过程中得到行为的约束和能力提高。

如今,有事情不用我说,"干部们"就会完成得很好。

班级管理工作的开展离不开班干部的配合,一个班的集体面貌如何,很大程度上与班干部密切相关。对于第一次担任班主任的我来说,确实会对学生"管头管脚",总觉得这样做是对学生好,很多时间都待在教室里,其实这样对班级的成长是不利的。所以在前辈们的指引下,在实践中我与学生共同完善班规,逐步形成好的班风。

班主任要做的事情是多方面的,但也要讲究策略。如建立平等和谐的师生关系，这是教学的必要条件，也是班主任老师实施班级管理的前提。在师生关系建设中，班主任是主导方，班主任老师对学生的态度、情感及工作作风决定了师生关系的类型。因此，民主平等的师生交往及真诚融洽的师生关系有助于营造出优秀的班集体。

根据向师原理，教师的人格力量可以感悟学生。美国心理学家奥马特拉曾就教师与学生性格的相似性进行了研究，结果表明教师和学生的性格之间存在着一定的相关性，有些性格特征还有较高的相关，这就是向师原理。教师的人格力量、精神品质有助于班级管理活动的开展，教师品质、行为以及语言等都会被学生观察和模仿。因此，教师应在教学教育管理过程中向孩子们展示出良好的人格特征，为他们树立榜样，帮助改正缺点，实现健康成长。

因此，作为一名班主任，在碰到难题时及时请教、查阅书籍，对于自己的专业成长会有很大的提高，也会促进自己去主动学习，获得知识。

二、勤写反思日志，记录教学点滴

对于教师来说，我们都知道勤反思对于提高自己的教学业务水平是十分重要的。在反思中，我们可以了解自己上的某一节课，哪些环节是可以改进的，哪些环节是值得肯定的，学生的反馈情况如何，等等。最重要的是让教师明确今后要改进和努力的方向。

案 例

从英语课谈反思——以 A 老师执教的 3B M2U3 Clothes (Clothes for the trips) 为例

基于对单元的整体设立，确定第 1 课时的主题为：Clothes for the trips。基于学情，将 Look and learn 的内容进行再构。经过调整、整合、补充，学习与衣服有关的单词与词组，同时结合已有的知识在恰当的语境中，运用相关句型描述什么季节穿什么衣服的句子，让学生知道在不同的季节、不同的地方穿着不同的衣物。

接着通过课前、课中与课后三个方面进行有针对性的反思。

课前：考虑到是对衣服类单词的教学，所以想到了学生比较熟悉的购物场景，并选择了一个当下流行的购物方式，通过网络进行购物。课文内容的单词都属于冬季，所以选择了冬季开展教学。于是有了 Alice 去旅游需要买衣服这样一个语境。

课中：由于是借班，对学生不是很熟悉，所以对预设不够充分全面。如学生对新授单词不会读时，要有更加清晰的措施来引导。此外，在教授 gloves、shoes 和 socks 这个环节中，让学生自己通过阅读寻找答案，教师应该设计得更加清晰一点，或者说把要求讲得更加能令学生听懂，这样就不会出现朗读段落这种情况。

课后：在备课的过程中，要充分进行预设，学生在课堂中出现的问题就能及时处理好。在过渡语方面，要使学生听懂，自然而然地过渡。自己的自信也可以提高些，要让自己养成"在课堂上我最大"这样一个习惯，从而避免紧张。

今后在任务型教学和对学生能力培养方面还需要多做思考，尤其是在课堂中如何设计问题让学生主动参与学习要多加思考，在教师控制学生方面还是有点强势。

一节课下来，静心沉思，摸索出一些教学规律，在教法上有哪些创新，知识点上有什么发现，组织教学方面有何新招，启迪是否得当，训练是否到位，等等。及时记下这些得失，并进行必要的归类与取舍，考虑如再教这部分内容时应该如何做，写出再教设计，这样可以做到扬长避短、精益求精，使自己的教学水平提高到一个新的境界和高度。

在经济、文化与教育瞬息万变的今天，教学反思无论对教师自身教学水平的提高，还是对教学效果的提高都有着举足轻重的作用。教学反思可以检查是否达到教学目标，分析教学中的不足，记录教学中的困惑，发现某种教育教学行为是否对学生有伤害，发现自己的教育教学方法是否适合学生，等等。

因此，勤写教学反思是教师进步的阶梯，也是教师进步的重要途径。通过教学反思能够不断地、逐渐地提高教师自我的教学监控能力，提升教师的专业素质、综合水平等，从而使教师的专业得到发展，也是促使教师主动去学习的方式之一。

三、"以学生为镜"，知课堂得失

要想成为一名优秀的教师，需要具备一定的技能，如超强的课堂应变能力，恰当处理课堂管理问题的方法，无论在什么情况下都能与学生进行有效互动、高效沟通，顺利完成教学任务，还能调动学生的学习热情，营造轻松的学习氛围。这当中的很大一部分都是建立在了解学生的基础上。

案 例

以平板电脑复习课 4A M2U2 Jobs 为例

就 Jobs 这节复习课来说，如果仅仅按照书本的内容进行复习，就只有相关的单词以及句子，对学生来说只是枯燥无味的符号，且他们根本不了解各种职业的重要性，也不能激发学生思考自己将来的职业。结果，学生对于教师的复习讲解也可能只是当作了"耳边风"。而通过利用与旧知 4A M2U1 Jill's family 结合，教师就可以充分向学生展示职业的内涵，从而拓展学生的知识面，运用新颖的 Pad 技术也可以激发学生的学习兴趣。

在 Try to talk 环节，让学生用 Pad 上设计的录音功能进行录音，然后随机检查，并进行相关的评价，这样可使操练变得更有效。较之普通的教学也有极大的改观，因为在传统教学中涉及 talk 部分时，学生可以自由发挥，有些学生认真进行了操练，有些则"浑水摸鱼"。

再比如，在 Listen and choose 环节，这个部分可以显示哪位学生第一个完成，也会有正确率的鼓励。所以，学生在倾听的时候特别认真，同时也能让老师及时了解学生的掌握情况，从一个侧面提高了课堂的反馈效果，又活跃了学习气氛。

在课结束时，通过在 Pad 上设计相关的评价让，学生在平板上对自己本节课的表现进行自评和互评的活动，为自己的不足找到前进的方向。教师也能根据评价情况，及时调整下一个阶段的教学策略。

传统的教学对于复习课来说相对枯燥，但运用新颖的技术进行复习课的教学，可以使复习的效果更好，教师在了解学生掌握程度的时候更为得心应手。通过多样化的手段，如录音、选择等使学生在课堂上的专注度提高。

根据学生之前的学情，教师在备课前一定会对很多内容进行预设以便推进教学。但在真正上课的过程中还是会有其他问题出现，所以这对教师是一个挑战，考验教师的应变能力。如能及时妥善处理好这些"突发"情境，在一定程度上也可以使自己得到专业的发展。而且在课堂上关注学生的情况，可以对学生的掌握程度有一定的了解，并及时对薄弱环节进行再一次的巩固。

课后需要根据学生的课堂反馈情况及时写下反思和总结。或许有些老师觉得反思随便写写就可以了，但对于一名优秀的教师而言，反思需要从自己的本节课出发，对学生表现出的问题、教学环节中的问题都分别进行思考，想想怎样才能使课堂更完整。

总而言之，无论是情境的创设还是内容的呈现，无论是问题的设置，还是释疑解惑，均应"为了一切学生"，多层次、多维度、多渠道地开展教育活动。因为教育的最大使命就是尊重学生的个性差异，尽可能地创设条件发展学生的思维能力，培养学生的思维品质，促进全体学生的发展。

第二节 "会通全科,打破壁垒"

——在学科交流中实现智慧融合

一直以来,在传统的教研模式和学科本位观念的作用下,学校里的教研活动通常以分学科的形式开展。这样既不利于教师的教学、学科之间的协调发展,也不利于提高学生的综合能力。当今时代,信息高速发展,教师作为知识传播者,不能墨守成规,只关注本学科的知识,而应放眼于更广阔的知识领域。在园西小学,各学科之间不存在"壁垒",交流和探索正有条不紊地开展着。

一、学科交叉的教研活动

小学学科交叉的教研活动,就是把拥有不同学科知识的老师,在统一教育理念的指导下,打破自己教授学科的束缚,深入到其他学科领域,深度参与其中,开展教研活动。在教研活动中,不同学科的老师通过整合其他学科的知识,借鉴其他学科的教学方法,达到提升教学质量的目标。在这一过程中,以自身学科为主要立场,穿插进一种全新的观念,发现本学科的不足之处,解决教学过程与学习中所遇到的问题。因此,学科交叉的教研活动不仅能促进学生综合素养的提高,也有利于教师专业发展的提升。

学科之间的交叉教研活动,需要教师能合理地使用、整合学科之间的资源,抓住它们内部的联系,充分发挥比分科教研更加突出的效果。这样的教研活动使原始教研更具互补性,在教研内容上表现出更强的灵活性和综合性,在形式上显示出更大的开放性和创造性。

1. 教研的互补性

在不同学科间的交叉教研活动之下,不同学科的老师打破自身教授学科的限制,根据教学需要重新组建新的教研"共同体",一起研究开展教学研究活动。不同学科的教师,有着不同的科学知识背景与教学方法,在教研过程中各科教师超越了自身学科的限制,通过相互合作,了解其他学科并发现彼此的联系,相互吸收,做到扬长避短、互补,充分发挥课程原有资源的特点,提高教学效率,促进学生的发展。

2. 灵活性和综合性

一般来说,每一个独立的学科,涉及的知识是相对独立的,但是经过研究发现,从表面上看没有任何联系的内容,都能找到它们的内在联系。在学科的交叉教研活动之中,教师超越了原有的知识体系,将其他领域的知识灵活地整合在一起,共同教研。交叉教研的灵活性在于,不会因知识的框架、结构、内容等因素的改变而改变。

学科交叉教研的综合性不仅表现为对一些学科知识的综合,更是对教学内容,对学生的情感、认知水平等方面的综合考察。综合性体现在,让学生用整体的思维去看世界,全面了解所学知识,就能看清周围事物和各种现象内部的联系。

3. 开放性和创造性

在学科之间的教研过程中,参与的教师集思广益,在活动中开阔了自身的教研视野。交叉教研活动本身就具有开放性,要求教师能开放性地看待学科内部组成的要素以及某学科与其他学科之间的信息交流,并以开放性的眼光去借鉴其他学科的知识,吸收并加以利用。开放性是学科交叉教研的重要特征之一,加强了教师与教师、学生、教材之间的联系与互动。

学科之间的交叉教研是对传统的分科教研的重大突破,在教研内容、教师观念、教研的形式等方面都体现出了创造性。比如说,教师对教材的使用,既不是对教材百分之百的照搬照抄,也不是对教材内容的忽视,而是在使用的过程中,通过对教材深度挖掘研究,开发出最深层次的内容,不断优化已有的教材,使之能与教学更好地结合。这就体现了教师对教材的创造性使用,实现对教材资源的最大化使用。比如说,英语教研组的老师开展了一次以"教师提升挖掘课本中德育素材的能力"为主题的教研活动。小学牛津英语教材蕴含着丰富的德育教育的素材,包含的信息量非常大,涉及的话题也非常广泛,内容鲜活,并富有强烈的时代感。以上海版牛津英语 4A 教材为例:

模块	教 学 主 题	涉 及 德 育 内 容
4AM1	Getting to know you! 1. Meeting new people 2. Abilities 3. How do you feel?	文明礼仪教育和友情教育 1. 了解关心身边的同学朋友,对人热情有礼貌。 2. 发现同学的本领,学会互相欣赏。 3. 了解他人的心情和感受,体会同学之间的相互友爱。
4AM2	Me,my family and friends 1. Jill's family 2. Jobs 3. I have a friend	节日教育和职业教育 1. 了解同学的亲戚和家庭情况,感受中秋节月圆人更圆的文化风俗。 2. 感受不同的职业带给大家的帮助,并懂得尊重他人工作的道理。 3. 懂得朋友之间的互相帮助,知道珍惜友谊,学会结交朋友。
4AM3	Places and activities 1. In our school 2. Around my home 3. In the shop	文明礼仪教育和情感教育 1. 关心校园,热爱学校。 2. 感受家庭和社区生活的美好,激发对自己城市的热爱之情。 3. 了解售货、购物的基本礼仪。
4AM4	The natural world 1. A visit to a farm 2. At Century Park 3. Weather	公共秩序教育和爱国主义教育 1. 知道遵守社会各个场所的规则。 2. 知道文明游园的基本礼仪,培养环保意识。 3. 了解西方气候特征和节日文化。

（选自奚玲玲老师的教育论文）

上述表格只列举了四年级上册的内容,由此可见本教材中所涉及的德育内容非常广泛,与学生的生活也密切相关。这些丰富的教学资源都是在挖掘之后呈现出来的,在研究教材时充分吃透教材,优化其中的德育因素,联系小学生的心理特点,找到英语教学和德育的最佳结合点,形成了教书和育人的"双赢"。

二、课程整合: 1＋x 的统合模式

"整合"是把零散的东西彼此衔接,从而实现信息系统的资源共享和协同工作。也就是在这些零散的东西之间找到具有相似特征的因素,集合成

一个新的统一的整体结构。课程的整合是指把已有的知识体系重新划分，使之形成一个新的、有机联系的整体的过程。学科课程的整合是在打破学科限制的条件下，在一些大的方针的指引下，由学校教师自发组织课程内容，统整课程内容，形成结构合理、内容精简、教育性强、易于操作的课程结构。

课程的整合必须遵循一定的规律和原则，只有在一定的原则的指导下，课程才能顺利实施并达到预期的效果。

1. 课程的整合须对实际的教学起到锦上添花的作用

课程的整合可以说就是课程资源的整合。课程能得以实施，首先取决于课程资源的丰富程度，其次取决于课程资源开发的深度和所达到的水平。这就需要教师能在教学过程中把各方面的资源，如知识、经验、人力物力等和课程有机地整合起来，促进教学目标的顺利完成。

比如说，在学习二年级语文《看日食》之前，陶老师在字词朗读等基本预习作业的基础上，向学生增设了两个预习作业：通过网络，查找以下资料：（1）通过"百度""搜狗"等网站收集有关月亮的诗句或传说。（2）通过"优酷""土豆""PPTV"等视频分享网站观看月食的视频，了解月食成因和过程。这些有趣的作业引起了学生的极大兴趣，他们回家后迫不及待地上网搜索相关资料，并进行了整理。上课时，大家兴致勃勃地与老师和同学分享，思维很活跃，发言也很踊跃。月食在孩子们的眼里变得不再神秘，月球上的那些未知的奥秘激起他们更强烈的探索欲望。就这样，原本枯燥深奥、难讲的科普课文变得浅显易懂、生趣盎然。

因此，课程的整合一定要对实际的教学起到锦上添花的作用。课程的整合是在已有的资源上融合其他的元素，使得本来的教学更加完善、更加完整。

2. 课程的整合应来源于生活并与学科相联系

课程资源是课程的基础，是课程得以生存发展的保障和基础。教师在实际教学中要抓住生活中的一切素材，任何可用的资源都要利用起来。在选择这些资源时，最好是能找到与学生的实际生活和现有的知识体系所熟悉的知识，抓住生活中的教育资源、生活经验，为课堂服务。将生活中的具体事例整合到教学内容中去,这样就能增加学科的趣味性,学生的体验和感受会变得更加具体,从而激发学生们的学习热情。

3. 课程的整合要深度挖掘学科知识内涵

课程改革以来,教师手里的教材也在发生着变化。教材不再是束缚老师们的一本教科书了,它留给老师的空间越来越大,它能更好地为教学服务。老师的观念也从"教教材"过渡到"用教材教"。这样的变化,使得教师对教材的拓展空间变得更加宽阔。教师在实现课程整合之前,先把学科知识了解透彻,深入了解清楚学生们感兴趣的学习内容,并归纳设计出孩子们喜欢的教学方式、教学手段,以此来吸引学生,唤起他们的兴趣,保证他们能最大限度地参与到所整合的课堂活动中去。在课程整合实施后,教师应及时进行总结和反思,通过写教学日志、教学反思以及参加教研活动等方式,不断总结和提升自我课程整合资源的水平,进一步学习如何更有效地整合各个学科的知识。

4. 课程的整合应依据学生发展的总体目标

课程整合的目的是使教材发挥最大的功能,使教师的教学发挥最大的作用,最终促进学生综合素质的发展。所以教师在进行课程整合和实施过程中,应该时时把握以学生的发展为总体目标。在课程整合实施之前,教师须明确所要整合的课程体系,寻找最合适的方式进行整合;在实施过程中,要以促进学生发展为目标,兼顾其他方面,共同进步。

在小学课程中进行课程整合,对本课程的学科知识有一定的拓展性,可以让本课程的内容更加丰富。同时,可以为学生的学习创设更丰富的学习情境,建立更为广泛的思维空间,可以将学生的学习与生活有机地融为一体。

(1) 语文学科与品德与社会的整合

每一门课程都有很强的综合性,涉及的课程资源也非常丰富,教材中的语言都体现了人类丰富的情感。通过研读教材之后会发现:小学语文教材中有很多方面的内容与思品学科有着千丝万缕的联系,它们两者之间具有整合在一起的知识内容。

品德与社会的教学目标和语文的教学目标是一致的,老师们在备课时,能把握好学科整合的知识，并能掌握好尺度，就不会有把语文课上成品德课的担忧。同样，在品德课上，一些知识的拓展以及开放式的学习活动，能帮助学生更好地理解语文学科的知识。

（2）语文学科与音乐课的整合

在语文课上，指导学生的朗读是一个比较重要的环节。一般都会借助音乐来创设情境，促进学生的想象力，这样的朗读就会弥补语文课堂上枯燥的读和讲。但是，借助音乐来组织课堂教学时，一定要掌握好尺度，千万不能把语文课上成音乐欣赏课。只有将音乐与课文巧妙地结合在一起，才能提高学生学习的积极性。

三、小学全科教师的探索

我国近代全科教师的意义在于解决一些小学师资不足的问题，由于一些实践操作上的困难，现在小学的教学模式都是采用分学科教学。这样的模式，显然已经不再适应发展中的园西小学，全科教师的探索也正在进行着。

我国传统的小学教学基本上是采用分科教学的方式，学生的学习被分割成不同的学科，单独的知识体系。然而，小学生对知识的渴望是全方位的，分科教学在一定程度上限制了他们学习的积极性。同时，也不利于教师对学生的正确评价。

全科教师主要适用于小学，这是许多教育学者的共识。然而，对于小学全科教师这一概念，目前人们没有明确的认识。在人们的理解当中，全科就等于通才，其实通才并不是绝对的全才，不可能做到语文、数学、英语、自然、历史、艺术等学科通吃。然而，我们小学教师需要掌握更多的能力。

小学生向师性强，可塑性大，自我保护能力差，这就需要教师具备高尚的职业道德和素养。教师的知识文化素养也非常重要，教师是文化的传承者和传播者，他们的知识水平在很大程度上决定了教育的发展水平。小学教师的文化知识应该是多方面的，具体主要包括以下几个方面：（1）具备主要课程——语文、数学、英语的基本知识以及教学技能。对于年轻的教师而言，掌握小学主要课程的基础知识并非难事，但是对于一些教龄较长的老师来说，掌握非自己学科之外的知识，还是有些难度的。为了解决这一难题，学校在安排教师办公室的时候，不是按照学科来，而是按照年级来编排，一个办公室里最起码有两种学科的教师，这样在平时的耳濡目染过程中，不知不觉中就会掌握一些学科之外的知识。（2）具备其他学科，如音乐、美术、体育、劳技、科学、自然等学科的知识。（3）具备良好的中国传统文化素养。在历史发展中，中华文化不断发展、升华，形成了历史悠久的民族文化。我们教师的另一个历史使命，就是将中华民族灿烂的文化、优秀的传统文化传承给孩子们。

第三节 "君子不器"

——在学校文化中鼓励教师一专多能

一、探索专业之外的"知识园地"——拓展型课程介绍

拓展型课程的意义主要是为了能在更大程度上去激发、培养和发展学生的兴趣爱好,从而拓宽学生的知识面,使学生能在自主学习的过程中,逐步认识自己、提高自己,并在学习中将潜在的能力激发出来,在学习中陶冶高尚的情操,从而树立正确的人生观、价值观和世界观,最终实现学生个性化与社会化的和谐发展。

园西小学的拓展型课程开展得十分丰富,教师们"五花八门"地开设了很多相关课程。目的是为了培养学生广泛的兴趣、爱好,发展个性特长;拓展学生的知识领域,学会观察和思考、探究和质疑,培养创新精神和实践能力;提高学生的思想品德修养和审美能力,陶冶情操、增进身心健康,感受生活中的美和快乐;培养学生的科学态度和精神,学习和掌握科学的基本知识、基本技能和方法;培养学生的团结协作和社会活动能力,学会交往、合作,使学生热爱学校生活,适应社会。

学校从一年级开始就设立相关的拓展型课程,该课程又分为"限定拓展课程"和"自主拓展课程"。

限定型拓展课程很丰富,如一年级入学初4周,利用拓展型课程和探究型课程的课时,安排了20课时的学习准备期综合活动。学校每天安排15分钟的午会,每周安排一次班会,每月安排一次校会。每天安排一次时间约为35分钟的广播操、眼保健操等体育保健活动,每周安排两次35分钟的体育活动,每天中午安排15分钟的"快乐休闲"活动。一年级还设有围棋课,作为学校校本课程,对入学的新生进行一年的围棋启蒙教学,旨在培养兴趣,挖掘围棋尖子。

自主拓展活动内容同样很丰富，分为普及型兴趣活动课和拓展型兴趣活动课两类。三、四、五年级跨年级开展活动，由负责老师选拔与学生自主选择相结合，并安排学科类、艺术类、科技类、体育类等科目提供学习。内容设置有：艺术类的合唱、舞蹈、儿童画、素描、声乐；科技类的计算机、无土栽培、科技；学科类的写作、思维训练、英语阅读、英语口语、数学；体育类的双人跳、绳毽接力、八字长绳、大绳、毽子、短绳、双飞、围棋等。此外，外聘教师开设了跆拳道、羽毛球、足球、乒乓球社团等课程，挑选部分感兴趣、有特长的学生参加活动。

二、不做按他人拍子动作的"舞者"

1. 同课异构

不做按他人拍子动作的"舞者"，顾名思义是指对某一节课有一定的创新性。这不禁让人想到了同课异构这样一个词。

一般而言，同课异构是指采用相同的教材，根据学生的学情、现有的教学条件和教师自身的特点，进行不同的教学设计。它要求教师精心研究教材，潜心钻研教法和学法，以各显风采。

案 例

以沪教版三年级上册语文课文《想别人没想到的》为例

教学目标

教案 1（教师 B）	教案 2（教师 C）
1. 能在具体的语言环境中认读本课6个生字"召、俩、截、幅、若、恰"，学习"截"的字形；用拆字组词法理解"召集"，用画图法理解"连绵不断"，用逐字理解法理解"若隐若现""数不尽"等词语的意思；积累文中的叠词，感受叠词的节奏美。	1. 学习本课生字6个"召、俩、截、幅、若、恰"；运用合适的方法理解并积累"召集""果然""连绵起伏""若隐若现""恍然大悟"等词语的意思；积累课文中的叠词，感受叠词的节奏美。

续　表

教案 1(教师 B)	教案 2(教师 C)
2. 能正确、流利地朗读课文,能有感情地朗读描写三个徒弟完成画师要求的句子,用上文中的叠词说一说三个徒弟完成画师要求的经过;能抓住关键词说一说大徒弟与二徒弟明白画师称赞小徒弟的原因,知道想别人没想到的,才会有新的收获。	2. 正确流利地朗读课文。能找出三个徒弟是如何完成画师要求的句子,联系上下文,想想三个徒弟在作画前是怎么想的,并能结合课文内容理解画师称赞小徒弟的原因。
3. 能联系上下文合理想象三个徒弟的心理活动。	3. 在学习课文的过程中明白要勇于开拓创新、勤动脑多思考,才能想别人没想到的,才能有新的收获。

通过比较可以发现,两个版本都注重三维教学目标的实现,都是从三个维度来设计教学目标,都重视对于文本内容的整体把握。

但是我们不难发现,教师 B 的阐述相对于教师 C 来说要更为详尽,在课前教师进行预习任务布置的时候,学生对于 B 教师的教学任务肯定会更明确,而且也更有利于开展接下来的教学。

对于教师来说,我们应该对教材解读进行异构。在备课前,首先要在研读文本上下功夫。如果教师没有读懂文本,或是浅读、误读,任何教学方法都将无济于事。文本的研读从何处入手? 不是教学参考书,不是别人的教案,也不是编者的单元提示和课后练习题,而是文本的语言。语言,是语文教学的第一要义,语文教学应以语言的听说读写为核心。

同课异构可以在一定程度上唤醒教师沉睡的思维,激发他们的创新意识。对于园西小学的教学来说,教师会进行资源的共享,而如果加上自己的创新,其实就是使教师的专业得到发展,尤其是对于年轻教师,也可以促使大家去主动进行学习。

2. 学科整合的创新性

进入新世纪后,我们在不断地反思与感悟中去感知用整体和关联的方式来处理人类社会与自然的统整关系。随着人类认知范围的拓宽，学科的发展呈现出了从高度分化到逐渐趋于整合的趋势，种类繁多的各个学科相互交叉渗透、相互作用与融合，人类的认知形成了一个具有崭新特质的统一整体。

学科教学整合所体现的社会价值，是学科发展的结果，也是社会进步的体现。建构整个学科的大综合观，需要教师解放思想，对陈规旧俗进行突破，消除原有知识的隔阂与重叠，站在整体的角度综合考虑知识的背景，对教学内容做通盘的构思，从而反映知识的完整性、系统性和受用性。

案 例

以上海牛津版教材 3B M3U3 Seasons
(The four seasons)为例

单课设计思路

本课时是本单元的第三课时，其话题是 The four seasons in Shanghai。在教学设计上，我采用小学自然常识中地球公转产生四季这一知识点与本课的内容进行跨学科的整合，同时以上海的四季为例，通过演示地球公转的路径，使学生了解到地球公转到何处时上海是什么季节，通过运用多种不同的阅读方式，让学生对于在四季里可以开展的活动等内容进行相关的巩固和了解。

在 Pre-task 阶段，引导学生在地球仪上找到上海，使学生学会如何在地球仪上找到某一个城市，并通过观看视频、猜谜以及思考为何有四季的问题等方式，使学生了解到四季的成因以及与这个城市季节有关的相关内容。

在 Post-task 阶段，对上海的四季进行回顾，采用四人合作、一人一个季节、不同颜色的纸上台进行描述的形式，进一步了解上海的四季，从而延伸到对于自己所喜欢的季节进行叙述。也使学生明白并不是所有的地方都会有四季，同一时间的不同地方由于半球、经纬度的原因，季节不一定是相同的。

就整节课来说，所期望达到的效果是通过对 The four seasons in Shanghai 的学习，在知识方面，学生能够了解并掌握四季的天气以及可以从事的相关活动；在技能方面，本节课是阅读课，期望学生能通过本节课的学习，对于相关的阅读方法有一定的掌握；在过程与方法方面，期望学生能整理归纳所学习的语言知识,恰当地对某个自己喜欢的季节进行综合性的描述;在情感、态度与价值观方面,期望学生的观察力得到一定程度的培养,在了解四季成因的基础上感受自然界中的变化规律,激发学生对于自然的热爱以及对于未知的积极探索。

对于本节课来说,不难发现是一节英语课与自然常识的结合,让学生在了解到上海的四季的同时,也初步了解到如何在地球仪上找某一个城市,学生对于四季的成因也进行了了解,这些对于孩子的成长都是有利的。较之传统的教学,由于这个 Unit 所涉及的季节这个话题,上海小学英语一、二年级时就已经接触了相关的内容,所以对于三年级的学生来说难度是不大的。本板块是 Look and read,在平时的教学中,我们很容易就把关注点放到学会知识上面,但本节课进行了一定的创新,在提高学生兴趣的同时,也很好地体现了板块的价值和英语学习与教学的价值。

当今这个时代,信息化主宰着世界经济和社会的发展,它在给我们的社会生活带来深远而广泛影响的同时,也不断地冲击着我们的现代教育,信息技术已经成了教育教学改革的主要推动力之一。各学科教学与信息技术的整合是中国教育的主攻方向,它可以培养大批的具有科学素养的人才,促进教育的跨越式发展。

我们需要紧跟时代的脚步,大量的教学实践证明,在小学课堂教学中巧用信息技术,如 Pad、网络以及相关的 APP,能使课堂教学结构得到优化,这既有利于激发学生的学习兴趣,培养学生的思维能力,也能增加课堂的容量,提高语言建构的质量,充分发挥语言的优势,提高教学目标的完成度,进而提高课堂教学的质量。

三、个案探究：数学老师的"诗歌鉴赏"

赏析诗歌作品是古代文学学习的重要目的之一,也是进行进一步研究的基础。那么我们应该如何对古典诗歌进行赏析呢?

园西小学的 D 老师是一名数学老师,但是她喜欢文艺,热爱诗歌。有次跟她聊起,她告诉我,赏析诗歌,首先要读懂诗歌作品,这要求我们对一首诗的每个字、每一句都要有正确的理解。如果连诗的本意都没有弄懂，那么我们又如何对一首诗进行分析和鉴赏呢？对我们来说，古典诗歌或多或少地存在语言障碍，对有些诗歌，我们必须依靠前人的注释才能读懂；而且古典诗歌中经常会运用典故，正确地理解典故的含义，对读懂诗歌也是非常重要的。

案 例

以《错过》为例

错过

作者：清风

我不能停下脚来
不能啊
在时间的长河里
我无法阻止
你知道吗
让我最心痛
最心痛的
竟是
当我回头时
再也看不到
看不到
熟悉的你

错过

作者：流水

错过以后
才知道你有许多温柔
多年以来
我一直在追一个梦
我相信缘分会让我们相遇
当我在最深的红尘中遇到你时
我相信我的温柔能拂去你的泪水
我不想再错过这美丽的重逢
但为何
心痛的还是我
模糊的依旧是你？

数学老师的赏析：读清风所写的《错过》一诗，我在编织一个故事，来丰富诗的意蕴：一阵风，吹过百花丛中，风惊喜地发现一朵上面沾满露水的花，他爱怜地想回头再看一眼，但却无法停下脚步，就这样错过了，但风还是记得那朵花，那花上的露珠。他总在想，那是花瓣的泪吧，藏在蕊中，花儿一定藏着一段伤心的故事吧？风儿又来了，又吹过这熟悉的花丛，因为是春天，他放慢了脚步，悄悄的，那是他的温柔拂过，他细细地寻找，怎么？每一朵花上面都沾满了露水？他找不到那朵熟悉的花，花儿还记得他吗？花儿会喊他的名字吗？他只能等待花儿开口，也许，花儿也错过了与他重逢的机会，因为花儿在打瞌睡呀，风是那么的轻，那么的温柔，她还没醒呢！

中国诗词博大精深，有很多传世佳作，它们内涵丰富，志存高远，包含很多哲理。学习诗歌，有利于陶冶情操、加深修养、丰富思想。诗歌的鉴赏问题仁者见仁，智者见智，即使同一部作品，由于阅历不同、感受能力存在差异，不同的人也可能有不同的理解。

综上，一专多能复合型教师的基础是"专"，只有先"专"，才能实现"多能"。要成为一专多能的教师，就必须掌握精深的本专业知识，努力深化本专业、本领域基础学科和基础知识的学习，使专业水平向纵深方向发展。同时，应掌握与本专业相近或相关的专业知识和实践技能，形成以本专业为核心的多种知识和能力。

第三章
从阅读到"悦读"：主动学习的文化构建

　　莎士比亚曾说过："生活里没有书籍就好像没有阳光，智慧里没有书籍就好像鸟儿没有翅膀。"诚然，一个人的精神发育史，就是他的阅读史。教师的专业发展不能只靠外在"约束"，更多地要靠其自身的内在动力。园西小学以阅读的方式，构建校园中主动学习的文化，帮助每位老师都爱上阅读，让他们从阅读的过程中潜移默化地提升专业素养。

第一节 "工欲善其事,必先利其器"

——创设良好的学习条件

牛津大学之美,主要美在建筑。学校就像一本打开的关于建筑艺术的书,徜徉其中就像阅读一本厚重的艺术画册,就像在聆听一首巴赫的乐曲。作为读书育人的地方,学校是知识的殿堂,是文明的家园。一所学校,理应散发浓浓的书香,闪耀智慧的灵光。因此学校应当成为书籍的王国。对于教师而言,阅览室中的书籍及报刊等应是学校中的学校。教师是读书人,应首先表现出读书人的良知和文化人的高贵。为此,园西小学积极倡导以主动阅读推动教师专业成长,以主动阅读滋养教师教育人生。

一、多元立体的学习空间——园西小学教师阅览室

良好的读书条件,浓厚的读书氛围,是提高教师综合素养、成为时代需求的高素质人才的必要条件。园西小学阅览室共有两个:一个位于南桥校区,包括一间图书室(35平方米)和一间阅览室(68平方米);另一个位于新德校区,包括一间图书室(80平方米)和一间阅览室(120平方米)。教师阅览室藏书共分为5大类,22小类,内容涉及教育、体育、哲学、文化、文学、科学和艺术等多个方面。图书分类上架,并在每个书架上进行适当标注,以方便教师查找。同时,园西小学教师阅览室每年都会购进一大批书籍,包括教育类的、文化类的、管理类的以及文学类的,等等。不断更新的书架,不断充盈的书目,让教师恋上阅读。

多元立体的教师阅览室对全体教职工开放,分上下两层,阅读角还提供了舒适的沙发座椅供教师阅读和休憩。优雅的读书环境,让教师养成了主动阅读的习惯,为教师阅读能力、写作水平及文学素养的提高提供了保障。

善教者必先善学。教学之余,教师们习惯三五成群到阅览室小憩,品

园西小学教师阅览室一角

园西小学阅览室一角

一杯浓郁的咖啡,翻几页有趣的书,沉淀此时略微疲惫的心,静静地享受这视觉和味觉的碰撞,激荡灵感的火花。在园西,主动阅读不再是形式上的从众,而是内化为每一位教师的习惯,成为他们放松自我、提升自我的重要方式。

园西小学教师闲时读书一景

二、丰富的学习物质资源——园西小学的书刊

风声雨声读书声声声入耳，家事国事天下事事事关心。除了传统的书籍，报刊也是获取丰富的学习物质资源的途径之一。园西小学书刊种类众多，共有四大类报纸杂志，分别是政治、文化、教育及综合类，以教育类的杂志为主。其中政治类的有《参考消息》《半月谈》等；文化类的有《读者》《青年文摘》《炎黄春秋》《儿童文学》《名人传记》等；教育类的有《中国教育报》《教师博览》《浦东教育》《小学语文教师》《小学数学教师》《英语沙龙》《当代教育家》《教育与教学研究》《中小学教育》等；综合类的有《大江南北》《科学生活》《奇趣大百科》等。

不同类型的学习资源给教师以丰厚的知识储备，让教师成为跟得上时代发展的引领者。一个教师，要想适应新的教育形势，就必须广泛阅读加以补足，以适应这个竞争激烈的现代社会。

另外，报刊具有及时性，可以方便教师了解时事动态。教师主要利用闲暇时光来翻阅报刊，例如，晨起阅读一份早报以了解时事政治，抑或是与《当代教育家》交流他们的教育心得，这些无一不是增长知识的方式。为人师

园西小学书刊一览

表,理应时时处处主动学习,主动阅读,才能很好地展开时代的风帆,才能让自己的教师职业熠熠生辉。

三、开放、民主、包容、谦逊——园西小学的研讨氛围

学而不思则罔,思而不学则殆。如果一味读书而不思考,就会因为不能深刻理解书本的意义而不能合理有效利用书本的知识,甚至会陷入迷茫。而如果一味空想而不进行实实在在的学习和钻研,则终究是沙上建塔,一无所得。这告诫我们只有把阅读和思考结合起来,才能学到切实有用的知识,否则就会收效甚微。

古诗人言:"腹有诗书气自华。"一个人修养精湛,表现在外自是雍容的气度,不凡的谈吐,脸上洋溢的亦是灼人的光华。在广泛阅读的基础上,思维的碰撞更有利于知识的融合和升华。在主动碰撞的激情中,一群人的智慧理念与各自的经历体会、思想情感相互沟通,相鸣相和,从而获得对生命、对人生最为深切的认知与感悟。

于是,每周五晚上,在这里汇聚了一批志同道合的园西小学教师,他们不分年级、不分科目,或是畅谈书籍里的精彩片段,或是交流读书心得,或是

倾吐教育生活中的喜怒哀乐,分享教育的智慧。在理性的引导下,获得灵性和自由,以及诗意生存。群体性的研讨氛围逐渐盛行,是主动阅读点亮了园西教师的教育生活,让他们拥有了浓浓的书卷气息。

园西教师相互学习的场景

第二节　"津梁与借镜"
——引导教师多读书

一、专家引领：谈如何读书

蒙田说："初学者的无知在于未学，而学者的无知在于学后。"第一种的无知在于没有学习基础知识，故难于阅读；第二种的无知却在于读错了许多书，是种浪费光阴，这种人便是俗话所说的"书呆子"。作为教师，如何避免成为这种浪费光阴的"书呆子"，成为一个合格的主动阅读者，专家的指引成为教师主动学习过程中不可或缺的重要部分。

关于主动学习，上可追到一代圣人孔子，《论语》有云："日知其所亡，月无忘其所能，可谓好学也已矣。"如果每天都学到些新东西，每月都不忘所学会的东西，可谓之好学，心亦足矣，这也是教师行为的规范。"苟日新，日日新，又日新。"古者训言以戒，教师唯有通过自己的主动学习于反思，方能进退有度，持衡其中。近可溯理学集大成的朱熹："读书之法，在循序而渐进，熟读而精思。"主动阅读是一个循序渐进的过程，在反复熟读的过程中细细玩味，吐纳心知。

正如苏霍姆林斯基在《给教师的建议》中所说："要天天读书，终身以书籍为友。这是一天也不断流的潺潺小溪，它充实着思想的江河。"苏氏认为，学校集体的智力财富之源首先在于教师的个人阅读。一名优秀的教师一定是读书的爱好者。就其自身而言，苏联教育家霍姆林斯基通过广泛的阅读，开阔了知识视野，把专业知识转化为专业能力，充实了自身的教育思想，从而成就了自己的终身事业，终其一身，留下了40多部教育理论著作，被全世界30多种文字出版，可谓榜样的力量。

观其言行，审视自身。对教师而言，读书，不间断地读书，跟书籍结下终身的友谊，就是教师进行真正意义上的备课。教师读书并不仅仅是为了简单应付第二天所要教的学习内容，而是发自内心的需要和对知识的渴求，是一种主动学习的态度，这也是教师生存与发展的"必修课"，更是适应时代发展培养创新型人才的"专业课"。不断地读书可以提升教师的教育思想和理念，爱好读书应该成为我们的职业素养和习惯。好的阅读，也就是主动阅读，不只对阅读本身有用，也不只是对我们的工作或事业有帮助，更能帮助我们的心智保持活力与成长。

又如李镇西老师曾给老师们推荐四类读物：第一，教育报刊，比如《中国教育报》《中国教师报》《人民教育》《教师博览》等，以便随时了解全国的教育同行在想什么和做什么；第二，教育经典，如《陶行知教育文集》《育人三步曲》《给教师的建议》《帕夫雷什中学》《大教学论》《民主主义与教育》《爱的教育》等；第三，写学生的书和学生写的书，如杨红樱的书、秦文君的书、曹文轩的书，还有韩寒的书；第四，人文书籍，如《小王子》《新月集》《窗边的小豆豆》等。教师通过阅读这些书籍，从而有一种开阔的人文视野。如同军人喜欢武器，孩子喜欢玩具一样，教师的第一挚爱应该是书籍。

人生需要不断读书，和着生动的实践，心中的理想与信念在对实践的感悟和阅读的思考中日益丰满与完善。在主动阅读的过程中，书籍能够帮助我们走出自我的狭小，回首历史长河，触摸时代的脉搏，关照广阔的生活；我们在读书与思考中，流连在每一条真理、每一个美好思想、每一处富有震撼力的场景之中时，那正是将"小我"提升到更高层次的理想与信念之时。所以，阅读对人的影响不只在于增长知识，也不只在于"立言"，还在于使人变得高尚，领略境界的高远和胸襟的开阔。

读《巴黎圣母院》，在道德与罪恶的较量中，一位丑陋而善良的敲钟人卡西莫多，给美的分类提供了更多的可能；读《史记》，面对在历史长河中闪现的各色人生，不免要思考生与死的大问题；读《少年维特之烦恼》，读出了纯真的青涩之恋；读《飞鸟集》，读出了博爱和仁慈；读巴金《随想录》，读出了沉重的忧伤，在忧伤中奋进。所有的好书，都会给我们的骨骼补钙，给心脏输血，教会我们怎样靠近本真生活。这种美，源于广袤的自然，成熟于和谐社会，浸润了思考的智慧，所以它的力量得以永恒传承。

园西小学的教师，理应需要多读教育名著、教育经典，在阅读的过程中与教育家对话，从中不仅可以学习到教育理论和实践经验，更重要的是可以学习他们的创新教育观念和精神，再结合自己的切身体会，转化为自己的综合素养和创新能力。

二、读书周、读书日与读书节

曾听说：世界上最动人的皱眉总在读书苦思的刹那，世界上最自得的一刻在读书时会心的微笑。读书可以让人滤除浮躁；读书，撇开喧嚣，拨开冗务，于小楼一角仔细地品味，咀嚼书中的宁静和快感，在寂静中体会人生的滋味，在书海中滤除浮躁的心态，淡泊名利，淡然处世，无疑是愉悦沧桑人生的美好享受。在教师专业成长过程中，广泛的阅读，吸取前人经验，了解前沿信息，有助于教师各方面素养的提高。教学的策略、教育的智慧等都蕴藏在书海中。为此，园西小学展开了一系列的读书计划，期望广大教师结合自己的工作实际，联系自己的专业，投入到自觉的读书中，提炼自己的思想，从而成就自己的教育教学风格。

1. 读书摘记活动

高尔基曾说过："书是人类进步的阶梯。"好书，像长者，谆谆教导；似导师，循循善诱；如朋友，心心相印。读好书能积累语言，丰富知识，而且能陶冶情操，受益终生。"皎皎白驹，美美与共"，在校园读书活动的积极倡导下，如约而至的读书摘记活动让一篇篇优秀的读书摘记款款呈现于眼前，各学科老师作品精彩纷呈，教师再一次亲近书本，"悦读"书籍，逐渐养成热爱书籍、博览群书的好习惯。读书之风日盛，营造了书香阵阵溢校园的浓浓氛围，达到了学校预期的活动目的。

老师们的一本本摘记，可谓个个有"奇招"。瞧，这个老师摘记的内容相当丰富，有散文、有诗歌、有教学心

姚星钢校长在翻阅优秀摘记

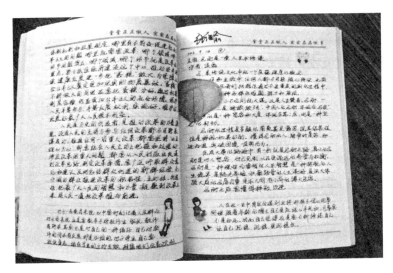

综合组一等奖获得者张瑜老师作品

得……在每篇摘记中还不忘圈圈画画，十分仔细。再看看这本摘记本，每一次的摘记后，都有老师用红笔写下的点滴感受，语言真挚，表达的是自己内心真实的感受。最让大家驻足而观的便是这本了，摘记本上不仅有着工整隽秀的字迹，还有着老师随手而画的简笔画，真是为这本摘记本增色不少呢！校领导经过反复斟酌，评选出了摘记活动的一、二、三等奖，并在此次茶歇活动中，摆放在阅览室，供大家欣赏学习。

　　读书摘记活动是一项长期、有效、文明、健康的工会活动。书卷中的意念像一股无形的动力，影响教师的思想和心态。书香浸淫日久，则心胸玲珑，见识开阔，自然语

园西小学教师在观看优秀摘记

言有味,气质高雅,此书卷气也。与书相伴的人生,一定有质量、有生机;书香飘溢的校园,一定有内涵、有发展。园西小学将持续开展读书活动,营造浓厚的读书氛围,培养良好的读书习惯,倡导读书明理、读书求知的新风尚,在全校形成人人读书的良好风气。

2.“阅在园西”党员读书会

观中国之当下,读书一事首先要由某一群体来影响,以其带动更多的人进而影响全社会,使读书成为常见的现象。教师,作为知识的传播者,唯有身体力行,才能“胸中有日月”。因此,为促进党员教师的自主学习,提高党员教师的政治素养和工作实践能力,园西小学成立了党员读书会,通过阅读丰富教师的教育活动,体验阅读的快乐。

(1)“阅在园西”党员读书会成立了

园西小学“阅在园西”党员读书会成立于 2016 年 3 月 23 日。在读书会启动仪式上,姚星钢校长向全体成员宣读了读书会章程及本年度活动方案。姚校长还提及:“对于教师而言,读书不仅是精神生活的重要内容,更是专业发展的一条捷径;漫长的阅读之旅,是一段艰苦而欢喜的修行。希望读书会的每个成员都能自始至终地参与到阅读活动中,成为学校全体教职工学习的好榜样。”随后,读书会的全体成员又来到东方电视台,参观了摄影棚,并参与《嘎讪胡》节目的录制。

此次读书会成立活动,不但丰富了活动形式,更重要的是在参与节目录制的过程中,教师们亲身感受到主持人之所以能出口成章,其基础在于笃志好学、博览群书。另外,主持人的节目之所以能吸引观众,其幽默感是必不可少的。同时这也让每一个参加读书会的党员教师坚定了坚持主动阅读的决心和信心,他们要把这种幽默感带到课堂上,使自己的课堂能更吸引学生。

有人说:“当读书成为一种生活方式时,就不愁没有阅读的时间。阅读就像呼吸一样自然。”党员读书会的正式成立,在全校师生间掀起一股主动阅读的新高潮。

(2)最美书店,美丽悦读

2016 年 4 月 23 日,一个特殊的日子——第 21 个世界读书日。园西小学党员读书会的党员老师们,来到位于松江泰晤士小镇的最美书店——钟

上海电视台《嘎讪胡》节目录制现场，园西小学党员读书会成员与主持人合影

书阁，率先迈出了"乐读悦读"的第一步。

钟书阁的规模不算大，但独具匠心的设计给了空间许多延伸，甚至超越空间，赋予了时间的延伸。一进门我们就被震撼到了，四壁、地面均是书籍，踏在这玻璃地板上，脚底是巨著名籍，步履是敬畏的。楼梯的正反面，布满了书架，应了"书是人类进步的阶梯"那句名言。在钟书阁，大家三三两两，有的翻阅书籍，有的喝着咖啡捧读好书，品味书香。即便不买书，漫步在这富有人文气息的书海间，暂时与生活、工作的喧嚣和琐碎作别，与"书"对话，也是一种欣慰不已的体验。

在这样一个花木扶疏、春光缱绻的四月，也许你无法出走远方，但是只要你捧起书，就一定有诗意，有书香。有书相伴，就是最幸福的，书可以真正带你去领略大千世界，品味百样人生，真正在精神上构筑起属于自己的城邦。

阅读是世间最美好的事情。好的书籍可以开辟一个别样的世界，让教师更好地理解世界和反观自身，从而为孩子们讲述更多书中的故事和哲理，传播真善美之声。正如著名作家梁晓声说的"读书的种子要精心培育"。鲜花般稚嫩的孩子也需要优秀教师的培育和呵护，因此，作为教师必须要加强自身建

园西小学党员教师在钟书阁阅读书

设，成为一个知识渊博、聪明睿智、拥有丰富多彩精神世界的园丁。

（3）党员读书交流活动

读书会活动如火如荼地展开，教师们不仅阅读而且付诸笔端，在此期间，每位党员教师都积极利用节假日时间认真阅读并撰写了读书心得。

例如，高群老师谈了自己的学习体会：以苏霍姆林斯基为榜样，要想得到孩子们的爱戴，就应该学会尊重、理解、信任孩子；尹燕萍老师《我们仨》的读书心得：懂得知福；秦肖奋老师交流了阅读《今天怎样当老师》的体会：教师的爱就是渗透在平时的点滴中，贯穿在孩子成长的每一个阶段；顾思骊老师《做一个幸福的教师》读后感：懂得享受课堂，懂得享受学生，懂得研究教学，做一个幸福的教师。"学而不思则罔，思而不学则殆"，在党员教师互相交流的过程中，加深了对书籍本身的领悟，并更能深刻地感悟阅读的魅力所在。

3. 园西讲堂之读书讲座

园西小学有幸邀请了浦东新区教育督导室的李玉娟督学做客"园西讲堂"，为全校教职工做了一个以"阅读，即'悦'读"为主题的精彩读书讲座。共同聆听讲座的还有园西小学办学联盟学校以及友好学校清源小学的各位领导和老师。

读书最是愉悦身心之事，淡淡的墨香，加一盏香茗，人生之惬意不过如此。李老师作为一名资深督学老师，她孜孜不倦的读书习惯和读书精神深深吸引着园西小学的教师们。讲座中，她将丰富的阅读体验和读书经验娓娓道来，向大家阐述了阅读的长期性、重要性和深远性。

李老师说，阅读应该是一种享受的过程，获取知识，开阔视野，丰富体

姚星钢校长与党员教师一起参与读书会交流活动

验，这三种目的相互结合，使人拥有独立的、与众不同的人格魅力。李老师还通过各种案例，向大家交流了阅读的价值和方法；她觉得作为教师应该从小培养孩子阅读的习惯，为孩子提供思想的养分与精神的滋养。李老师还向大家推荐了许多书籍，分享快乐阅读，记录思考的阅读方式，建议教师将自身的阅读体验和孩子们互动分享，促进学生的深度学习。

"书香滋润心田，阅读幸福人生。"这场精彩的讲座为促进教师专业成长搭建了一个平台，使老师们深深地意识到：作为教师，读书无疑是促进自己成长的重要途径。教师的精神成长，需要高品位阅读的滋养；教师的专业发展，需要经典专著的引领。李老师从不同角度畅谈了自己读书的所思所想、所感所悟，将打开人生之书的方式与老师们分享，使老师们受益匪浅，备受启发。相信只有"多读书，读好书，好读书"，才能不断完善自我，提升自我，从而更好地服务于教育事业。有幸读到一本好书，就如同与高雅之士谈心，同良师益友交流，潜移默化之中得到升华。

三、个案探究：校长的读书计划

雅斯贝尔斯说过："教育的本质意味着：一棵树摇动另一棵树，一朵云

浦东新区教育督导室李玉娟督学做客"园西讲堂"

推动另一朵云,一个灵魂唤醒另一个灵魂。"校长是从事教育的专业人员,校长是带领一群灵魂去唤醒另一群灵魂的人,校长是精神化的存在。身为学校的灵魂人物,校长深谙教育之道,更明白率先阅读的重要性。一个学校,校长的阅读境界是引领教师团队主动阅读的旗帜,影响着教师的阅读品位和文化气质。阅读应从校长开始,校长应是主动阅读人。窦桂梅说"读书是我的'美容用品'",高万祥则喊出"培养中国的读书人",并说"读书拯救自己"。校长读书,小而言之是提升个人修养、专业素质的需要,大而言之是师生进步、学校发展的保障。

案 例

园西小学校长姚星钢的读书计划

1. 读书目标:

（1）努力提升理论和实践水平,增长教学智慧,推进课程改革进程,全面提高教育教学质量。

（2）每天坚持读书,逐步养成多读书、读好书的习惯。

（3）努力通过读书开阔自己的视野,丰富自身文化涵养,强化自身修养,使自己的精神世界变得更为丰富多彩。

（4）读书与思考结合，读书与写作结合。在我个人进行读书活动的同时，我要积极促进开展师生共读活动，制订读书计划，确定读书范围，养成良好的阅读习惯。

2. 主要措施：

（1）每天确保一小时的读书时间。每周撰写一篇读书笔记；每月研读一本教育刊物；每学期与教师进行一次读书交流。

（2）充分利用网络，进行网上阅读，了解、把握教育教学的信息和动态。抓住培训、听课、博客交流等机会，努力向专家、名师、优秀教师学习，使自己的教学思想、方法有更大的发展和成功。多学习他人经验，时时反思自己的不足，一步一个脚印，踏踏实实地去实现目标。

（3）读书活动做到"六个结合"：专业书籍与非专业书籍相结合；朗读与默读相结合；读书与读报（杂志）相结合；读书与摘录相结合；纸质阅读与电子阅读相结合；工作时间阅读与闲暇时间阅读相结合。

（4）主动与同事交流，讨论读书体会心得。

3. 读书安排：

（1）专业书籍与非专业书籍相结合。专业书籍，主要指教育类的——校长岗位职责、学校管理。如《管理学》《学校管理简论》《学生权益保护案例》《学校法制理论与案例》《高效课堂与带班之路丛书》《中国共产党的九十年》等，非专业书籍——历史类、文学类，如：《丰子恺：佛无灵》《世界文学巨著锦言妙语》等。重点阅读：《中国师德手册》、郑杰的《给教师的 100 条新建议》、陶继新的《治校之道》、《论语》；准重点阅读：张文质的《教育的十字路口》《你的礼仪价值百万》、窦桂梅《窦桂梅与主题教学》。（校长坦言：自从担任校长后，阅读有关学校管理的书籍占多数。）

（2）朗读与默读相结合。一周早上，天天朗读，每周安排两个晚上朗读，内容既有教育类的，也有其他类书籍。

（3）读书与读报（杂志）相结合。主要有《中国教育报》《上海教育》《现代教学》《环球时报》《解放日报》《文汇报》《当代教育家》《小学语文教师》《科教新报》。

（4）读与写相结合。读后及时摘记，及时与工作实际相结合，撰写心得体会。

（5）纸质阅读与电子阅读相结合。

（6）工作时间阅读与闲暇时间阅读相结合。

通过大量阅读书籍，写好读书笔记，不断积累书本知识，思想与时俱进，将知识运用于实践，并用先进的教育思想、教育理念武装自己的头脑。

身为校长，作为校园的领导力量，亦是教师行为的楷模，尽量抽出时间进行各种书籍的阅读，是"功课"。读书，能够改变教师的精神、气质和品性，"腹有诗书气自华"。读书，能够不断增长专业智慧，能使自己的教学闪耀出敏捷睿智的光彩，充盈着创造的活力和快乐。读书，能够改变人生，而且能促使自身去不断地思考教学工作，深刻感悟生活和生命，从而实现人生层次的提升和生命的升华。

第三节 "强学、力行、致雅、尚美"

——陶铸教师的学习性情

学校不是单纯适应社会的文化产物,而是开启智慧、追求真理、传播知识、弘扬文化的重要场所。校训产生于学校自身,得到全体成员的认同、共识和维护,并随着学校的发展而日益强化,最终成为取之不尽、用之不竭的精神源泉,也成为一所学校区别于其他学校的显著特征。它是引领学校全体师生前进的方向标,良好的校训是办好一所学校的先决条件。"校训是学校为树立优良校风而制定的要求师生共同遵守的准则。"它不仅彰显了学校的办学意向,而且反映了学校的文化特色和学校学科建设的重点,从校训还可以看出学校的内涵和文化底蕴。

一、强学

"强学",语自《礼记·儒行》:"夙夜强学以待问,怀忠言以待,力行待取,其自立有如此者。"对一个优秀的教师而言,主动学习的精神应始终贯彻其教师生涯。只有好学,才会好问、反思,学而不知,不知强学。相反,若是教师缺乏学习的动力,抱着那师范学校的几本教科书或者点滴教学经验,裹足不前,墨守成规,即使在应试考试的战事里呕心沥血地奋战春夏秋冬,充其量也就是替代了复印机的功能,没有诠释教育的全部价值,一介教书匠而已。

教师本是天生的读书者,在这个日益开放的时代,更需要开放的阅读。教书是吸收和继承的过程,而读书会使教师逐渐把古今中外的教育智慧内化为自己的素养和习惯,在潜移默化中实现自己教育教学行为的根本性改变。新教育的代表人物朱永新教授认为:"一个人的精神发育史实际上就是一个人的阅读史,是一个民族的精神境界,在很大程度上取决于全民族的阅读水平。"身为榜样,理应发挥榜样力量,园西小学教师强学不息,阅读不止,在他们的感召下是一批爱好读书的"小读者",学生们受教师的影响,产生了较为浓厚的读书兴趣。园西小学为鼓励学生的积极阅读,还成立了读书角,让同学之间定期分享交流最近阅读的书目,多读名著经典,多读名人故事。

二、力行

"力行",语自《礼记·中庸》"好学近乎知,力行近乎仁,知耻近乎勇";《史记·儒林外传》"为治者,不在多言,顾力行如耳"。言必行,行必果,笃志力行,专心致志地去实践与好学、知耻、守信是相连的。于教师而言,就是要求学生做到的自己首先必须做到,凡事亲历而躬之,兢兢业业,表里如一。同样,对于一所学校来说,力行文化尤为可贵,力行衍生出的精神力量促使每位教师身体力行,每个学生强学力行,脚踏实地做事做学问,从而形成强大的推动力,为学校的发展提供智力支持与保障。

"学至于形之而止矣",行也是一种学习,与学思一样,同样可以获取知识,所谓"行之,明也"。习染"力行",教师自身做起主动阅读的榜样,抓紧利用一切闲暇时间扩大阅读量,提升自己的文学素养,让阅读成为一种习惯。例如早起晨读计划、一周一本书计划等,时间就像海绵里的水,只要愿意挤总还是有的。

李大钊曾说:"凡事都要脚踏实地地去工作,不驰于空想,不骛于虚声,唯以求真的态度做踏实的功夫。以此态度求学,则真理可明,以此态度做事,则功业可就。"教师读书应及时与当前教育和教学改革的实践活动联系起来,在反思过程中不断实践,提升自己的理论水平、科研能力和运用理论处理教学实际问题的能力,做到"读"有所悟,"悟"有所用,"用"有所得。为此,园西小学开展了丰富多彩的读书活动,例如读书摘记评比,成立党员读书会和举办读书讲座等,把教师读到的、悟到的知识以书面化的形式展现出来。

三、致雅

"致雅",语自《北史·颜之仪传》"博涉群书,好为辞赋,辞致雅赡"。极致,致文致雅,追求文、物、事、人的和谐。师道尊严其实就是致雅的概括,

"温而厉，威而不猛，恭而安"，寓意全体师生：于文通俗易懂，不矫揉造作，做到雅俗共赏；于物简约精致，朴素淡雅，不做形式雕饰，讲究科学合理和实际效用；于事得体大方，小事不计，大局为重，注意过程，关注细节；于人浓妆艳抹不失端庄秀丽，素面朝天却显尊贵气度，优雅不具侵略性，积淀平和之美。

阅读的过程，是自身在剥除心灵中的障碍的过程，会逐渐使人的心胸变得开阔，慢慢地加法变成了减法。主动阅读同样能使人心灵优雅。行为的优雅是表面的优雅，真正的优雅是灵魂的优雅，优雅的生命源于优雅的灵魂，优雅的灵魂源于优雅的书籍。多读书的人，情怀开阔，境界高远，心无挂碍，思无羁绊，心态平和。多读书的人，谈吐风趣，举止得体，情趣高雅，自有生活的品位。读书是与高尚的灵魂沟通，与优雅的品德对话。阅读不仅是高雅的休闲，倘若细细品味的话，还可以让思想有一点余香，情绪有一点缱绻，当然，灵魂也就在主动阅读中逐渐变得高尚优雅起来，使心灵更纯洁、更澄澈。

古诗人言："腹有诗书气自华。"一个人修养精湛，表现在外自是雍容的气度，不俗的谈吐，脸上洋溢的亦是灼人的光华。读着书，诗意的生命被开垦出最丰美的田园，方白鹭与青崖之间的旅者，好酒入胸，七分酿成了月色，剩余下三分，秀口一吐，就是半个盛唐；持尽寒枝却终不可栖的寒鸦，手持青青芒杖，在"疏月挂萧桐"之夜，叹大江东去，不为"蝇头微利，蜗牛虚名"触动，只愿沧海济余生；落日桥头，断鸿声中浪子，一边是枯藤老树，古道西风，一边是"宝马雕车香满路"，可他只愿做"灯火阑珊处"的伊人。

周国平说："一个真正的读者，应该具备以下特征：第一，养成读书的癖好；第二，形成自己的读书趣味；第三，有较高的读书品位。"读书需做到静心静神，沉溺于其中，读出书的意味，读出书的情趣。真正的读者应该具备一定的判断力和鉴赏力，守住本心，每读一书，精神必有所获，心智必启，达到致雅的志趣。每位教师都应该有自己的精神家园，通过主动阅读来拨云见日，从而丰盈自己的教育生命，这也是校训对教师主动阅读影响的旨意所在。

四、尚美

"尚美"，语自《黄河赋》"览百川之洪壮兮，莫尚美于黄河"。尚美文化起源于 2500 年前的古希腊，尚美而不违道德，主情而不失理智，思索而不害实行。柏拉图认为，"美"是一切事物的终端，是最好的诗和哲学共同享有的"住宅"。我国古代孔子、孟子就提出了具有尚美思想性质的诗教乐理论，孔子的"中和之美"、孟子的"充实之谓美"等。尚美于教师而言，就是教师品格的陶冶，教师专业的提升，合作能力的加强，服务意识的提高，高尚气质的积淀，简而言之就是教师的人文精神。

正如张其昀在其《读书方法》所说："读书可以养心，虽值拂逆而开卷时许，如扇清风而解烦热。善读书者视书籍为一种美术，美善相乐，是谓读书之胜义。"美的心灵像甘泉、像雨露，不仅滋润了自身的语言、形象，而且也使周围的一切都沐浴着美的光辉。在墨香的浸染下，教师的身心同样得到了提升和熏陶。同样，教师的内心世界与教学行为相连，也决定着其教学的效果。从现实角度来看，有着丰富内心世界、心灵柔软的教师，对待学生也一定如春风化雨般，能收到良好的教育效果。

例如，园西小学的郁秀敏老师，在她上课时，总是能够吸引学生的目光，深受学生的爱戴，讲的话学生爱听，让学生发自内心地喜欢上课。学生成为爱学习的天使，郁老师自己也享受着师者的快乐与幸福。这生动有趣的课堂背后，是郁老师阅读的厚积薄发和知识的自然流露。每一名园西教师，理应都具备郁老师这样的风度。

第四章

倡导团队学习： 主动学习的合作机制

　　在整个专业生涯中,教师需要通过专业训练提高自身与教学有关的综合素质。诚然,教师间的合作能帮助教师打破人际隔阂,增强自身对外部教育变革的适应能力,还能提高教师的反思能力,减轻教师的压力,增加教师的学习机会,从而促进教师更快地成长。教师可通过学科内教研活动、学科内集体备课、项目式研修、校本研修等途径展开合作,促进自身专业成长。

第一节　学科研修　抱团发展

　　园西小学组织了以校内教师为班底，以语文、数学、英语学科为重点的教学研修活动。每一次研修活动，教师们都积极参与。教师们从语文学科的不同层面传授教学之道，可谓是语文教学的精品大餐。教师们以活泼生动的教学案例，紧扣语文核心素养的四个方面，提出既要立足语言知识，也要注重引导学生阅读思维，同时要兼顾文化渗透与传承。

案例

重目标设计　现语文特质
——记 2015 年度第二学期第二次语文大组活动

　　4 月 21 日下午，我们全校语文老师以及办学联盟的老师们怀揣着对语文教学的执着追求，一同相聚在新德校区。本次活动的主持是青年教师陶春燕，活动邀请了上海市优秀教研员章健文老师来给我们做专题讲座——"基于目标的教学设计"。

　　整个讲座中，章老师凭借着其专业的理论知识和丰富的实践经验，以教学目标为根本出发点，向我们阐述了教学目标的功能、教学目标制定的依据和要求、三维目标的兼顾和目标描述的形式。从中让我们了解到：教学目标作为教学的出发点、教学过程的调节点以及教学活动的归宿点，其核心要求一定要做到"明确、集中、适切"。一节课的目标必须要有限制，不宜多，也不能随意拔高要求或降低要求，要对教学的全过程具有导向、激励、调控和衡量作用。另外，章老师将目标剖析得更为细致，分为基础目标（拼音、汉字、词汇、基本句式）、重点目标（分段、归纳大意）、隐形目标（感受、体会、领悟等思想、文化、审美方面），使之更具有语文学科特质，有利于全面提高学生的语文素养。

　　紧接着，章老师结合各年段的情况进一步分析了教学设计的要素和注意点。其中，要素包括教材分析、学情分析以及教学流程。教学设计注意点包括：1. 要依据教学目标设计；2. 重点目标要设计操作路径；3. 要重视形成学习的策略。章老师还着重提到"学生会的教师要少讲，学生不会的教师要多教，教不是教师讲，而是设计学习的路径，让学习有学习经历"，强调了教学设计的关键。为了让老师们更直观地感受，章老师还结合大家熟悉的《珍珠鸟》《狐狸和乌鸦》等课文，更鲜活地进行了阐述。两个小时过去了，但大家依然沉浸在章健文老师的言语中、案例中，听得津津有味，意犹未尽！

通过本次学习，我们真有一种"拨开云雾见月明"的感觉，受益良多。通过学习，我们对低、中、高各年段的目标要求更明确了；通过学习，我们对如何进行教学设计有了更深层面的了解。相信在今后的教学中，大家一定能以学生的学习起点为基础，在学生的学习起点之上采用适当的行为去"启蒙"学生学习！

英语学科的研修方式也丰富多样。园西小学的英语教师从语法、词汇教学、分析阅读和思维品质与语言输出等方面入手，分享了实用的课堂教学策略。他们立足英语学科阅读教学现状，并创新性地提出了英语文本解读的新思维、新策略。通过学科研究，园西小学的新老教师积极互动，深入交流，在学习中实践、在实践中学习，取得了教学相长的良好效果，为提升新场学区学科教学水平做出了积极贡献。

案 例

基于故事教学　发展学生思维
浦东新区兄弟学校四年级英语教研活动

4月，春暖花开的季节。4月5日下午，我校迎来了浦东新区兄弟学校的四年级英语教师，大家齐聚新德校区录播教室，参与、开展了此次区英语教研活动。活动主要分为两部分，观摩一堂公开课 4B M3U1 Period 4 和讲座"4BM3 教材分析和教学建议"，教研员岳良燕老师主持了此次活动。

本节公开课 4BM3U1 The old tortoise and the little bird 由我校薛莲老师执教。在观摩本节课之前，岳老师提出疑问：这节课是基于故事的教学，还是故事阅读教学？带着疑问，我们细细观摩了本节区级公开课。课后，岳老师评课时认为，薛老师睿智、富有情趣的教学语言有良好的示范引领作用；多彩、富有实效的教具、教学形式，让课堂充满了浓浓的趣味，是一节值得学习与借鉴的故事阅读教学课。

　　紧接着，来自尚德实验学校的钱凤老师，基于4BM3教材，提出有效、有针对性的建议。钱老师提出了两点：首先，老师不仅要教授学生知识，更要培养学生的学习意识，包括文明意识（在公众场合的音量、举止）、自律意识，等等。其次，老师要注意培养学生的英语逻辑思维能力。写话是四年级英语教学的重点，在这部分，学生容易将语言堆砌成品，而不是用正确的思维方式去表达、去抒发。所以，钱老师建议在日常写话英语教学中，将如何把作文写得符合英语逻辑、写得有文采有机地渗透进去。

　　最后，岳老师总结，四年级英语教学活动要以激发学生兴趣和发展学生思维为基础，渗透情感教育。

见习教师（川中南校）葛英姿

　　学科研修是学校教学研究的组织形式，学科研修的常规工作管理直接影响了学科教学质量和教学效率，它在小学教学工作中起着至关重要的作用。长久以来，园西小学不断推动学科研修室的制度化，充分重视学科研修常规工作管理，以此切实提升教师的专业素质，帮助他们树立新型的教学理念。

第二节　项目研修　区域联动

义务教育具有基础性、全局性、先导性的特征，义务教育公平是实现社会公平的前提。努力促进义务教育公平关乎国家教育体系的良性运行和均衡发展。在新一轮教育综合改革过程中，浦东新区通过多举措缩小校际差距，促进教育教学资源共享，实现区域内优质资源的均衡配置；园西小学积极主动参与其中，与区内、长三角地区，乃至全国的学校结对联动，为教育均衡做出园西的贡献。

一、区域联动是学校内涵发展的必然要求和内在选择

"区域联动"最初是一个社会经济学概念，是指基于相邻的地理区位和差异的经济联系，以资源优化配置和提升整体区域竞争力为目标，借助于政府的引导与市场的双重作用，在产业发展、空间规划、市场流通、生态建设和行政制度上实现共享再造，从而形成功能分异、错位发展的区域经济发展格局。区域联动是区域发展战略的创新，也是区域可持续发展的客观要求。随着教育现代化的不断有力推进，区域联动这样一个社会经济学概念走进了教育领域，其在教育领域中的运用，以促进教育均衡发展为目标，注重的是区域内学校间的互动与联盟建设，强调的是优质教育资源的共享。

随着对基础教育阶段学校投入的不断增加，学校在外观、外部环境及形式上，注重发展的速度及规模变化。学校发展在外部环境上的变化主要表现为学校建筑面积的不断增大，校舍条件的不断改善，优美校园环境的营造，校园文体教育形式的极度丰富等。但学校的发展如果仅限于这种外延发展形式，而没有深远的内涵发展机制进行有效支撑的话，就有可能影响学校发展的长远实效。学校内涵发展注重学校在质量上的发展，它强调学校的办学质量与效益，要求提升学校的影响力和软实力，

促进学校集中精力提高办学水平,同时不断促进学校规模与质量效益的协调与统一。值得一提的是,学校内涵发展也要注重学校的特色与创新,学校只有形成自己与众不同的品牌特色,才能在发展中引起较为广泛的关注,才能吸引优质生源,进而促进社会合力来推动学校各项工作的全面发展。

二、学校内涵发展为什么需要区域联动

区域联动是现代教育治理、现代学校制度建设的必然要求。《国家中长期教育改革和发展规划纲要(2010—2020)》指出,要"适应中国国情和时代要求,建设依法办学、自主管理、民主监督、社会参与的现代学校制度,构建政府、学校、社会之间新型关系"。教育部 2012 年底颁布的《全面推进依法治校实施纲要》明确提出要"大力推进依法治校,建设现代学校制度"。当前我国深化行政管理体制改革的大趋势以及教育转型发展的新阶段,对学校制度建设都提出了新的要求,改革原有的学校制度,建立适应经济社会发展和满足教育自身发展需求的现代学校制度势在必行。

现代学校制度是指符合现代教育基本理念,坚守教育本真,构建学校法人制度以确立学校的主体地位,以学校组织制度、管理制度和新型政校关系为主要内容的教育制度。其中,以人为本、以学生发展为中心的教育理念是前提,确立学校的法人主体地位是关键。现代学校制度应具有多元、开放和包容的特点。因此,现代学校制度的建立就是教育法制化、民主化、开放化的过程。区域联动中的"特色联建,资源联享;教师联培,学生联动;活动联合,共同教研",正是力图体现现代教育治理、现代学校制度建设的机制要求。

区域联动是学校内涵建设的内在选择。依据学校发展阶段的理论,学校内涵发展是有周期的,大致会经历初生、成长、成熟的三个相对独立又相互衔接的阶段。学校内涵发展三阶段,尤其是示范学校阶段,对其区域联动能力的要求越来越高。换言之,区域联动能力是学校内涵发展的根本要求,区域联动能够加速学校内涵发展进程;两者相辅相成,具有内在统一性。

三、园西小学区域联动的实践样态

从近几年来园西小学区域联动实践来看,园西小学区域联动有"战略—团队—知识"这样一个"三维联动"的实践样态。战略联动力图培育形成园西小学区域联盟共同体资源整合的能力,团队联动力图提高各学校的师资队伍,知识联动在战略联动和团队联动的基础之上,着力打造出各参与学校的优质教育教学能力。为了更好地说明每种联动样态,后文将园西小学领衔的区域办学联盟、城郊联盟、长三角千校网络结对和各种专题联盟中的典型做法划归到"三维联动"中。

第一,战略联动,形成共同的愿景。一所学校往往拥有自己独特的办学思想、风格和文化,这就使得学校之间难以形成共同发展的价值观念。因此,战略联动就显得格外重要,即确定办学联盟的发展目标、发展方向和资源优化配置的路径,从而形成共同的愿景。

1. 更新教育理念,形成共同愿景。

通过开展"校长沙龙""专家座谈"和"校园文化大家谈"等系列互动活动,进一步促进学校之间的交流沟通,让各成员学校感受到其他学校的办学特色和办学优势,充分认识到自身的不足,明确自身的知识需求,最终形成共同的发展愿景。

2. 建章立制,搭建平台,保障战略联动。

一是建立联盟议事制度。联盟每学期举行一次所有成员校校长会,或是定期召开专题会议,研究制订共同体的教学计划、师生的教育活动、教研活动和校本培训等。二是建立共享机制。各学校提供可共享的资源项目,并建立资源菜单,明确资源提供学校和资源需求单位;制定联席会议制度,通过会议协商建立资源项目的共享关系。三是建立共同考评机制。对成员学校教育教学工作实行全方位、捆绑式联动考核,即牵头学校的业绩不仅看自身的发展成绩,还看成员学校的进步情况。

区域联盟由"政府—学校—社会"三个基础元素和"区域联动合作平台"一个核心元素构成,并通过系列子平台,集成各学校的优质资源,协同支撑联盟开展教育教学实践活动,使得教育均衡发展从理念层面进入到实践领域。

案例

组成"园西小学区域办学联盟"

园西小学和黄楼、施湾、坦直、石笋、六灶、新场六所小学，由园西小学为领衔学校，组成"园西小学区域办学联盟"。其中，园西和黄楼、施湾在十多年前就是"自由恋爱"的结对学校，与坦直、石笋自 2010 年底开始到目前一直是办学联合体学校，现在加入了六灶、新场两个新伙伴，组成了园西办学联盟这一新的大家庭。其中，联盟管理委员会是联盟内所有学校的管理机构，委员会下设三个工作部：管理委员会办公室、教育教学工作部、教师发展工作部。

联盟运作采用领衔学校校长统筹安排与联盟内其他学校校长组织实施相结合的多轨管理机制，全面完成联盟制定的各项工作目标。其中领衔学校要充分发挥带头作用，做好排头兵、担当引领者，将本校的优质资源输送到各成员学校，也要在联盟各成员学校之间做好组织、协调工作，起到桥梁纽带作用。六所学校人、财、物、事、信息各自独立，由联盟负责对成员学校进行办学思想、学校管理、课程教学、学校文化等方面的引领，通过多层次的互动交流，多形式的参与融入，多元化的评价考核，促进学校之间的深层次交流，进而缩小校际差距，实现共同发展。

第二，团队联动，实现优秀师资共享。团队联动是区域联动建设与发展的关键。区域办学联盟要实现优质资源的共享和参与学校的共同进步，离不开团队合作。团队合作的核心在于提升参与者的专业素养。团队建设由于加强了成员之间的交流、培养成员的认同心理，使成员感受到群体的力量，有利于促进知识的群化，即知识在个体之间的传递，并逐渐扩散到整个群体。园西小学区域联盟在促进团队联动方面实行了以下几种措施：

一是建立教师、管理人员互派交流的激励机制。由于区域办学联盟学校之间在办学条件和办学质量等方面存在差距，管理人员和教师交流的积极性并不高。因此，需要建立相应的激励机制，对参与交流的工作人员在交通餐饮和薪资待遇等方面实行专项补贴，在职称评定和评优评先等方面给予政策倾斜。这样促使牵头学校选派真正优秀的教师到成员学校；成员学校则每年选派一定数量的教师到牵头学校，通过带班上课、主持或参加教学研讨等形式开展相互学习，或者根据教学工作的需要和学科均衡发展的情况，统筹安排任课教师。

二是开展师资培训，整体提升教师专业水平。园西小学在教师培养上已经形成了比较成熟的经验，如教研制度、听评课制度、教学流程管理制度等。作为区域联盟领衔学校，园西更是着力开展成员校间的师资培训。自2016年开始，一个学期确定5周，每周连续4个半天，每所联盟学校每次活动派出一位对应年级教师进入园西小学参加浸润式学习培训，分3年完成，涉及5个年级20％以上学科教师。经过3年实打实培训，"好苗子"将成长为"种子教师"，分布在联盟每所学校、每门学科、每个年级，带动联盟的整体发展。

> **案 例**
>
> ## 学科浸润式培训
>
> 　　办学联盟成立伊始，就将学科浸润式培训作为园西师资优质资源进一步辐射、带动联盟师资队伍整体发展的抓手，将园西优秀的课堂文化作为可供联盟成员学校分享的一笔精神财富。2016年从语文、数学两个学科入手，2017年拓展到英语和其他学科，其中穿插各个学科的回访诊断活动，力争经过3年的打磨实践，为联盟学校培养一批"种子教师"，并将"星星之火"带回各自学校，给自己学校的学科教学带去好的做法、新的气象。以2016年上半年语文学科为例，园西语文组共推出24节展示课，参与人员涉及多个层面；共开设6个专题讲座，与联盟学校教师共享宝贵经验及创新教学方法，达到相互学习、共同进步的目的；共开展5次主题研讨活动，每个年级一次研讨，开诚布公、畅所欲言，智慧火花碰撞，气氛十分热烈。参与上课、讲座、研讨的教师将自己的语文教学经验进行梳理和提炼，联盟学校教师在课堂教学、写作指导、作业评价等方面得到了新的提高，取得了双赢。2016年上半年，联盟活动产生了较大影响，浦东电视台密切关注并跟踪拍摄、报道，在电视台进行了播出；《上海教育》记者现场采访，并以《园西办学联盟：带好队伍从培养"种子教师"开始》发文宣传。下半年，联盟数学学科活动将在11月开展区级、署级层面的展示交流活动，邀请教育署专业人员到校拍摄联盟活动的视频片段；联盟"种子教师培养模

式的实践研究"作为第三教育署"多模式推进学校优质均衡发展的实践研究"项目的一个子项目予以总结,并将作为经验向其他学校推广。

第三,知识联动,实现教育教学资源共融。知识联动是区域联动发展的本质所在,将学校管理、课程教学、师资培养等方面拥有的隐性知识与显性知识于联盟学校间进行相互转换和提升。成员校教师经常说的一句话就是：我学到很多,对于我改进课堂教学很有帮助。反过来,成员校一些好的做法也影响着园西不断去改进、不断做到更好。

1. 联合教研——"分享是一种快乐"

区域联盟成员学校每个年级都派出优秀教师代表来到园西小学,进行"观摩课堂、参与教研、集体备课、培训交流"等活动,联盟学校的同年级老师共同深入课堂,碰撞思维,启迪智慧,在活动中相互切磋、提高教师专业能力。

案 例

分 享 成 功

每次参加联合教研活动之后,每位老师都会对活动进行总结和提炼。很多老师都说：通过联盟活动,感受到了"分享是一种快乐",当你把自己的经验和别人一起分享时,一份快乐就变成了两份快乐,甚至是无数份的快乐。园西的老师热情地对待来自办学联盟的每一位教师,把园西的课堂,把园西的教研组活动,把园西的每一个成功与他人分享,相信一份成功也会变成两份,甚至是无数份。从老师们听完课后的评课互动,参加完活动后的活动体会,和发自内心的感激与微笑中,体现了联盟活动的有效、成功。老教师的无私指导、新教师的勤勉、对工作的执着同样深深打动了大家,感染了大家。

本学期以园西小学为根据地开展活动,下学期,将走进其他联盟学校开展活动,同时通过跟踪种子教师,和本学期的活动进行对比,看看老师的研究教材的能力、掌控课堂的能力、课堂提问和评价的能力、教研的能力在哪些方面得到了进步和提高,看看哪些经验可以总结和提炼,让区域办学联盟工作在均衡化教育的大背景下结出丰收的果实。

2."1＋N"式课题研究，共同攻克教育难点

采用"领衔校＋参与校"的模式在不同学校间共建教学资源库，既弥补了原本各校在资源库建设中孤军作战的不足，又能够充分发挥网络的功能，集多人智慧，一起建设资源库，使教学资源更为有效，同时也让教学资源的广泛应用和共享成为可能。这种校际合作模式打破了时间与区域之间的限制，让领衔学校能充分发挥自身优势，将优质资源进行共享；让参与学校能随时随地地学习和应用这些资源进行教学，为进一步推进校际教育的均衡发展起到了很好的作用。

园西小学采用"1＋2"的模式，以领衔学校的身份与浦东新区施湾小学、黄楼小学一起合作"小学语文教学资源的有效管理和应用"课题研究。一是建立并完善学校在资源建设方面的各项制度；二是再次对教师进行信息技术方面的培训，在持续的学习、行动中，使教师不断提升信息素养（维权意识、知识产权意识、网络安全素养等），增加信息技术技能知识，提高开发资源、应用资源的能力，从而不断发展教师的教育技术水平；三是建立并完善基于网络的小学语文教学资源库平台，提高其管理和应用的水平，让教师能更为便利地使用和上传资源，交换和共享信息；四是除了为参与学校提供切实可行的资源外，还要帮助参与学校做好自己的资源建设工作（重点是语文学科），提高参与学校的"自我造血"能力。

3.名师访学、专家指导

读万卷书，行万里路。多读书可以启迪心智、增长智慧，走出去方能使我们更加开阔眼界，增长知识和能力。学校坚持规范化管理与开放式办学并举，坚持"走出去"与"请进来"并举，从思想理论和实践经验层面不断帮助教师专业化成长，增加教师进步空间。

案例

"请进来、走出去" 学名校有收获

园西与全国多所名校建立友好关系，"名校访学"活动是我校几年来一直坚持开展的一项工作，有计划选拔骨干教师到名校参观学习，开展"同课异构"

活动,多角度、多方位学习先进的教育教学经验。我们的足迹遍及全国各地,先后到过海南、新疆、云南、贵州、河北等省区,我们组织了骨干前往江苏太仓第二中心校、昆山北城中心校,浙江宁波爱菊艺术学校,走进名校打虎山路小学、杨浦小学,深入学习本区名校龚路中心校的办学经验。学校还邀请专家、名师及友好学校教师来我校指导交流,相互切磋、取长补短,对教师的专业发展起到了较大的促进作用。客人们对我校规范化的管理、整洁的校园环境和丰富的校园文化内涵,以及有效的教育教学实践活动给予了较高的评价,同时大家也针对教学改革方面的一些具体问题进行了深入探讨。

四、区域联动带给了园西什么

几年来,园西在区域联动上有想法、有举措、有成果,为实现教育均衡发展而不断努力。那么区域联动到底带给了园西什么? 区域联动到底促进了学校哪些方面的成长呢?

区域联动带给园西人的直观感觉,可以用"六感"来概括:

第一,有成就感。当有这样一个光荣的任务交给学校时,我们觉得这是成就;当在和其他两所学校继续合作的过程中,其他学校的办学理念和办学方法会对领衔学校有启发和帮助。当双方在互相学习的过程中,为了更好地起到引领作用,领衔者会迫使自己去充实和完善自己,真正起到教学相长的作用。

第二,有成功感。只有优质的学校才能够领衔,所以多年的办学给了我们成功的积极体验。当三所学校都取得一定的进步的时候,领衔学校也会有成功的体验。

第三,有幸福感。优质学校很多,领导选择了园西,能为均衡发展尽点绵薄之力,我们备感荣幸、幸福。和兄弟学校的老师一起学习,结交朋友,当你的"滴水之恩"得到对方的"涌泉相报"时,我们更能感受到幸福感。

第四,有幸运感。与合作学校相比,我们拥有比他们好得多的办学条件,我们为能够在这样的环境中工作而感到幸福。有时,有些东西你无法选择,在庆幸之时,我们更多地会珍惜我们现在的工作,通过我们的努力,保持成绩和优势，同时回报党和政府的关心，由幸运而懂得感恩，感恩这个时代、感恩这个机遇、感恩我们的教育。

第五，有紧迫感。领导把如此重任交付给园西小学，这是对我们的信任和支持，也是对我们的考验。在联合体工作中领衔学校需要通过具体的人来领衔，这就对我们提出了更高的要求，"我们拿什么来奉献给你"，这就需要我们加强研究，努力提升自己各方面的素养，从真正的意义上做到领衔。

第六，有责任感。这是一种责任，是一项工作，必须思考和付诸具体的行动。办学联合体的效率和成效，很大程度上看领衔学校如何去引领去实施。

此外，从管理到治理，区域联动式学校内涵发展取得实效。区域联动之路上，除了成就感、责任感、紧迫感这些感性认识外，针对"区域联动对学校内涵发展发挥了哪些作用"，园西人也做了深度理性思考和分析，具体作用体现在以下几点上：

首先，从制度着手加强学校标准化建设。标准就是规则。在区域联动办学过程中，园西小学在建立科学的长效机制方面进行了有效的探索，设计了有助于区域联动的一些制度，这些制度对于园西小学的制度建设起到了极大的推动作用。多年来，园西一直致力于其标准化建设，相继出台了有关学校的基本设施、教学资源、师资队伍等软硬件建设的规章制度。这些文件、文本的研发与实施，勾画出了园西的"规范"，形成了园西的标准化、制度化，使学校工作有章可循、有据可依，有力地支撑学校内涵发展。

其次，完善民主决策机制，推进学校民主管理。民主既是社会发展的趋势，又是人的发展的内在要求，尤其是现代学校建设中民主管理更为重要。民主管理的第一层次是学校决策的民主化，学校的重大改革项目、计划、经费开支和人事变动等都要由权威性的决策部门通过；第二层次是学校的民主议政、参政机制，要有畅通的渠道和适当的组织形式，保证教职员工和学生的要求及时反馈到决策部门，克服校长负责制下的一言堂、独断专横、权力膨胀等现象。教职工代表大会是园西教职工依法行使民主权利，参与学校民主管理和监督的基本形式。每次教代会都以学校的重要工作、制度、规章、奖励评优等为议题，展开热烈的讨论，集百家之言，取有益之见，着力形成学校和谐、民主、有凝聚力、有进取心的团队文化。此外，校务会在议事和决策时，也充分发扬民主，注重调查研究、广泛听取各方意见，对重大问题事先经过充分的调研和反复的论证，做到科学决策；有时涉及每位教职工切身利益的大事，如绩效工资改革，会召集全体教职工一同商量，充分发扬民主，广泛听取意见。

再次，多元主体共同治理的学校组织网络，实现赋职分权。区域办学联盟的网络组织结构，体现了多元利益关系角色和多个主体共同参与治理的特征，强调了治理主体的多元化和权力的多中心化。园西小学作为联盟的领衔校，更是组建理事会、专业委员会、专家智库、家委会等，形成多个主体共同参与学校内涵发展的组织网络。可以这样说，现代教育治理是一次教育权力在政府、社会、家庭、学校之间更大范围的转移。通过转变和让渡职能，调整政府管理边界，实现权力在不同主体之间的合理分配。

最后，生成以合作为主题的学校文化。学校内涵发展中的文化生成是学校提升的一个关键因素，也是一所学校与其他学校的区别所在，更是引发学校特色生成的核心因素。通过文化生成来促进学校内涵发展，从而促进学校的特色发展。内涵发展的主要因素不在于外力的推动，而在于学校自身内部的变革与更新，它促进我们正确处理继承、发展、创新等关系，并有效利用和整合学校内外资源，从而将学校发展问题带入新的思考境地。区域联动对园西特色的校风、教风、学风的形成起到了推动作用。

团结合作的教风。园西一贯倡导"爱岗敬业是每一个教职员工的底线，不仅仅是优秀教职员工的品质"，倡导"点头、微笑、问好"等简单而有效的做法，建立良好的人际关系和温馨的工作氛围，两个校区干群关系、同事关系在多年的磨合之后都显示出友好、和睦的局面。园西小学的"温文尔雅、刻苦勤勉、团队合作、理性思辨、追求完美"的学校文化更加鲜明。

主动求知的学风。以"为学生创造更多的快乐"的主题，通过"创设浓浓的爱、快乐的学习、快乐的活动"三个板块，使理念有了切实的抓手，有效地推进了素质教育。

第三节　校本研修　形式丰富

　　课程改革的深入推进、教育的可持续发展,最终表现在教育教学质量的提高上,其关键因素就是教师的专业化发展。教师专业化发展是指教师作为专业人员,在专业思想、专业知识、专业能力等方面不断发展和完善的过程。作为基层学校,应在课改的新背景下,从教师专业发展视角重新审视以校为本的教育教学工作,以期为教师的专业化成长搭建更好的生长平台。园西小学的课程改革工作在以"办家门口的好学校"这一办学理念的引领下,注重教师的专业发展内涵,围绕"一个核心",提升"两个认识",落实"三个抓手",实施"四个聚焦",着眼学校的可持续发展,走教师专业化发展之路,取得了良好成效。

一、一个"核心",以师为本

　　"百年大计,教育为本;教育大计,教师为本。"简短的 16 个字,强调教育大计必须以依靠教师为前提,以教师的发展为着眼点,深刻地阐明了教师与教育发展的关系。

　　"以师为本",应该是每所学校做好学校管理工作、教师专业发展的核心词汇。要落实这一理念,最根本的就是要让教师有实现自我价值的内驱动力,要让每一位教师切身体会到教育职责的崇高,品味到自身专业发展的甜头,才会以终身教育为目标,将终身学习贯穿于自己的一生,不断完善自己的专业知识、专业能力,不断汲取本领域和相关领域的知识,研究最新的科研成果,提高自己的科研能力,使自己跟上时代发展的步伐,并在教育教学过程中,教会学生学会学习,学会认知。这样,教师才会在实施教育过程中身心得以健全发展,价值得以充分体现,拥有专业发展的幸福感。

二、两个"认识",统一思想

　　教育是教师的工作,学校教育质量的高低主要由教师来决定,教师发展是提高教育质量的关键。我们在专业发展上要提升认识，统一思想。

第一，认识到教师专业发展对学校发展的重要意义。园西小学始终把加强师资队伍建设作为促进学校发展的基本保障和根本措施。特别是近几年来，园西小学认真制订教师专业发展规划，切实加强教师队伍建设，让每个教师增强合作意识，提高合作能力，在合作中共同领会和把握学校课程的价值，共同实施、执行课程内容，共同解决实施过程中出现的问题，从而提升课程领导力。师资队伍建设作为学校发展全局中具有决定影响的重要步骤，在校内获得了自上而下、自下而上的高度认同。在教师专业发展工作中，校长始终是第一责任人，全面负责、组织学校教师发展工作。在学校的四年发展规划中，提出了"培养优秀的教师，教师队伍整体素质不断提高，骨干队伍不断扩大，名师数量不断增加"的目标，并对教师专业发展的具体措施做出说明。园西小学的每一位教师，根据学校发展规划并结合自身发展特点，制订个人专业发展规划，学校则依据规划定期对教师发展情况进行评价。在实施学校发展规划的过程中，学校不断总结经验，及时调整工作步骤，使师资队伍建设工作得到良性发展。

第二，认识到学校是教师专业发展的主要阵地。园西小学依据教师人数多、业务骨干多、教师业务水平层次明显等实际情况，积极探索科学的、系统的、适合本校特点的教师专业发展模式。通过实践、总结提炼，提出了"三个抓手、四个聚焦"的教师专业发展模式。目前，该模式已经显示出良好的"造血功能"，教师专业发展任务都由学校独立完成。

三、三个"抓手"，推进工作

抓手一：注重管理，制度保障。

园西小学实施精细化教学管理，起步比较早，从 1992 年建校开始，就创立了初步的教研制度、听评课制度、教学流程管理制度等，并逐年加以完善、推进。如今，这些制度以制约、引导、规范专业发展为主要内容，以教师为研究主体，以促进教师专业化发展和学生全面发展为宗旨，成了专业发展的保障。

一是建立规范制度。学校的发展建立在教师发展的基础上，名校长、名教师是学校品牌的要素，优质学校又对教师提出了相应的要求。园西小学完善了《教研组教研制度》《教学五环节管理制度》《听评课制度》等，规范每一位教师的教育教学行为，指引其发展方向。同时，还组织教师学习《绿色教学质量评价指标》，细化各部分要求。在设计好的评价表上体现出评价实施中注重主体性、发展性的特点，加大了教师自我评价的权重，强调教师自我发展。

二是完善保障制度。园西小学在建设现代学校制度的过程中，不断完善各项管理保障制度。在《学校规章制度》中，以制度性文件的形式确保师资队伍建设在学校发展中的重要地位。学校的《"信得过"教师考核制度》《师徒带教制度》《二到五年教龄的青年教师教学评比制度》等，针对部分已经有所发展、有所成就的教师提供专业发展的机会，并促进其在评比展示和指导带教中更上一层楼。这部分教师目前已成为园西小学教师队伍的中坚力量，人数多、发展潜力大，是促进学校进一步发展的生力军。在《教师学习制度》《教职工大会制度》《学校考评奖励办法制度》中，还对如何进行教师专业发展的指导、培训提出了相应的要求。学校绩效考核等制度也与教师专业发展情况的评价相关联。这些有关联的制度保证了专业发展的质量呈螺旋式上升的态势，不仅规范了质量监控各环节的工作，更为每位教师的专业发展注入了生机和活力。

抓手二：专家引领，专业指导。

近几年，学校先后邀请了市教委相关处室领导、区教育局基教处、区督导室、区语数英等教研员和区教科室专家到校对教师进行辅导。专家到校指导工作各有侧重，有的是面向全体教师分享教师专业发展的规划以及成为研究型教师的思考，有的则是盯住学科内几个培养对象进行跟踪指导，有的对课题研究提出新的方向，有的针对有效作业的布置进行专题讲座，有的上示范课展现课堂风采，目的是让处于不同发展期的教师得到进一步成长。

周密适切的培训策略激发了教师自我提高的内驱力，市专家说的"园西小学的老师想不发展都难"，是对该校教师专业发展的高度评价。

抓手三：团队合作，互助成长。

专业发展要解决的是学校层面所面临的共性问题和作为个体教师所碰到的个性问题。因此，专业发展的活动开展不是靠个人的力量就能完全做得到的，而是需要借助团队的力量，强调的是群体之间的互动、交流、切磋、分享、实践、提高的过程，它比个体的独立研究有着更多的优势。在园西小学，同伴互助的模式有三：

一是新进校教师的"助你成长"活动。每位新来园西工作的老师，无论你是刚踏上工作岗位的新教师，还是外校转来的老教师，来园西工作的第一年，学校都会指派一名德才兼备的老师作师父，进行一对一的带教活动。整个活动，从带教计划的制订、活动的开展、活动考核，都有易操作重实践的细则，帮助新进教师尽快成长，快速融入。

二是信得过教师的"结对互助"活动。园西小学的每一位署骨干、校"信得过"教师，都要带教一名本校的青年教师，结成"教学对子"。通过带教帮助青年教师迅速掌握学科课程标准，熟悉教学内容及知识体系。师徒一起共同研究学习新的教学理论，建立新的教育理念，讨论最佳的教学方法和手段。通过共同备课、听课、评课等活动使青年教师赢在起点。

三是教研组老师的"合作伙伴"活动。这是一种自发的结对模式，老师们如果只有自我研修，缺乏同伴互助，久而久之，这种自我研修就会处于一种封闭无援的状态。园西小学的老师们经常协作互助，尤其是备课组内的老师，大家会约定每学期共同研读的专著，共同研究的教学专题与准备共同执教的研究课。这样，生活中的朋友亦成了工作时的合作伙伴，大家互相关心、互相帮助、互相切磋、共同提高，使得我们园西的每一个教研组成了充满智慧与力量的团队。

"有想法乐于与同伴说""有看法善于跟同伴讲""有文稿诚于请同伴改"。同伴间经常进行合作与研讨、切磋与交流、支持与分享的横向交流活动，真正发挥了教师的主观能动性。

四、四个"聚焦"，践行实践

1. 聚焦学习，厚实根基

如果说书籍是人类进步的阶梯，那么阅读就是升华师魂的攀登之索。园西小学大兴读书学习之风，每人每学期都制订专业知识的读书计划，并认真实施。学校要求教师通过专业知识的学习，具有与时代相通的教育理念，并以此作为自己专业行为的基本理性起点。不仅要求阅读专业对口的书籍，还要求阅读相关学科、相邻学科的书籍，从"点性学习"到"线性学习"。有数学老师阅读《文本细读》《大学语文》的，有语文老师阅读《构建主义理论》《西方音乐一千年》的。老师们书读多了，文化底蕴厚实了，理论根基扎实了，专业发展时才能言之有物、言之有理。

为了保证老师的阅读时间，学校规定老师每周到学校图书馆阅读书籍时间不少于一节课，并认真做好摘录，期末进行汇总奖励，鼓励更多老师把阅读学习当作一种生活方式。

2. 聚焦专题，解决问题

学校采取任务驱动的方式，注重专题研究的实效性。这些专题研讨的内容均是自下而上，从老师们教学实践中遇到的最大教学问题入手，总结经验、寻找差距，共同研讨解决问题。以语文教研组为例，我们提出专题化研究，从高层次、专业性的角度推进教学质量，以下是近几年来研讨的专题。

专题一：当极小部分家长反映语文作业量大时，我们专题化研讨"'晒一晒'我们的语文作业"，进一步反思，重新规划了一至五年级的作业内容，出台了《园西小学语文作业规划》。

专题二：当教师队伍逐步成熟，渴望在原有教学水平上更进一步时，"名师进园西"的项目悄然形成。我们邀请全国名师戴建荣、上海市写作协会副会长徐鹄、上海市优秀名师卢雷、全国教学评比特等奖获得者朱煜等，为大家上示范引领课，互动研讨，答疑解惑，为老师们打开了教学新思路。

专题三：当我们想将课程标准在表达方面的要求落实到每一篇课文学习中时，我们开展了"关注表达形式，指导言语实践"的专题研究。我们的随堂课、教研课紧紧围绕这一专题开展系列性研究，在深入研读文本的基础上，有意识地关注作者的行文思路，设计有效的语言训练点，扎扎实实地教会学生表达。

专题四：当我们对教学内容的确定有困惑时，我们开展了"基于目标的教学设计与实施"的主题研究，除了老师们在备课中确定集中、明确的教学目标外，还尝试按照"认识—实践—迁移"的流程设计教学，以语文本体性教学内容为教学目标展开教学。

专题研究活动目标清晰、主旨明确，为教师提供了经验交流、经验共享、互相促进的平台，使每位教师在交流互动中思考，在教学实践中体验，在反思评判中成长。

3. 聚焦教学，研究课堂

教师专业发展的主阵地是课堂，园西小学始终坚持以教学为中心，把专业发展的重心放在课堂教学上，深入课堂，研究课堂，扎实推进校本课程建设。首先，优化备课环节，鼓励资源共享。备课是上好课的基础，包含教学目标、教学重难点、教学设想、教学过程、作业分层设置以及课后反思等环节，要成为教师对课堂教学的深度思考，追求高效课堂教学的前提。在学校的资料库中，已经形成了数套一至五年级完整的各学科的资源。比如语文，包括讲读课、古诗、综合练习、作文课、复习课的教案，以及配套的精心制作的实用有效的课件，还有教学计划、单元卷、复习卷等。这些教师心血汇集而成的资料，都是老师们根据教学实际、结合学生特点自制而成的。学校鼓励和支持教师资源共享，在原有的教案上进行创新，更支持他们能钻研教材、独立备课。老师们接到新的班级、拿到新的课本，常会不厌其烦地根据新的教学理念、学生的实际水平和实践经验重新制定教学目标，设计突破重难点的方法，修改课件，切实提高学生学习能力。就是在这样一次一次的"重起炉灶""另辟蹊径"中，老师们逐步提高了教学能力，明确教学是真正为学生服务的，为提高课堂效率奠定了基础。

其次，优化上课环节，促进教学反思。园西小学教师专业发展的一大特色在于课堂，为了进一步了解教师在教学中对新课标的落实情况、对教材的掌握情况，"随堂课教学评比"成为园西小学研究课堂教学、完善专业发展的主要途径，也是园西小学实施教学质量监控最有效的一项措施。连续13届1000多堂随堂课，每一位老师心中充满了压力，谁都不想把课上砸，谁都想使自己的课堂上台阶。办公室时时充满教研的氛围，谁先上了什么课，就及时谈感受，及时反思改进，让后上的老师得益，真正形成了"教师研究共同体"。

学校的随堂课评比是人人都要参与的，贯串整个学期。评委除了学校的学科负责人，也邀请"信得过"的老师担任。每一节随堂课后，评委们都会及时与上课老师进行互动对话式评课，着重对课堂教学进行评价、改进，并给出详细的书面评价。每一阶段后，教研组的成员围坐在一起，进行随堂课的"诊断"，指出优点与不足，特别是将随堂课中的典型课例罗列出来，进行分析、评点。

就是在这样的坚持下，随着随堂课教学评比的推进，教师的上课能力得到很大程度的提高，也进一步督促教师研究教材，关注生成，向课堂要质量。

4. 聚焦全员，分层落实

在专业发展过程中，园西小学坚持分层落实、全员提高的原则，在教师的专业道德、专业知识、专业能力三方面下功夫。学校定期开展"园西讲堂"的师德教育，进行随堂课教学评比、各种教学技能比赛活动，以老带新，为教师的成长提供良好的机制、宽松的环境和活跃的学术氛围。近几年中，校内开展了"反思课堂""教学展示""教师演讲""各类教师基本功训练考核""再读课标"等活动，不断提高教师的职业道德水平和专业技术能力。领导班子带头参加活动，弘扬尽心尽责的敬业精神和不断创新的开拓精神，在师德、业务上为教师做榜样。园西小学的全员培训，分为以下四类：

第一类，见习教师。

园西小学严格按照"见习教师规范化培训导训手册"开展活动，配备主要导师、辅助导师；编制了《见习教师规范化培训学员手册》《见习教师规范化培训导师手册》《见习教师规范化培训基地学校职责》《见习教师规范化培训聘任学校职责》等文本；邀请聘任学校校长参与见习教师规范化培训工作，组织见习教师到聘任学校参观、学习；参与园西论坛，讲述见习期教师与孩子们的教育故事，进行案例分析，分享教育经验和成果；制订三年个人规划，组织新教师入门课和汇报课展示。学校想方设法为见习教师提供更多展示的舞台，促使他们尽快成为一名合格的教师。

第二类，青年教师。

以园西小学"助你成长"项目为抓手，制订2～5年教龄教师的专业发展培训方案，进行教育教学的指导。为其指派师父，开展基本功比赛、信息技术培训、各种形式的课堂教学设计和比赛，组织军训、开设讲座、举办沙龙、撰写读书心得等活动，给他们压担子、铺路子、给法子，使他们在原有基础上迅速成长。

第三类，发展期教师。

发展期教师是学校中为数众多的一类教师，是指有一定经验和理论的结合，正在逐步走向成熟和形成自己风格的教师。这部分教师发挥着重要的承前启后的作用，园西小学对发展期教师的培养举措采用"六个一"任务驱动。上一节校级汇报课，撰写一篇高质量的教学反思，开一次特色鲜明的主题班会，撰写一个教育故事，精读一本教育教学专著，摘录至少 1 万字的读书笔记，每学年整理一册《发展期教师成长档案》，学校组织评委进行考评。

第四类，成就期教师。

成就期教师，指有一技之长，已经初步形成自己的教学风格，能出经验，有一定的影响力和话语权的教师，也就是我们常说的新区骨干教师、学科带头人这一类教师。他们是发展成为名师的有生力量，可以成为学校师资建设的高地，为学校的进一步发展提供厚实的保障。

对成就期教师的培养举措也是"六个一"，但内涵与发展期教师不同。建立"名师工作室"，园西小学目前有两个名师工作室，"郁秀敏名师工作室"和"马春来写作工作室"。要求开设一次"成长讲堂"；做一次专题讲座；主持一项区级或以上科研课题，在培养期内结题并通过鉴定；在区级或以上刊物上发表一篇论文；执教一节体现个人教学特色的示范引领课；带教一名青年教师，并培养其成为下一轮骨干教师人选，整理一册《名优教师成长档案》。

近几年来，园西小学教师专业发展成绩喜人，2011 年 9 月被评为"上海市教师专业发展学校"，考评每年都为优秀，为进一步提高园西小学的教育教学质量奠定了基础。当然，教师专业发展工作任重而道远，如何使专业发展逐步走上系统化、规范化、制度化、现代化的道路，以什么样的形式展开，还需要继续探索。

第五章

注重"迎来送往"：主动学习的场域体验

　　常言道：读万卷书，行万里路。多读书可以启迪心智、增长智慧，走出去方能使我们开阔眼界，增长知识和能力。建校以来，园西小学从没有停止过探寻的脚步，一直行走在求索的道路上。学校坚持规范化管理与开放式办学并举，坚持"走出去"与"请进来"并举，从思想理论和实践经验层面不断帮助教师专业化成长，拓展教师进步空间。

第一节　走出去：学名校有收获

外出学习、参观交流是促进教师整体素质发展的有效途径。园西小学对教师队伍建设十分重视，长期以来学校领导一直关心教师的成长和发展，积极为教师创造外出学习的机会，让老师们有更多的机会走出去，开阔教育视野，丰富和提高自己。

自创校伊始，园西小学开展了多种形式的教师校本培训，并且与全国多所名校建立友好关系，有计划地选拔骨干教师到名校参观学习，开展"同课异构"活动，多角度、多方位学习先进的教育教学经验。

考察"不打无准备之仗"。每次外出学习前，学校都召开培训会，对名校情况、所在城市概况、个人注意事项进行培训，小到着装、言谈举止，大到上课备课都提出具体要求，每位教师都会提前准备好要学习的问题，做到有的放矢，学习更有针对性。每次外出归来，学校都召开学习汇报会，交流体会，分享成果。大家对"读万卷书，行万里路"有了更深入的认识。

园西小学教师的足迹遍及全国各地，先后到过海南、新疆、云南、贵州、河北等省区，学校先后组织骨干前往江苏太仓第二中心校、昆山北城中心校，浙江宁波爱菊艺术学校，走进名校打虎山路小学、杨浦小学，深入学习本区的名校龚路中心校的办学经验。

这些活动不仅使老师开阔了视野，提升了境界，更新了理念，更重要的是通过走出校门，教师的归属感油然而生，学校的分量在他们心中变得更加重要，无形当中提振了教师的信心。短短五年内，园西小学完成了建校、并校两件大事，并通过学习培训，培养了一支团结向上的教师队伍。

案例

名校访学活动
——走进打虎山路第一小学

　　"名校访学"活动是我校几年来一直坚持开展的一项工作，全体党员和行政干部通过不断地"走出去"，开阔了眼界、增长了见识，也结交了很多新的朋友。

　　经过了周密的前期策划，今年我校的名校访学活动分三批进行，主要前往市内的顶尖名校参观学习，并邀请了办学联合体的领导和教师一起参加，达到共同进步的目的，也为联合体工作注入新的内涵。2015年6月12日，我校首次访学活动在姚星钢校长的带领下拉开了帷幕，12位党员、干部和办学联合体学校石笋小学、坦直小学的8位领导，以及来自安徽安庆石化一小的6位客人领导，一同来到上海市杨浦区打虎山路第一小学进行为期半天的参观学习。

　　下了车，我们便在打一小学办公室主任的带领下参观了校园。一踏进校园，就看到绿色走道一路向前，两边葱翠茂盛的大树在阵阵微风吹过后，带来了一份清新的气息，令人心旷神怡！漫步在这幽静的校园中，感觉妙不可言！我们先后参观了学校的各类专用教室、多功能教室、餐厅。为了促进学生的全面发展，学校创立了《摇篮》校刊，相继成立了摇篮电视台、摇篮舞蹈队、摇篮管乐队等十几个以"摇篮"命名的学生文化艺术社团。令人印象深刻的是，我们在学校的摇篮艺术厅看到了学生们制作的栩栩如生的软泥作品，在这里感受到了浓浓的艺术氛围。我们仔细观看了学校文化建设的整体布局和特色的校园文化建设，对构思精妙之处都一一看在眼里，记在心里。

　　随后，打虎山路第一小学的卞松泉校长为我们介绍了学校的历史和办学成效。卞校长提出"超越规范"管理，在教师中积极倡导"不用扬鞭自奋蹄"文化，学校提出四句话引导教师重视这四个方面的影响与作为：在群体中的影响与地位，在人际交往中的坦诚与合作，在工作中的勤奋与自励，在利益面前的理智与淡泊。打虎山路第一小学培养了一支优秀的师资队伍，学校取得了许多办学实绩。学校坚持"一切为了孩子的发展"的理念，尊重学生的人格，发展学生的个性，培养学生多方面的兴趣，努力做到学生道德、知识、技能、心理的和谐发展。

　　短短半天时间的参观学习，我们的心里不断涌起的是感动和感叹，感叹于学校特色的师资和文化建设，感动于学校全面服务于学生的办学理念。通过此次访学活动，也引发了我们的一些思考，希望能够汲取名校的各方面经验，为我校的可持续发展出一份力。

案例

访杨浦小学有感

按照三署园西小学"名校访学"活动安排，2015 年 6 月 19 日上午，三署园西小学部分党员干部以及办学联合体坦直小学、石笋小学的部分领导干部，在园西小学姚星钢校长的带领下，来到了上海市杨浦小学进行参观考察活动。

一到学校门口，大家就受到了上海市特级校长、上海市普教系统名校长培养工程杨浦小学基地主持人、上海教育学会小学管理专业委员会副主任、上海杨浦小学教育集团理事长张治校长和他的管理团队的热烈欢迎。

大家在杨浦小学赵校长等人的指引下，参观了校园的文化建设。"百果园"里果实累累：桃子、李子、葡萄、石榴、梨……各种果树数量不多，但品种齐全，各班按学年轮流认领、管理果树，品尝果实，感受摘种的快乐；专业教室设施齐全、管理有序，赵校长她们如数家珍般地介绍着各专用教室里面的配置以及学生开展活动的情况；教学大楼每一层面的走廊营造出温馨、舒适、激励、向上的氛围：随处可见的绿色植物清新自然，墙面上的杨浦小学学生的"十项权利""十项义务"以及在校期间要学会的"十个十"等都鼓励着孩子不断前进。

之后，大家来到会议室，聆听了杨浦小学李校长以"构建'青蓝'校园文化，实现'青蓝'办学梦想"为题的专题介绍。李校长先是总体介绍了杨浦小学的基本概况：学校建校时间不长，但早已是上海市文明单位、上海市行为规范示范校等；学校的办学理念清晰，办学目标明确，致力于做到"三精"（精细化管理、精致化教学、精品化学校），把学校建成"四园"（花园、学园、家园、乐园）；学校的愿景是"青出于蓝而胜于蓝"（即年轻教师能胜过老教师，学生能超越教师），这就是杨浦小学的"青蓝"文化。然后李校长还从课程建设和师资队伍这两个方面为大家详细地进行了介绍。学校的"故事妈妈""聪明堂""Spark"等课程以及在教师中开展的青蓝讲坛、青蓝沙龙、青蓝擂台等都给大家留下了深刻的印象，我们进一步感受到了学校为了"关注每个学生全面而有个性的发展"做出的不懈努力和追求。

最后，大家还和儒雅的张治校长进行了面对面的沟通交流。张校长说，他在园西小学第一任陶校长任职期间就到过园西小学，认为我们两校有着共同的语言，那就是"为了每个孩子的发展"。张校长高度肯定了开展"名校访学"活动的现实意义，这些活动有利于学校间互相学习、互相提高。张校长还就学校课程建设今后的发展趋势为大家进行了一番讲解。

苏联教育家苏霍姆林斯基曾经说过，一个好校长，就是一所好学校。一所好学校，必然拥有一位好校长。尽管半天的参观学习时间太短，大家还来不及进入课堂欣赏名校教师的教学风采，也没有时间走近学生聆听孩子们的真情实感，但从几位学校领导的介绍中已经让大家感受到：一个好校长，除了要有高屋建瓴的办学思想、高瞻远瞩的办学目标，更要有让这种办学思想、办学目标落地生根、开花结果的具体行动；一所好学校，除了要有良好的办学质量和各类荣誉证书外，更重要的是能真正地从人的角度来教育人、培养人和发展人。

案例

园西小学参加长三角千校网络活动

时光匆匆，由上海浦东新区园西小学、安徽安庆石化一小、安徽池州梅村中心小学、安徽六安霍邱白莲乡中心小学、安徽阜阳临泉阜临小学、安徽铜陵天津路小学以及上海浦东新区唐四小学等七所学校组成的长三角千校网络结对学校"成长舞台"小组，历经了春的孕育、夏的热烈之后，迎来了丰收的秋日。

结对学校于2014年11月27日至29日期间，在安徽安庆石化一小开展了主题为"我的精彩课堂"的现场教学交流研讨活动。本次活动由石化一小的肖珩副校长主持。

开幕式上，石化一小的徐成舟校长致了热情洋溢的欢迎词，表达了对本次活动的期盼之情。上海浦东园西小学的姚星钢校长代表结对学校联盟做了发言，表达了感激之情，介绍了联盟成立历程、取得的成绩，并对后续发展提出了几点建议。石化一小全体师生一起展示了"千人诵读"活动，孩子们的经典诵读在阵阵鼓声中，声声入耳，字字入心，让与会人员深深地感受到了石化一小浓郁的古都文化气息。

现场教学展示环节中，石化第一小学王文静老师带来了一堂《云上的日子》班级读书会，上海市浦东新区园西小学华建敏老师带来的则是一堂英语课Shopping，贵池区梅村中心小学王芳老师带来了一堂《珍珠鸟》（语文课），临泉县阜临小学李婷婷老师带来的是数学课《一共有多少天》，霍邱县白莲乡中心小学丁亚男老师则演绎了一堂晨诵课《感谢》。每位执教老师精心准备，课堂各有千秋、精彩纷呈。孩子们在学习中开阔了视野、启迪了思维,提升了素养,生动的课堂不断迸发出新的火花,博得了台下听课人员的阵阵掌声。结对学校间的教学交流不断激发着教师的教学热情,更期待着下次的精彩继续!

下午的活动在石化一小第十届读书节"牵手阅读,快乐相伴"汇报演出中拉开了帷幕。师生合作表演的《好书推荐 Book 秀》,教师讲故事《别淡漠了最原始的情感》,孩子的舞台剧《小红帽》、课本剧《西游记》之《三打白骨精》,孩子家长合作演出的舞台剧《杜甫来了》,教师自己创作的诗朗诵《走在点灯的路上》……精彩的读书会演展示一次又一次地赢得了大家雷鸣般的掌声。大家情不自禁地感叹道:这是一场渐入佳境的演出,这是一场撼动心灵的演出,这是一场因为读书而异彩纷呈的精神盛宴。这是一群被读书文化长期浸润的孩子,他们与书中的人物、故事同悲同喜,同笑同泪;他们在书中享受着中华传统文化的熏陶;他们在校园里,与老师们一起牵手,一起在书中固守着独属自己的山水田园,并用与书的高频率相遇、相知、相守,扮靓了校园生活的整个曾经与未来。

接着由上海市浦东新区园西小学唐建军老师做了一堂题为《小学数学课堂教学有效性的几点思考》的讲座。唐老师的讲座围绕着"有效性",从教学目标设置、学习情境创设、课堂提问、探究学习以及课堂练习五个方面提出问题和自己的解决策略,用很多案例告诉大家教学中要关注学生的需求,要关注学生的发展,这样课堂才会有实效。唐老师的讲座既有理性的分析,又有实践的思考,更有指导和借鉴价值,精彩而又贴近工作实际的讲座引起了与会教师的共鸣,达到了促进、共享、提升的目的。

闭幕式上,安庆经济技术开发区教育中心的洪主任进行了总结发言。他充分肯定了结对学校联盟这两年来的工作和取得的实效,也向积极参与此项工作的每位领导和教师表达了谢意。他认为结对学校是强强联手,各校能够从中汲取更多的营养,获得高位的发展。他还对石化一小的读书节活动、唐老师的讲座进行了友好点评。最后他指出,网络结对学校的成立是教育跨地区交流的很好平台,与国家在教育信息化上的目标是一致的,希望大家能坚定地、持续地走下去,开展更多的线上线下全方位交流活动,在学生交流、资源库建设上继续下功夫,在坚定教育的路上,不断地走、走、走……

几所学校的结对结缘于网络,长三角千校网络结对学校联盟让大家相识、相知,教师们辛勤的备课满足了学生的渴望,也成就了自己灵动的课堂。读万卷书、行万里路。大家渴望着相互间有更多交流的机会，也期盼着能产生更强烈的共鸣，让我们为了教育梦想，不断前行。

园西小学开展的"走出去"交流学习，开阔了学校教师视野，教师在互动学习中增长了见识，大家互通教育资源，更为重要的是教师提升了专业技能。

第二节　请进来：邀名师出成果

与此同时,学校还邀请专家、名师及友好学校教师来园西小学指导交流,相互切磋、取长补短,对教师的专业发展起到了较大的促进作用。客人们对园西小学规范化的管理、整洁的校园环境和丰富的校园文化内涵,以及有效的教育教学实践活动给予了较高的评价,同时大家也针对教学改革方面的一些具体问题进行了深入探讨。

据统计,仅 2011 年至 2012 年 9 月一年间,园西小学共选派教师 238 人次"走出去"到名校参观学习;7 所学校的 148 名领导和教师先后到园西小学指导交流。园西小学教师通过送教下乡、外出学习、外校来园西小学交流进行"同课异构",共计做课 137 节。

案例

我所看到的园西

山东省济南市泉城花园小学　范　懿

序语

2014 年 10 月,根据山东省济南市槐荫区教育局的安排,我有幸成为赴上海参加挂职培训 100 天的十位副校长之一。怀揣教育的理想之梦,我来到位于浦东新区有南桥和新德两个校区的园西小学,其间所见的一处处风景、一个个美好的生命个体,如同一颗颗闪亮的珍珠,闪耀在心灵的深处,使我不得不提笔串联起这无数美好,努力圆满成一个美轮美奂的教育情境,以纪念这段充实而难忘的寻梦之旅。

镜头一:最美的一处风景

漫步园西小学的两个校区,会发现校园中有很多令人印象深刻的地方。干净整洁的校园环境、规划齐整的足球场、降低了 50 厘米的篮球架、画着传统游戏的墙壁,以及操场边绿意盎然的香樟树、教学楼前英姿勃发的广玉兰……

一切都是那么相得益彰，充满生机与活力。

在众多可圈可点的校园建设中，有一个地方格外引人注目——由教师停车区改建的学生活动单杠区。塑胶铺就的地面上高高低低设置了多个高低单杠架。大课间、午饭后，这里便成了大小孩子们嬉戏的乐园。他们在单杠架上娴熟地做着各种动作，或上下翻转，或飘来荡去；或三五成群一较高下，或独享乐趣大显身手……那表情、那动作、那种发自内心的自由与快乐，感染着路过这里的每一个人。

在小学内设置单杠区，风险是存在的。听老师们说，一开始孩子们在这里玩，摔下来的事也曾有发生。但如同花的成长离不开风雨，人的成长也势必历经挫折。当一切担忧经历了时间的磨砺，当"教育即生活、教育即今天"的理念和孩子们的摔打滚爬、日益矫健融合在一起，这里就成了校园中一处最美的风景，成了园西办学特色中一个最富代表性的坐标。

镜头二：最美的一声问候

每天，无论风雨，当每一位师生走近园西小学的门口，这里永远等候着一位迎接他们的人——姚星钢校长。从2006年之前的南桥小学，到至今风雨同舟了8年的园西，多年来站在校门口，以挺拔的身姿、和风细雨般的微笑和一句充满磁性与关爱的"早上好"迎接每位师生，已成了他教育生命中最重要的功课。于是，在每一个旭日东升、阳光明媚的早晨，在每一个细雨蒙蒙或大雨滂沱的早晨，在每一个根本不可能天天坚持、可偏偏他就雕塑般按时站在门口的早晨，那句"早上好"就成了园西校园最美的一声问候，成了全校师生内心最持久的温暖。带着这声问候，老师们在温暖的浸润中，早早地开始一天紧张有序而兢兢业业的工作；带着这声问候，孩子们如同一只只被娇宠的小鸟，张开翅膀在校园里尽情享受快乐的时光；带着这声问候，送孩子的家长们放心离开，脚步轻快地去忙自己的事情。

更因这声最美的问候，校园里有了更多美好的声音。当姚校长走进课堂，马上会招来孩子们老朋友般地高喊"姚校长好"；来到操场上，会有很多小朋友刻意跑到身边，只为能再喊一声"姚校长好"；即使放学了，重又站在校门口的他，还会继续引发此起彼伏的"姚校长好"的问候高潮……"姚校长好！""姚校长好！""姚校长好！"当声声问候伴随着姚校长的身影回响在校园的每个角落，就连刚入学一个多月的新生见了他也会脱口而出时，我想姚校长站在校门口所说的那句"早上好"，就已不仅仅是一句问候了。

孟子曰："君子之道，以其昭昭使人昭昭。"中华传统道德更提倡"以令率人不若身先"。一名校长站校门向师生问好，看似是一件小事，但风雨无阻的常年坚持，每天每日，这就成了一件非同寻常的大事。在这声"早上好"的背后，我体味到了更多感性与深刻的东西。它，是真诚、是关注、是祝愿，是姚校长自我划定的工作状态，更是身为管理者教育行为的一种引领与感召。它巨大的教育功能和强大的辐射力令旁观者惊叹！"早上好！"——每天早上站在校门，迎接每位师生的这声最美的问候注定伴随时光流转、岁月沉淀，逐渐转化为一种无形的力量，激励、影响、感动着步入园西小学的每一个人。

镜头三：最美的一个团队

园西小学有一支年轻的教师团队，教职工 120 多名，平均年龄只有 34 岁。工作 3 年之内的占了多数。走进园西课堂，随堂听了几十节课，各类学科几乎囊括，执教者多半是工作 3 年内的青年教师。有的是刚工作两个多月的实习教师，而课堂教学已是有模有样。他们不仅掌握了较规范的常规教学流程，课堂上与学生的亲切交流更使人感慨。工作两三年的老师则已经成长得落落大方了。课设计得精彩，上得有滋味，学生喜欢得不得了。尤其有几节语文、美术课，老师抓课堂生成的东西非常老练，那种在课堂上体现出的自信与优雅，让人很难相信她们竟是工作不到两年的老师。

问及快速成长的原因，老师们均不约而同地谈到了学校教师间的合作文化。合群、合力、合谋，是他们对合作文化的内涵阐释。当一个团队能够彼此接纳与包容，能够合力拧成一股绳去集中做一件事情——教学研究的时候，他们就成功了。园西小学的青年教师们正是在这样一种文化背景下成长的，他们享受的是来自整个教研团队的力量与智慧。程序怎样设计、目标怎样落实、重点难点怎样处理、素材如何寻找、课件怎样制作等一系列需要引领和弄明白的东西，在教研组都可以找到答案。一学期下来，青年教师要经历多次的集体备课、说课、上研讨课的打磨，并有专门一对一的师父帮扶。师徒间互相听课、评课是教学活动的家常便饭，跨年级、跨校际的听课、观摩与培训自然不可或缺。全国优秀教师郁秀敏以及一大批区级、校级骨干更如同中流砥柱，为青年教师们支撑起一片广袤的天空。青年教师的快速成长成了园西小学教师合作文化最有力的印证。

上学期，园西小学传来佳讯，学校语文、数学、英语三大教研组均被评为"浦东新区优秀教研组"。前不久，我聆听了三大教研组的经验介绍，深深为老师们对学校合作文化的阐释、思考与实践叹服，不禁沉思：作为一所建校只有 22 年的学校，青年教师专业成长如此迅猛的源头何在？除却学校超前独特的办学理念和管理智慧，我想它的发展更依仗这支年富力强、团结自律的教师团队。桃李不言，下自成蹊。荣誉的获得不正彰显着这支团队对教学孜孜不倦的追求、对同伴竭尽全力的帮助、对园西这片教育热土的执着与热爱吗？

由是，园西小学这支教师队伍成了我眼中最美的一个团队。

镜头四：最美的一群孩子

园西小学的孩子们让人印象深刻，是我眼里最美的一群孩子。深绿色的校服，让每个孩子看起来宛如一棵棵郁郁葱葱的小树，同时又映衬得个个温文尔雅、谦恭可人。见到老师总会彬彬有礼地鞠躬90度，以至升到对口中学，只要看鞠躬的深度就可断定他是不是园西的学子。

园西的孩子们学习成绩好。署内质量调研总会名列前茅。他们优异的学习成绩来自课堂35分钟的精讲多练。学校将减负增效落到了实处，国庆节期间他们没有任何家庭作业，玩就玩个痛快；回到课堂上他们专心投入，学就学个扎实。姚校长听完课总会问他们一句："小朋友上课开心吗？"他们也总会大声回答："好开心！"学生开心，校长就放心，教学便沿着设定的轨道周而复始、良性循环。

园西的孩子多才多艺。社区文艺演出中有他们全心投入的身影，队形变化丰富，表演声情并茂；校园内围棋高手如林，已获围棋总段位300多段，"棋圣"聂卫平曾专程到访；书法绘画达人比比皆是，校园里、校长室到处可见他们的作品，各类比赛更是频传佳讯；前几日教育署40多所小学进行踢跳比赛，他们派出150人的强大阵容，居然一举拿下三分之一的冠军……

园西的孩子酷爱运动，尤其喜欢足球。他们有一支属于自己的球队，有专门聘请的专业教练，每天有固定的训练时间，且有很多和外界同龄人切磋球技的机会。他们与英国曼联足球队有着深厚交往，今年夏天有两个孩子代表中国前往该队当球童。爱踢球的孩子很多，好多家长总爱在校长的"家长接待日"强烈表达让孩子加入足球队的愿望。除了足球，孩子们还喜欢各种各样的体育活动。学校花10元买的废旧轮胎涂上鲜艳的色彩就成了他们心爱的玩具，总能变幻无穷地玩出各种花样；一到大课间，跳绳、踢毽子、斗鸡、丢手绢等各种传统体育活动和游戏就成了主流；偶然碰到哪个老师调不开课，想暂借一节体育课，他们会马上理直气壮地去找同样酷爱运动的校长汇报情况；天冷了，结实的他们可以穿得像校长一样少，并勇敢地挽起袖子露出健壮的小肌肉……

他们纯真，他们健康，他们既温文尔雅又生龙活虎，他们幸运而幸福地生活在"当下的教育"中。他们，是我眼中最美的一群孩子。

镜头五：追溯"最美"的源头

每天生活在园西的校园，每天欣赏最美的风景、最美的问候、最美的团队、最美的孩子，我总想寻找一个为何处处皆美的理由。

找到最后，忽然找到了一个人。男，50岁，酷爱足球、羽毛球、健身。工作之余，这些阳光健康的运动构筑了他生活的金三角。足球赋予激情，羽毛球赋予智慧，健身赋予力量。当生命个体从这三项运动中同时汲取了激情、智慧和力量的时候，人的各项机能就变得异常活跃，于是岁月在他身上找不到痕迹，反而馈赠了年轻人般充沛的体力和旺盛的精力；常年夜深人静后的广闻博览、苦学深思，则赋予了他深厚的文化底蕴与内涵；为人真诚热情，广交朋友，囊括各路精英的多个微信群，使他保持了教育理念与视野的开阔；开放办学、输入输出，引来全国各地的教育同行竞相登门拜访，促就了跨越地域的文化对话，实现了博采众长、自我加压；规范创新，办家门口的好学校，全面贯彻以人为本的教育理念，时时处处体现着对生命成长的关照，使其教育的大树始终枝繁叶茂……当一个生命个体同时具备以上特质时，人性本身就会将这些特质反复糅合锤炼，最终外化成一种被称为大美的东西转嫁到他所在的教育天地，让处处皆美。

一名好校长就是一所好学校。这个人，就是他们敬爱的姚星钢校长。

后记

"寻梦，撑一支竹篙，向青草更青处漫溯。"徐志摩的诗行在耳边回荡。海上寻梦，寻求美好的教育之梦，是我——这名来自山东济南的校长挂职园西小学的初衷。如今，这个梦已寻到它的源头，而我，也将继续向青草更青处漫溯，并满载一船星辉，在魂牵梦绕的故土济南继续我的寻梦之旅。

案 例

那些与名师一起的日子
——记特级教师章健文第一次带教活动

说起章健文老师，相信新区小学语文界没有人不认识她。她不仅读破万卷书，有着丰富深厚的文化底蕴，更有着自己独特敏锐的语文触觉，任何教材在她这里都被解析得如此透彻，多少人希望能够得到她"一招一式"的指点。本学期，我校非常荣幸，邀请到特级教师章健文导师带教我校四位青年教师，大家围坐在一起探讨着语文课堂的真谛所在。

9月22日上午，第一次带教活动在南桥录播教室正式开始了。我们首先聆听了顾思骊老师和顾亦卉老师的两节精彩的公开课。顾思骊老师执教了《"病人"》一课的第二课时，他带领孩子们感受作者秦文君幽默生动的语言，这篇课文围绕着"苦差事"展开，写了一个天真可笑的孩子装病的故事，他抓住描写"苦差事"的语言，品词读句感受着作者的内心世界。特别在最后环节，从课内延伸至课外，让孩子们写一写自己生活中的"苦差事"，孩子们交流着自己的亲身经历，语言真挚，将本堂课推向高潮。顾亦卉老师所执教的《飞夺泸定桥》一课则是一篇历史情感深厚的文章，作者从环境描写入手，让读者感受到泸定桥的危险和大渡河水势的湍急，为下文感受红军的不畏艰险和英勇无畏埋下情感埋下伏笔。作者抓住红军战士"飞夺"泸定桥时的动作，感受情况的紧急与危险，直接描写了红军的机智与勇敢。顾老师不紧不慢的教学节奏，准确精练的过渡语使得整堂课水到渠成。

听了两位顾老师精彩的课后，我们来到党员之家，与章老师团团而坐，研讨课堂。章老师从《飞夺泸定桥》一课的结构出发，从审题到内容，从背景到文本，都做了深刻的剖析。她说一节好的课，老师需要准备大量的背景资料，让学生能够真正感受当下的环境，才能真正走进文本世界。她提出应该让孩子自由地去批注，因为批注是一种个体阅读的个体体验，有效的批注不仅是一种良好的学习习惯，更是一种提高阅读理解能力的直接途径。对于《"病人"》一课，章老师就最后的拓展写作环节向大家提出了更好的建议，老师在关注孩子语言表达的同时，更应该对于孩子写作的选材给予更加适当的点拨与指导，这样才能使文章更加具有逻辑性、严谨性。

整整一个上午，想说的太多太多，章老师的一字一句都值得我们去学习、研究。相信有了章老师的指导，能够启发我们青年教师对于语文课堂更进一步的思考，期待着下一次与名师的相聚与切磋。

第三节　注重学习榜样，更注重传承发扬

教师非生而伟大，他的伟大是用点点滴滴的实际行动干出来的，是用矢志不渝、孜孜以求的努力付出铸就的。榜样是看得见的哲理、闻名于世的伟人、惊天动地的事件，于漪、斯霞、魏书生、李镇西等教师都是我们学习的榜样；园西小学中默默无闻、无私奉献的身边人，专心专一、滴水穿石的身边事，这些日常生活工作中的小人物、小事情也是我们学习的榜样。他们潜移默化地教育和影响我们，无时无刻不在激励我们前进。

案　例

学习焦裕禄精神的体会

记得还是在少年时曾学习过焦裕禄同志的事迹，尽管当时很小，理解并不深透，但印象却很深刻。几十年过去了，时至今日我依然清晰记得，尤其是看了电影《焦裕禄》，当时真的感动得流泪了。今天再次学习焦裕禄同志的事迹，再次看焦裕禄的电影，我们又一次引起思想上的共鸣。

我对焦裕禄同志的精神主要有以下几点认识：一是为人民服务的公仆意识。"心里装着全体人民、唯独没有他自己。""党把这个县36万群众交给我们，我们不能领导他们战胜灾荒，应该感到羞耻和痛心。"这是他内心把人民的利益放在第一位的真实写照，在他眼里人民的利益高于一切；二是勤俭节约、不怕困难、艰苦创业的精神。他以共产党人大无畏的英雄气概，创造性地制定了一套简便、易行、实用而又符合规律的治理"三害"方法，最终在重重困难中闯出了一条路；三是实事求是、调查研究，坚持一切从实际出发的求实精神。

学习焦裕禄，我们要做到三个结合。一是与保持共产党员先进性结合起来。通过学习焦裕禄精神，全面提高自己的政治素质、业务素质、道德素养、思想觉悟。二是同学习身边的先进典型结合起来。我校虽是一所普通的小学，但身边有很多值得我们学习的好人好事，尽管这些好人好事可能不像焦裕禄和他的事迹那样高大、完美，但却看得见摸得着，更切合自身实际。我们可以用焦

裕禄的精神激励自己,用身边的典型指导自己,学习那些优秀党员的做法,提高自己的业务水平。三是与实际工作结合起来。对照焦裕禄同志联系思想和工作实际,找差距、定措施、选定努力方向。努力提高自己的工作水平,以实际行动、具体成绩来证明自己的学习效果,做服务于群众的好党员。

焦裕禄同志虽然已经离开我们很久了,但他的崇高精神将永远鼓舞着我们,激励着我们,无论过去、现在还是将来,都永远是亿万人民心中的一座永不磨灭的丰碑,永远是鼓舞我们的思想源泉。古人说"见贤思齐",作为一名党员,要吃苦在前,享受在后;要以焦裕禄精神指导我们的思想和行为。

焦裕禄精神是中国共产党和中华民族的宝贵财富。我们是教育工作者,肩负着提高民族文化和道德素质的重任,更应该学习、弘扬焦裕禄精神,忠诚人民教育事业,关心爱护学生,树立科学的工作态度。敬业、实干、无私奉献,为做一名问心无愧的人民教师尽最大努力。

榜样并非皆在异地远方,三人行必有我师,追梦路上不乏同行榜样。我们要深入挖掘校园内外在师德师风、教学技能上优异的榜样,讲述他们的教育小故事,全面梳理他们亲身经历的片段,融入园西小学的文化底蕴,生动展示出来。园西小学善于总结归纳教师们共同经历的教育酸甜苦辣,善于将学校中的标杆、榜样塑造起来、讲述出来,让鲜活事例、感人精神真正润物细无声,感化万物、激励大众。

案　例

爱 与 责 任
——学习杨兆顺同志先进事迹有感
园西小学　郁秀敏

杨兆顺是上海市普陀区桃浦镇紫藤苑社区党总支书记。13年来,他立足社区实际,对问题敢抓、敢管,帮助、扶持困难群体,积极调解矛盾,打造和谐社区,被群众称为"草根书记"。

干社区工作,有的人有心,但没有方法;有的人有方法,但没有热情的心。杨兆顺不一样,他做工作有自己独特的办法,甘于吃亏,放得下身,走近群众,贴近群众，把社区居民的"小事"视为头等大事，积极为群众化解矛盾纠纷。他把群众当亲人，从一点一滴做起，真正为居民排忧解难。他对待工作的这份责任心与真心，值得我在今后的工作中借鉴学习。

我不由得联想到自己的教育教学工作，我明白了一位负责任的老师就是要用自己的爱心、真心善待每一个孩子。我想，能支撑起这份沉甸甸"责任"的就是——一个"爱"字。

爱与责任，相得益彰。"爱"是责任的体现，而"责任"是爱的化身。教师的责任心不是在轰轰烈烈中展示，而是在平凡、普通、细微中得以体现。因为有爱，在面对琐碎的班主任工作时，能非常细心，认真处理每一个"小报告"；因为有爱，在面对犯错的孩子时，能极具包容心，倾听他的内心想法；因为有爱，在放学后还帮助学习有困难的孩子耐心地补习，不计较自己的付出……我想，用自己的爱呵护每一个孩子健康成长，这就是教师的责任。有人说，教师的职业就是一种良心的职业。是的，只有我们做教师的人才能体会到，教师的工作不能用简单的时间和量来衡量，学生占据你的不只是时间，还有你的思想和灵魂。

当爱的付出得到爱的回报时，我以为教书就变得更有意义了。苏霍姆林斯基曾说过："教育的全部奥妙就在于爱学生。"由此可见，教师的爱是多么重要。爱有着无穷的力量，作为教师，我们应该把师爱放在首要位置，对每个孩子都有浓厚的兴趣，确保每个孩子都有难忘的体验，再通过一些具体细节让孩子知道老师是多么地关心他。

我相信自己是爱孩子的人，并以此作为工作的准则。愿意像杨兆顺同志一样，用自己的爱去担负起肩头的责任。

教师的专业发展需要榜样的接续和传承。园西小学的教师传承榜样精神，汲取榜样力量，"择其善者而从之，其不善者而改之"。以陶行知先生"捧着一颗心来，不带半根草去"的教育精神为圭臬，园西小学充分激发教师对教育事业的责任感、使命感、荣誉感，不断汇聚推动我国教育事业发展的磅礴力量。

第六章

采用项目推进：主动学习的途径开辟

    园西小学以"项目"的方式，推动教师主动学习途径的多样化。其中，"人人都是德育工作者"重在培训师德修养，"小秀敏"活动则主要帮助青年教师树立榜样，而学科的教研项目主要是帮助提升教师们的专业素养。

第一节 "人人都是德育工作者"
——全员培训师德修养

何谓德育？德育是指政治思想和道德品质的教育。长期以来,园西小学注重以项目推进的方式,致力于主动学习方式的多样化、常态化。学校每年组织开展"人人都是德育工作者"师德师风建设活动,安排专家报告、座谈研讨、案例剖析,把德育工作落实在时时、处处、人人中,致力于提升老师的道德修养。

一、正能量的传播途径——园西"道德讲堂"

园西"道德讲堂"面向全体师生,旨在传播凡人道德故事,推动先进道德理念,营造"讲道德,做好人,树新风"的浓厚氛围。道德讲堂以提升师生思想道德修养和文明素质为核心,以加强社会公德、职业道德、家庭美德和个人品德"四德"建设为重点,强化宣传教育,引导师生"积小善为大善""积小德为大德",自觉成为道德的传播者和践行者。

学校由校长书记牵头,成立了园西小学"道德讲堂"领导小组,由支部书记、校长姚星钢担任组长,支部委员、人事干部张瑜老师担任副组长。华雪莲、沈燕萍、郁秀敏、张欣和储春霞五位老师组成领导小组,全面负责"道德讲堂"的领导、指导工作。

为了能扎实推进此项工作,学校在成立领导小组的基础上,设立了两个工作小组:教职工"道德讲堂"由张瑜同志兼任工作小组组长,学生"道德讲堂"由储春霞同志兼任工作小组组长。各组长负责落实每一次"道德讲堂"的计划、安排、实施、宣传报道、资料积累与整理等日常事务工作。同时设立两个园西小学"道德讲堂"宣讲小组:教职工宣讲小组由郁秀敏同志兼任组长,成员由"小秀敏"班组成员构成;学生宣讲小组由学校大队委员构成。宣讲小组主要负责挖掘身边先进人物事迹,把一个个有名有姓的身边好人,一个个可信可学的凡人故事，搬上舞台，请上讲台。

学校每年开设八次"道德讲堂"活动，其中四次是教职工的"道德讲堂"，四次是学生的"道德讲堂"。教职工"道德讲堂"地点设在园西小学南桥校区，学生"道德讲堂"主要是通过广播和网络、班队会课进行。

园西"道德讲堂"活动特色为以下"八个一"：唱一首道德歌曲：每一次开讲前，组织学唱一首道德讲堂主题歌曲；看一部道德短片：围绕主题，组织观看一部道德建设先进人物事迹的短片；讲一个道德故事：讲述一个发生在身边的体现民族传统美德与时代精神的典型事例；诵一段经典：组织诵读一段中华传统经典语录；做一番点评：评议身边好人故事，讲述心中感受，品悟道德力量，升华自身境界；许一个善愿；送一份吉祥；倡导做一件善事。

园西"道德讲堂"以"我听、我看、我讲、我议、我选、我行"为主要模式，充分尊重师生意愿，设计多样化宣讲形式，使师生易于参与、乐于参与。我听：听取先进事迹宣讲；我看：观看短片、情景剧表演等；我讲：以自我推荐、自我宣讲等形式，讲群众自己和身边的道德故事；我议：以辩论讨论、总结点评等形式、评议身边好人故事；我选：推荐、评选先进人物；我行：以实践转化、提升素质为目标，引导师生在认知、接受先进人物的优秀品质后，群起效仿，转化行为。

案 例

爱 岗 敬 业

【开场】

道德是中华瑰宝，是文明之光。菁菁园西，这所20年的年轻学校，从淳朴的校风激励少年成长，到良好的师德标示做人的力量，从教师内化的道德觉醒，到道德讲堂"见义勇为"第一讲的开讲，道德之光正在园西熠熠闪亮。

今天的神州大地中国梦高歌起航，做人民满意的教师是我们每位教师的梦想。今天是园西道德讲堂的第二讲，主题是爱岗敬业。共分8个环节。

【环节1】唱一首道德歌曲

当清晨的第一缕朝晖划破黎明落在讲台，当傍晚的最后一缕晚霞映红我们的脸庞，我们日复一日，年复一年，无怨无悔，三尺讲台是我们永远的守望，是我们爱的奉献。让我们进入第一个环节，唱响《爱的奉献》。有请音乐组的全体老师，领唱杜宝芳老师，伴奏毕奕奕老师，掌声欢迎。全体起立，一起演唱《爱的奉献》。

【全体演唱《爱的奉献》】

【环节 2】看一部道德短片

一曲《爱的奉献》唱暖了我们的心田，也有许多人物温暖了我们。提起最美女教师张丽莉，钦佩感动的情绪总是在我们心中激荡。感动中国的颁奖词这样写道：别哭，孩子，那是你们人生最美的一课。你们的老师，她失去了双腿，却给自己插上了翅膀；她大你们不多，却让我们学会了许多。都说人生没有彩排，可即便再面对那一刻，这也是她不变的选择。让我们一起来看短片《张丽莉的故事——师魂》。

【环节 3】讲一个道德故事

张丽莉老师"玉壶存冰心，朱笔写师魂"。在我们园西同样有着许多最美老师，褚勤老师就是其中之一，她刚被评为新区"三八红旗手"。她总是从孩子的角度出发，深入走进每位孩子的内心世界，赢得了孩子们的尊重、喜爱。下面请听《褚勤的故事》，宣讲人——张芬。只要心中有爱，我们撒下的辛勤种子，终会长成参天大树。

【环节 4】诵一段经典

《论语》中有着许多积淀着智慧结晶的言论，颂扬着崇文修德。那就让我们汇入灿烂文化的长河中，去感受，去诵读，去践行圣贤古书上的教诲。让我们齐诵一段经典：爱（《荀子·子道篇第二十九》"仁者自爱"）。

子路入，子曰："由！智者若何？仁者若何？"

子路对曰："智者使人知己，仁者使人爱己。"

子曰："可谓士矣。"

子贡入，子曰："赐！智者若何？仁者若何？"

子贡对曰："智者知人，仁者爱人。"

子曰："可谓士君子矣。"

颜渊入，子曰："回！智者若何？仁者若何？"

颜渊对曰："智者自知，仁者自爱。"

子曰："可谓明君子矣。"

小结：这段经典告诉我们，儒家思想中的"仁"，不仅要"爱人"，也要"自爱"。

【环节5】做一番点评

评议身边好人好事，讲述心中感受：

夏琪——年级教师的甘苦。

秦肖奋——挖掘"特色教师"费青(心理教育、班主任、教师专业发展)。

【环节6】许一个承诺

让爱岗敬业成为我们的职业准则，让爱岗敬业成为教师梦的基石，让我们一起庄严地许下一个承诺。全体起立，举起我们的右手。

我承诺：我会以民主、平等的态度对待每一个孩子，呵护生命，尊重个性，激发创造。通过每一天平凡的工作，培养具有强学、力行、致雅、尚美的园西人。

爱岗敬业不仅是一个承诺，更引领着我们奔向前方。

【环节7】倡导做一件实事

"纸上得来终觉浅，绝知此事要躬行。"爱岗敬业，职业为先，最小的善行胜过最大的善念。进入第7个环节——倡导做一件实事。暑假即将来临，我们倡导每位教师为学生做一件实事，洗涤心灵，感悟道德，从而践行道德，这也是我们开设道德讲堂的根本宗旨。

【环节8】送一个祝福

暑假即将来临，相信每位老师内心都有了自己的暑期计划，在这儿祝福大家：暑期里快乐休息、快乐学习、快乐运动。用一个暑期的光阴，沉淀出又一学年的教学智慧和美好心情。

【结束】

道，源于教育；道，重在传承；道，贵在坚持。我们的道德讲堂是属于大家的讲堂，讲述的是我们身边好人的道德故事。真诚地希望我们每一个人都能成为道德的传播者、践行者和受益者，以良好的职业道德成就我们的教师梦，为教育事业贡献我们的智慧和力量。

【简要评价】

本次"道德讲堂"，不仅讲述了身边的道德故事，分享道德感悟，洗涤心灵，更是倡导大家在假期中为学生做一件实事，让感悟道德提升到践行道德，这也是开设"道德讲堂"的根本宗旨。

通过这次"道德讲堂"活动，大家的心灵得到了洗礼，爱岗敬业不仅是一个承诺，更引领着我们奔向远方。或许一次活动不会有太大的作用，但"涓涓细流汇成大海"，一次次的道德讲堂会让我们成为道德的传播者、践行者和受益者，以良好的职业道德成就我们的教师梦，为教育事业贡献我们的智慧和力量。

园西道德讲堂主持人郁秀敏老师

结对单位成员共同参与"道德讲堂"活动

张芬老师正在宣讲道德故事

二、提高班主任业务水平的妙计——校本培训

《中小学班主任工作规定》指出，班主任是中小学日常思想道德教育和学生管理工作的主要实施者，是中小学生健康成长的引领者，班主任要努力成为中小学生的人生导师。因此，在学校中，班主任是学校德育工作的中坚和骨干，是使学校内部各种力量形成合力的纽带，是沟通学校、家庭、社会三种教育渠道的桥梁。在班级中，班主任是真、善、美的传播者，班级的组织者和指导者，是学生成长过程的教育者。由此可见，班主任在学校中担任着特殊的教育角色，要求班主任有较高的修养，即在政治思想上、道德品质上、业务水平上、工作能力上和教育艺术上应达到一定的程度，各方面堪为人师，做到为人师表。

班主任校本培训为老师们提供了一个主动学习、交流、借鉴的平台。学校现有班主任52位，在他们当中有长期从事教育工作、具有丰富实践经验的老班主任，有理论水平较高、实践经验较丰富的中青年班主任，还有踏上工作岗位没几年的年轻班主任。班主任工作是做人的工作，不能光凭经验办事，必须不断地加强理论学习、注重理性思考、提高理论素养和解决实际问题的能力，才能更好地指导实践。

　　学校针对不同年段学生身心发展规律以及班级管理工作的特点和要求，研究设计培训内容。培训工作采取集中培训与分校区培训相结合、远程培训与面授辅导相结合等灵活多样的方式进行。坚持理论联系实际，从班主任工作的实际需要出发，针对现实问题设计与安排培训内容，重视经验交流，突出案例教学。积极创新培训内容、方式、方法、手段和机制，针对教师在职学习的特点，充分发挥现代远程教育手段的作用，不断提高班主任培训工作的效率和质量。

　　为促进班主任主动学习，提高自身修养，学校每学期购买有关班主任成长的书籍并积极向班主任推荐，组织教师学习，进行学习心得交流。教师每周利用一节课的时间去阅览室自主学习摘录。同时，班主任老师每学期须完成班主任工作总结、班主任工作案例各一篇。组织一次班主任优秀案例评选。积极参加区级班主任"班级建设"工作论文比赛，通过比赛促进班主任的反思能力，帮助班主任提高管理班级的水平。

　　新学年开学前，学校对班主任进行有关班主任日常行为规范方面的集中培训。另外，利用班主任会议时间，分专题学习有关教育方面的知识。每位班主任除了阅读指定的书外，还要充分利用校园网上的有关资料进行学习。

学校专设班主任建设网站

学校重视提高教职工师德修养，每年暑假组织开展"人人都是德育工作者"师德师风建设活动。

案 例

专题讲座的魅力

2016年暑假，学校邀请了上海师范大学吴国平教授和黄浦区蓬莱二小季萍校长进行专题讲座。

吴教授提出"生命可以选择吗？我是谁？我从哪里来？我为什么来到世界上"等哲学问题，引发老师们对生命的追问，对生命的价值、生命的意义进行思考。讲台以内——生命的历史感。让老师们知道自己所需要的很多东西可以等待，但是孩子所需要的东西不能等待。他的骨骼正在成形，他的血液正在生成，他的心灵正在发展，老师们不能对他说明天，他的名字叫今天。老师的教育行为可能影响孩子的一生，一个好的老师可能使学生走上美好的人生，而教育的一个失误则可能导致一个孩子一生的遗憾。教师要创造美好的人生，就应该有职业归属感。教师的人生就是和生命的对话、就是对生命的滋养、就是对生命的守护。所以，教师的天职就是教书育人。教师要创造美好人生，还要有职业素养。一是讲台功夫。老师要眼中有人、胸中有学、手中有策。二是讲台学养。教师要有学科素养，还要有科学、艺术、教育、心理等知识，还要有教学机制（情景、反思、交互、对话）。三是讲台精神。老师要做到诲人不倦、独立品质、亦师亦友、好学力行。讲台之外——生命的现场感。教师的人生在于关注所有生命的价值，肯定所有生命的意义，成全所有生命的发展，在塑造他人的同时，提升自我，完善生命。所以，教师要追求生命的品质，提升生命的质感，丰富生命的内容，书写生命的精彩。教师不是蜡烛、不是春蚕，他照亮别人，为什么要燃烧自己？教师要和学生生命共同成长！听了吴教授的讲座，让我们在聆听中思考，在思考中实践，在实践中感悟，在感悟中升华。让我们更多地思考："你是一个小学生喜欢的小学老师吗？你是一个可爱的小学老师吗？"

季校长对教师礼仪这个主题进行了解读，对教师礼仪的基本概念、基本特点、礼仪原则、六个结合、十个文明好习惯等内容进行了声情并茂的讲述。季校长重点讲了课前礼仪和课堂礼仪。课前礼仪和课堂礼仪对于我们小学教师来说特别有意义。课前礼仪包括教师着装、站立姿势、课前两分钟、课堂需要用品、手机静音等方面。课堂礼仪包括师生互相问好、普通话教学、耐心倾听学生发言、目光关注每一个学生、教师讲课时努力达到声情并茂、珍惜学生的上课时间、关爱每位学生。学生做练习时教师认真耐心地巡回辅导、对学生进行教育时应坚持正面教育，以理服人，以情动人，尊重学生人格。教师板书规范，严格课堂管理，不迟到、不拖堂。教师离开教室时，及时收拾讲台、清洁黑板与教室环境。作为一名特级校长，她对于细节方面特别关注，她所讲解的一个个鲜活的案例就发生在我们身边，让我们感触颇深。

案　例

加强师资队伍建设　促进教师专业成长

师训建设部　连英萍

为了提升教师专业素养，体现人人都是德育工作者，2017 年 8 月 24 日和 25 日在我校南桥校区开展了两天的"人人都是德育工作者"专项培训，全体教职员工参与了此次培训。此次培训中，我们共聆听了三位专家的讲座，并进行了分组讨论和集中反馈。

8 月 24 日上午，曾任上海市教育科学研究院副院长、上海市教育评估院副院长、浦东教育发展研究院院长、华东师大教师教育特聘教授顾志跃专家的《在教学实践中发展自己》，给我们系统地讲解了教师的职业生涯规划和专业发展，让我们明确了教师专业发展的三个阶段：初级规范发展、中级个性发展和高级核心发展。教师要从学科功能定位出发，落实培养学科素养。教学研修包括课标研读、教材解构、教学设计、课堂教学、作业设计、考试评价、学生辅导和教学研究八个方面。24 日下午，高级培训师袁文瑾老师的《新媒体环境下家校管理和教学创新》，开阔了教师的视野，让老师们认识了"晓黑板"。近几年，随着微信的流行，很多班主任建立了班级微信群用于"家校沟通"。微信的使用让老师又爱又恨，老师的工作时间不再局限于上班时间，群里的信息老师并不能掌控，整天被微信"绑架"，反而增加了老师的负担。而"晓黑板"的核心是"掌控"，它不但满足了"家校沟通"的需求，还让老师成为主导，可以自主管理工作时间、可以自主筛选需要的信息等。从"家校沟通"升级为"家校管理"，让老师真正成为班级群里的管理者，保证老师的权威性。只看想看到的，屏蔽掉很多无用的信息，沟通和反馈都非常及时，也不会产生人员失控的场景，大大提高工作效率的同时也非常省心省力。

8 月 25 日上午，上海市杨浦小学张治校长的《课程成就学校》，给全校教师系统讲解了课程，对于基础性课程、探究性课程和拓展性课程，张校长的独特见解让老师对于课程有了更深的认识。25日下午，全体教师分组进行了讨论，最后集中进行反馈，分别有副校长张瑜老师、课程部褚勤干事、青年班主任顾偲骊进行了体会交流。

培训虽然只有短短两天，但是在整个培训过程中，老师们认真聆听、及时记录。通过培训，大家重新树立了终身学习的理念：努力让自己从一名合格的教育工作者走向成熟乃至优秀的教育工作者，为培养出更多创新人才努力工作。

三、"我们的春晚"——园西师德表彰大会

从建校至今，学校以师德建设为核心，注重养成良好的教风，塑造教师的一份高雅，保持队伍的一分清纯，形成了"热爱学生、关心学校、团结同事"的良好风气，呈现了"刻苦勤勉、理性思辨、关心合作、胸怀广阔、追求完美"的教师文化。每年的师德表彰大会是园西的传统，也被老师们亲切地称之为园西春晚。师德表彰大会上，大家把目光更多地关注在一些普普通通、默默无闻的教师身上。其实，学校里大部分的教职工都普普通通，没有特别显著的成就，没有机会登上高层次的舞台展现自我、肯定自我。为此，学校搭建了此平台，让每个教职工都有展现风采的机会，给予他们精神上的鼓励和支持。

案　例

2015年"爱在园西"师德表彰大会

受邀出席的嘉宾有：川沙新镇党委副书记王美华、川沙新镇华夏社区陈晓莉书记、共建单位黄炎培故居徐汇言馆长、周浦监狱倪永兴教导员、公民办结对学校唐四小学耿纪好校长、兄弟学校黄楼小学赵丽华校长、我校第一任校长陶惠权、我校优秀学生家长代表——上海著名滑稽演员舒悦老师等一起欢聚一堂、辞旧迎新，回顾园西2015年四季的芬芳。

第一乐章是荣誉表彰环节。组室是学校的细胞、是老师的港湾，表彰会上首先为"园西小学2015年度文明班组"颁奖，这一个个文明班组彰显的是"合谋合群合力"的园西团队精神。接着表彰的是园西小学首届"小秀敏班组"优秀学

员，宣布"小秀敏"班组导师助理名单、第二届"小秀敏班组"新学员名单，全体学员立志服务社区、扎根教学，个个争做园西"小秀敏"，让"小秀敏班组"成为园西又一闪亮的品牌。青年智则园西智，青年强则园西强，接着颁发的是园西小学"2015年团员征文比赛"获奖名单、园西小学"首届2～5年青年教师教学评比"获奖名单、园西小学"2015年度教育教学论文案例一等奖"获奖名单，这是辛勤耕耘后满满的收获，这些获奖老师也是园西一支勃勃的生力军。在会上，还为园西小学"2015年度优秀家长志愿者"颁奖，家长是园西的后盾，家校联动，必将其利断金。最后，为园西小学"2015年度优秀教职工、记功人员"隆重颁奖，优秀教工中既有朴实无华的普通老师，也有勇挑重担的开拓先锋，更有中流砥柱的教研组长，他们是园西优秀代表的缩影。正因为有着这样一大群有着共同担当和充满责任感的园西人，才造就了园西今日的辉煌。

　　颁奖完毕，开启第二乐章"歌咏活动"。岁月的年轮盘旋了70轮回，光阴的指针转动了无数圈，那跳动着生命激情的红色高歌依然绕梁，我们的老师、家长、学生精心彩排、大展风采。首先登台亮相的是孩子们带来的表演唱：《红星歌》《歌唱二小放牛郎》，孩子们嘹亮的歌声、动人的演绎赢得了满堂喝彩。紧接着是园西每届师德表彰会的保留节目——男生小组唱，在姚星钢校长的带领参与下，两首革命歌曲《弹起我心爱的土琵琶》《打靶归来》唱得荡气回肠，尽显男儿本色。第三个登台的是家长和孩子共同带来的小组唱《感恩的心》，悦耳的歌声打动了听者的心。第四个节目是新德校区团员青年的小组唱《年轻的朋友来相会》，伴随着高亢的歌声，在场的每一位情不自禁地回忆起自己的青葱岁月，那时的春、那时的秋、那时的硕果令每一位心怀青春的人心醉。表演高潮迭起，随着著名主持人舒悦老师的登台，掀起了晚会的高潮，他的一曲《唱支山歌给党听》，赢来了无数的掌声，充分展示了舒悦老师超高的人气。随后，南桥"小秀敏班组"带来表演唱《同一首歌》、新德"小秀敏班组"献上歌曲《爱我中华》，同一首歌、同一个梦想，美妙的旋律飞进每一个人的心田。最后登台的是南桥校区团员青年表演的小组唱《大中国》，上下五千年，纵横九万里，巍巍昆仑山，滔滔黄河水，歌声中饱含拳拳之心，将第二乐章画上圆满句号。

　　年年岁岁花相似，岁岁年年花更红。随着姚校长充满激情的讲话，开启了"总结展望"的第三乐章。姚校长在总结中展望新一年的工作，回顾2015，我们倍感自豪；展望2016，我们信心满怀。我们全体教工将在姚校长的展望中再次扬帆启程。登高方可望远，努力才有收获，最后，川沙新镇党委副书记王美华为我们做新年寄语。王书记高度肯定了学校取得的成绩,并对学校的发展提出了厚望,听了王书记一番暖心的话语,我们信心倍增。

红歌嘹亮,吐放光明,激励我们的思想;红旗飘扬,裹挟忠诚,涌动我们的激昂。伟大的理想,深刻的召唤,2016,我们将继续阔步前行!

第二节 "在追逐梦想中成长"

——青年教师专业成长

一、我叫"小秀敏"

全国劳动模范郁秀敏同志是园西小学的一位党员教师,也是首批浦东新区骨干教师。对待教育事业,她全身心地投入,始终能以饱满的热情、认真踏实的态度去对待每项工作。教学上,她认真地钻研教材、教法,学习新的教学理念。在她的语文课堂中,始终洋溢着一种和谐、民主、愉悦的学习气氛。她尊重学生的学习主体地位,多启发、多引导学生参与到教学活动中,培养学生独立思考和探索问题的能力,指导学生利用上网、翻阅书籍等方法查找资料、运用资料,养成对问题、新知识的好奇心与求知欲。郁秀敏同志对待教学工作尽心尽力,她对待学生也是加倍关怀、满腔热情,全身心地热爱与尊重每一个学生。作为班主任,工作是细小而琐碎的,每天都要处理许多偶发的小事件,但她总能不厌其烦地去认真对待。她的努力赢得了学生的信任,建立起了平等、民主的师生关系。她还积极鼓励孩子们投入到学校开展的各项活动中,她带过的班级,在校各类比赛活动中屡屡获奖。她曾获全国第七届青年教师阅读教学评比一等奖,上海市 S 版小学语文教学评比一等奖;浦东新区中青年教师教学评比一、二等奖;浦东新区园丁奖、上海市小青蛙讲故事比赛园丁奖,曾被评为社发局"青年突击手"、学校"信得过老师""信得过班主任"等。"甘为春蚕吐丝尽,化作春雨润桃李"是她的人生追求。

案例

站上讲台是最幸福的一刻

郁秀敏

有人说，教师是种良心职业。做一名享受课堂的语文老师一直是我努力的目标，站在讲台上的那一刻，我总觉得是一天中最幸福的时刻，于是，"让每一个教学细节都完美"成了我追求的教学目标。

工作22年，我凭着热忱、执着的心，追求着为人师表的快乐与成功。我先后被评为全国模范教师、市劳模，多次获全国和市区级教学评比一等奖……但是，我看重的不仅仅是这些荣誉，更重要的是，我把学习语文的乐趣"种"在了学生的心里。

我深深体会到，我的肩上扛着对孩子们的责任。而我，愿意在追逐自己美丽的教师梦中，一直扛着它，扛着这份沉甸甸的责任。

为进一步弘扬"奉献、友爱、互助、进步"的志愿者精神，建立、完善教师志愿者服务机制，推动园西小学教师志愿服务事业有目标、有步骤地开展，园西小学于2012年成立了"小秀敏"班组。姚星钢校长担任组长，该校全国模范教师、市劳模郁秀敏老师为带教导师。工作室成员由学校优秀青年教师组成，积极开展教师志愿者行动。

工作室提出"立足校园、面向社区"的指导方针，以"爱心献校园，温暖在社区"为口号，在学校领导的大力支持和全组成员的热情参与下，"小秀敏"班组活动开展得红红火火，受到了服务对象的一致好评。2014年，被新区总工会命名为"郁秀敏劳模创新工作室"。

工作室活动持续有效开展，既是园西小学教师倡导社会新风、奉献自我、回报社会的一种方式，也是在实践中锻炼自我、提升自我的一种途径。在活动中，进一步塑造了园西小学教师勇于实践、无私奉献的精神，增强了教师的服务意识。

如今，工作室服务创新工作已逐渐成为园西小学具有较广泛影响和社会动员力的志愿者服务品牌，是园西文化的组成部分，彰显了园西风采。

二、"小秀敏"在行动——常规工作

每年3月，举办"学习雷锋、与爱同行"为主题的志愿者服务节，组织"爱邻里"志愿服务活动，"爱长辈"志愿服务行动，"爱地球"主题绿色环保志愿者行动，"爱幼小"志愿者送快乐活动，"文明在脚下"志愿者行动，"凝聚爱心、传递温暖"爱心义卖活动……通过这些活动，让学生、老师积极投身于光荣的志愿者服务事业。

5月，协助各年级做好艺术节汇报专场工作（接待、摄像、拍照、调试音响等）。

7月，在建军节前夕开展"朝霞重晚晴，军民心连心"志愿者服务活动，慰问94766部队，军民联欢。爱心暑托班活动启动，志愿者们进社区，给孩子们送上精彩课程。

8月，暑期给退休教工送清凉活动，慰问退休教工，给他们送去欢笑和温暖。

9月，开展"说普通话、写规范字、做文明人"推普周志愿者服务活动。带领学生开展"啄木鸟纠错字"活动，走上街道、社区捉错别字并纠正。

10月，开展"走进学生家庭，沐浴夕阳余晖"志愿者服务活动。利用国庆长假，对师生结对的家庭进行家访和慰问。

重阳节前后，到敬老院与老人同庆佳节，吃重阳糕、聊天、插茱萸等。

案例

骄阳似火天，园西"小秀敏"在行动
——暨爱心暑期班活动
园西小学 丁 崔

2017年的暑假如期而至，这个暑假对于妙港居民区里的学生们可是意义非凡，因为在妙港居委会和园西小学这两个共建单位的牵头下，将开设暑期班。暑期班从7月11日开始，到8月17日结束，历时一个月，逢周二、周四上午活动，志愿者以园西小学的青年教师和妙港居委会的工作人员为主。

本次活动在学校党政工团和妙港居委会的关心支持下，开展了丰富多彩的

活动,有趣味英语、经典诵读、创意美术、花式橡筋、手工作坊、玩转七巧板、上海闲话、放飞梦想等,课程涵盖了德智体美劳等多方面。

开班首日,居委会特别邀请了川沙警署的顾警官向辖区内的中小学生讲解消防安全知识,告诉孩子们应该怎么报警、怎么扑救、怎么自救等,还特别教了几招青少年自我防护挣脱的动作。开班首日,园西小学的党支部委员张瑜老师向孩子们进行了自我介绍和课程介绍。

每次活动前,轮到上课的老师都会提前做好功课,就像平常备课一样认真。

本次活动得到社区、家长和学生的认同,参加暑期班的孩子们都有了很深的体会,学到了很多在课堂上学不到的知识,同时增强了孩子们的团结合作意识。参与志愿者活动的组员纷纷在参加者意见表上表示,希望增加此类活动。志愿者们将再接再厉,参与更多适合社区居民的活动,进一步提升活动质量和影响力。

三、创新项目:"送教"与"结对"并行,推动教育均衡发展

园西小学"郁秀敏志愿服务品牌创新工作室"自2013年成立以来,积极开展各项教师志愿者活动。2016年增加了两项创新项目:与民办豫息小学、唐四小学开展"送教上门"活动;与六所公办学校组成的办学联盟"结对活动"。

1."送教上门",实现教育辐射

园西小学与民办豫息小学、唐四小学历来有着教学伙伴关系。创新工作室成立后,园西小学更是积极开展了一系列"送教上门"活动。

(1)教学示范,引领课堂

园西小学先后派出了多位创新工作室成员和校骨干教师,将先进的课堂教学理念带到两所民办小学。王英姿老师分别去豫息小学和唐四小学执教了语文课《南极风光》,她循循善诱,让学生们领略了南极神秘的自然风光。陆静丽老师为豫息小学带去数学课《折线统计图》,教学层层递进,孩子

积极参与。瞿琛老师给豫息小学的老师们展示了精彩的英语课，创设了有趣的生活情境，激发了学生的学习热情。马春来老师为豫息小学执教了一堂复习课，指导学生审清题目、认真思考、细心答题。工作室的导师郁秀敏也送教上门，为豫息小学的孩子上了一堂精彩的活动课。

这些优质示范课，不仅让民办小学的学生获益匪浅，同时也给民办学校的老师们在教学领域提供了良好的学习范例。

（2）专项指导，传授经验

在示范课引领的基础上，创新工作室还安排多位成员和校骨干多次去两所民办学校听课评课、检查作业、开展专题讲座、指导教研活动等，手把手地将教学经验传授给民办小学的老师们。

胡萍、华建敏和曹莉三位老师前往豫息小学，各自指导了两节英语课，她们肯定了上课老师课堂的成功之处，并真诚地指出需要改进的地方，上课老师认真听取建议，及时调整。

杜秀英老师到豫息小学了解该校的多媒体设备，给老师们培训多媒体课件制作技巧，帮助他们将信息技术与课堂教学有效整合。

郁秀敏、夏琪、童兰、陆英老师到唐四小学做专题讲座。夏琪老师讲授了如何运用新课程标准进行有效的课堂教学设计，童兰和陆英老师详尽地解读语文新课标的内容，郁秀敏老师理论结合实践，针对语文教学中的表达教学做了细致的介绍。四位老师的讲座，对唐四小学的教学起到了风向标的作用。

王英姿、陈倩倩、丁崔老师前往豫息小学分别检查语数英作业。整整一个下午，三位老师认真翻阅了所有的学生作业，对作业的布置、老师的批改一一做了非常详细的指导。豫息小学的老师纷纷表示今后要规范作业的设计和批改。

上学期，工作室年轻的优秀成员徐雷和豫息小学的青年教师王克霞结成师徒，两周一次，雷打不动。徐老师上课王老师都会去听，师徒交流听课感受，讨论平时教学中的困惑。在教学相长的过程中，两位结对教师在专业发展上都得到了提升。

"送教上门"活动引导优质教育资源向民办小学辐射与拓展，进一步促进了民办小学教学理念的更新以及教学质量的提升，推动了教育的均衡发展，深受豫息小学和唐四小学的欢迎。

2."联盟结对"，共同携手前行

劳模工作室的第二个创新项目是与六所公办学校组成园西办学联盟的"结对活动"。上年度活动着重从语文学科入手，工作室导师郁秀敏全面负责此项目，活动以创新工作室成员为主，并辐射到学校的骨干、优秀青年教师。活动紧紧围绕"基于目标的教学设计与实施"开展浸润式互动交流，共开设24节语文课、6个讲座、5个专题研讨，做到1～5年级全覆盖。

（1）同商共进，优化课堂

上学期，郁老师安排了24节展示课，由秦肖奋老师和徒弟吴娇燕执教同课异构《寄冰》，张欣老师执教《我们家的男子汉》，刘懿老师和童恋吉老师共同执教《莫泊桑拜师》，导师郁秀敏也亲自执教《歌声》一课。这24节课，都经过工作室成员无数次的打磨与推敲，体现的是工作室的团队智慧和力量。

六所公办学校的老师在听课、评课过程中特别专注认真，不做"听众和观众"，积极参与其中，不但给予园西小学的语文课堂高度赞许，也提出了不少具有操作性的建议，各自在结对活动中收获了经验，获得有益的启示。

（2）分享经验，携手成长

在创新项目活动中，导帅郁老师还有序地安排了6个专题系列讲座，其中有邹君老师的《低年级看图写话的指导策略》，褚勤老师的《中年级"科际联系性习作"初探》，马春来老师的《高年级习作策略》等。工作室成员与联盟学校老师共享宝贵经验及创新教学方法，达到相互学习、共同进步的目的。

（3）聚焦课标，研讨教学

联盟结对活动中，共开展了五次主题研讨活动。每个年级一次，大家开诚布公、畅所欲言，智慧火花碰撞，气氛十分热烈。有一年级的"基于课标的识字教学"研讨，二年级的"基于课标的词句教学"研讨，四年级的"基于课标的作业设计与实施"的研讨等。联盟学校每位老师都积极发言，研讨氛围浓郁。

园西小学的创新项目产生了较大的影响，浦东电视台密切关注并跟踪拍摄、报道：《上海教育》记者现场采访，并以《园西办学联盟：带好队伍从培养"种子教师"开始》撰文宣传。

　　深入开展这两项创新活动，到两所民办学校开展"送教上门"活动，到六所公办学校开展语文学科"回访"活动，以及数学学科每周两次的"教学联盟活动"，工作室将创新项目活动推向新的阶段。

　　回顾走过的路程，在导师郁秀敏的全情投入带领下，活动开展得红红火火。工作室争取在新的学年度取得更大的成绩和最佳的社会效益，推动教育均衡发展。

第三节 "基于课程标准的教学与评价"

——课堂教学实践研究

园西小学把《上海市中小学课程标准》作为学习重点,聚焦课堂教学,通过教研组、备课组,自主学习,测试、教学展示等方式,提高对课标的把握水平,从而提高课堂教学的针对性和有效性。各学科教研组围绕《新课标》进行教学研讨活动。

案例

园西小学语文学科基于课程标准实施评价的注意点

园西小学 刘懿

一、细化每一个评价标准

学生学习前,教师要设计符合中高年段学生认知水平和能力的学习任务及交流方式,让学生知晓、熟悉和理解评价的内容和标准,为评价的实施做好准备。评价标准由评价观察点、评价等第标准、评价主体和评价方式四个要素构成。以下这张表格是默读批注的评价标准。

默读批注的评价标准

观察点		评价等第标准				评价主体	评价方式
		☆	☆☆	☆☆☆	☆☆☆☆		
默读、批注习惯	默读情况	能基本做到根据学习要求边默读边思考;默读方法基本正确;经提醒,默读时专注度依然不够、速度较慢。	能根据学习要求边默读边思考;默读方法基本正确;经提醒,默读时能比较专注,有一定速度。	能根据学习要求边默读边思考;默读方法正确;默读时比较专注,有一定的速度。	能根据学习要求边默读边思考;默读方法正确;默读时专注、快速。	教师	课堂观察

续　表

| 观察点 | 评价等第标准 | | | | 评价主体 | 评价方式 |
	☆	☆☆	☆☆☆	☆☆☆☆		
默读、批注习惯 批注情况	在默读过程中未同步批注，批注不规范，批注的内容与学习任务有一定的关联。经多次提醒后，能结合交流内容完善部分的批注。	能在默读过程中做简单批注，批注基本规范，批注内容与学习任务有联系。经提醒后，能结合交流内容完善批注。	能在默读过程中自觉批注，批注规范，批注内容与学习任务紧密联系。经提醒后，能结合交流内容完善批注。	能在默读的过程中自觉批注，批注规范，与学习任务紧密联系。能结合交流内容主动完善批注。	学习互评＋教师	课堂观察

二、评价要融入教学案例

词语教学和朗读训练是小学语文中重要的组成部分。根据课程标准要求，词语学习的评价应关注学生能否结合语言环境理解词义及词语的感情色彩；朗读的评价应关注学生能否正确、流利地朗读课文，并能根据对文章的理解读出语句的语气。下面我们一起来看看《笋芽儿》这篇教学案例，这篇文章是第八册第一单元的课文。

［案例呈现］

1. 评价目标

（1）能正确默写本课生字新词；能在语言环境中理解并说出两个"扭动身子"表达的不同情感，并能读出句子的不同语气。

（2）能根据提示归纳文章的主要内容。

（3）能在阅读过程中抓住笋芽儿的言行体会其奋发向上的精神；在理解朋友之间关爱的基础上，用几句话写出自己的阅读感受。

2. 课堂实录（片段）

师：请同学们找到文中具体写笋芽儿很努力地向上长的句子，读一读，说说你从哪里感受到他很努力？

（学生自读时找到他扭动着身子，一个劲儿地向上钻，不住地说"我不怕，我要出去……"这句话）

生1：我从笋芽儿说"我不怕，我要出去……"这句话中感受到他急切地想到地面上去。

师：话说得很清楚。你是从笋芽儿说的话中感受到的。

生2：我从他"一个劲儿地向上钻"看出他很努力，心里很着急。

师：很好！你是从笋芽儿的行为中感受到的。还有吗？

生：（静默）

师：（将"扭动"一词变红）再读读句子想一想，你一定可以从这个词中也感受到点什么。

生3：我从这个词中看出笋芽儿很用力，他想用力钻出来。

师：是呀，联系了整句句子的内容，你就能从笋芽儿的这个动作中感受到他当时的心情有点迫不及待了。真会读书！

师：这个词在文中第2小节中也出现了，那请大家读读这句话，想想这句话里"扭动"一词又让你体会出笋芽儿什么样的心情呢？

（出示：他揉揉眼睛，看见四周仍然是黑洞洞的，便扭动着小小的身子，撒娇地说："谁叫我呀？我还没睡醒呢！"）

生4：我感到笋芽儿很不愿意被人叫醒，这个"扭动"说明他心里不高兴。

师：你体会得真好！那你能告诉大家是联系了哪些内容感受到的吗？

生4：我是联系了"撒娇"这个词语和笋芽儿说的这句话，感受到他不高兴、不情愿的。

师：太棒了！你不仅准确地感受到了笋芽儿的心情，还把如何感受到的方法也说得清清楚楚。真不简单。

师：这两句话中"扭动"一词所表现的人物的心情可是完全不一样的，我们读课文的时候遇到相同的词语，就需要这样联系前后内容来读读想想，这样才能准确理解。

师：现在，请你再读读这两句话，通过朗读努力把笋芽儿不同的心情表现出来。

3. 案例简析

"基于课程标准的评价"倡导教师养成在日常教学中关注每一位学生的习惯，教师应注意将评价自然地融入教学过程中。因此，教学中，教师要充分关注学生在学习活动中的表现，认真倾听学生的发言，从学习兴趣、学习习惯和学业成果等方面，及时给予学生有针对性的评价，以起到引导与激励的作用。通过评价，引导学生逐步完成学习目标。

上述案例中，教师围绕着评价目标1，逐步引导学生理解同一词语在不同语境中所表达的不同情感。针对教师提出的"说说你从哪里感受到笋芽儿很努力"这一要求,分别有两个学生从不同角度做了回答。教师根据学生的回答,也分别从"笋芽儿说的话""笋芽儿的行为"两个方面回应了学生的回答,在评价中做到了针对个体,重点突出。当学生无法自觉地关注到"扭动"一词时,教师及时地通过评价,引导学生关注文章的前后内容,启发学生进一步思考。当学生结合具体语境正确体会了另一个"扭动"所表达的情感时,教师又通过小结评价再次强调了理解词语的方法。教师的评价内容包括了以下要素:用鼓励性的语言对学生行为做判断,指出问题,提示进一步思考的方向。通过这样的评价,逐步引导学生结合语言环境理解并说清两个"扭动身子"表达的不同情感,从而比较好地达成了目标1中的相关内容。

三、评价的结果与等第和评语相结合

1. 教师应根据评价标准对学生的学习表现分项给出等第,并给予相应的评语。评语应揭示等第的内涵,提出相应的改进学习的建议。下面这张表格是某校某位学生三年级第二学期学业评价表。

某同学三年级第二学期学业评价表

阶段课堂表现	倾听	发言	合作	作业
等第	优秀	优秀	合格	优秀

2. 如何对孩子的课堂表现进行合理评价呢? 我们来看看这张表格。

课堂表现的"观察点示例"

评价内容	课堂观察点示例
倾听	▲ 上课听讲的专心程度 ▲ 听清并理解他人所说内容的情况 ▲ 边听边思,对他人的发言提出自己的想法或建议的情况
发言	▲ 发言的积极性 ▲ 发言的自信心 ▲ 围绕话题发言的情况 ▲ 自然运用已学到的词句表达自己见解的情况 ▲ 围绕话题讲话或复述、转述他人讲话内容时,先想再说的情况 ▲ 表达的意思清楚,语句连贯的情况;声音适度,口齿清楚的情况

续　表

评价内容	课堂观察点示例
合作	▲ 与他人进行合作的愿望 ▲ 参与各种讨论的积极程度 ▲ 合作探讨学习所得,解决疑难问题的情况
作业	▲ 完成作业的主动性和积极性 ▲ 独立完成作业的情况 ▲ 完成作业时间及专注程度 ▲ 解决作业中疑难的情况 ▲ 作业质量的情况;及时订正的情况

某同学三年级第二学期学业评价表

阶段课堂表现	倾听	发言	合作	作业
等第	优秀	优秀	合格	优秀
阶段学业成果	基础	阅读	作文	写字
等第	优秀	优秀	良好	优秀

3. 评语可分为"给学生的话"和"给家长的话"两部分。"给学生的话",主要是对学生各项课堂表现和学业成果做描述性的评定,同时指出进一步努力的方向;应以鼓励为主,可以用第二人称来写。"给家长的话",是对学生学期或阶段学习情况的综合评价,应肯定优点,同时针对学生较为薄弱的方面分析原因,提出改进建议。

給学生的话:
你是班级同学的榜样,上课听讲很专心,发言积极,声音响亮,有自己的见解,真不简单!作业能按时、认真地完成,经常得到老师和同学的夸奖。希望在小组和同桌活动时,能积极参与,乐于与同学交流阅读所得,能和同学在互帮互助中共同提高。
你基础知识掌握得很扎实,书写漂亮工整。阅读时善于动脑,能主动提问,但理解词句的能力还需加强。写作的总体情况尚好,能做到把一件事情基本写清楚,但有些语句尚不够通顺,在这上面还要多下功夫哦!相信你会越来越棒的!

续　表

给家长的话：

您的孩子在课堂表现和学业成果评价中总体表现优秀，但在阅读理解和写作方面还可有更大的提升。

您可以试试这样做：适当为孩子订阅报刊、购买书籍，让其养成每天阅读的习惯，督促其遇到不理解的词句运用学过的方法，自己想办法解决；让孩子多练练笔，试着把每一句话写通顺，养成写完文章后多读几遍、自主修改的习惯。

期待您的孩子更上一层楼！

案　例

园西小学数学学科基于课程标准评价方案（试行稿）解读

园西小学　金燕群

第一部分指导思想。

我们依据"2011版课标"、《低年段基于课标的评价指南》《园西小学课程计划》的精神和要求，制订了的这份《园西小学数学学科基于课程标准评价方案（试行稿）》，主要目的是为了引导我校数学教师准确把握课程标准规定的内容与要求，落实我校"五小"教学理念，促进学生健康、可持续地发展。

第二部分基本理念。

1. 强调以课程标准和"五小"为基本依据。依据课程标准要求和我校学生实际情况，合理设计评价的目标、评价内容与评价方式，凸显我校培养学生自主学习的"五小"教学理念。

2. 突出为了改进学习的评价。要树立评价为了改进学习的基本观念，淡化评价的甄别、选拔功能，强化评价的诊断、改进与激励功能。

3. 倡导评价的个性化实施。可以依据本方案的要求，考虑班级与学生的实际情况，设计符合课程内容特点和本班特色的评价方法。

第三部分评价框架，具体指导我们如何操作。

1. 课堂评价。教学评价是教学活动的一个重要环节，我们的课堂教学评价可以从教师和学生两个方面来考查。教师评价包括口头语言评价和体态语言评价。口头语言就是我们课堂上的一些常规用语，如："你今天的发言很精彩！""哪个小老师来教教大家？"等等。口头语言系统要求：正确得体、生动丰富、机智巧妙、诙谐幽默、独特创新。体态语言可以是一个微笑、一个眼神、一个拥抱等。体态语言系统是实事求是的,发自内心的,是零距离的,有亲和力的。学生评价包括自我评价和同伴评价。基于以上几点,我校课堂评价结合课标,以"五小"自主学习小主人为抓手,培养学生的自主发展能力。通过"五小"的培养,体现学生是学习的主体。具体操作过程中,我们把可以作为参考的观察点罗列在下面。(出示表格)各位老师可以采用不同的方法,比如教师可以制作"五小"的标签牌贴在黑板上,课堂上根据学生具体表现及时进行评价,在"五小"标签后写上学生学号,让学生知道自己在这节课上哪些方面是做得比较好的;也可让学生进行互评,说说你认为谁能得到"五小"中的某一小称号,从而进行评价;也可让学生感受自己每天的进步,觉得自己某一方面进步很大可以通过自评得到"五小"中的某个称号,等等。

2. 作业评价。也可从两方面来做评价:教师和学生。教师评价学生作业可以通过等第制:优、良、合格、不合格,以及合适的书面语,如:"今天的作业很棒!""有进步!"还有简单符号评价,如五星、笑脸等。学生评价自己的作业,可以是简单的作业互批、教师核对答案自批、层次性的作业小老师批改,等等。我校的作业评价以练习册评价为主。评价方式分为平时评价和单元评价。(出示表格)

3. 练习卷评价。在阶段知识学习完成后简单的测试性评价,以等第制为基准。阶段考试试卷的命题应以大纲为纲,以课本为依据,难易度恰当,注意检查学生用所学知识、理论说明和分析实际问题的能力。(出示表格)

4. 综合评价。学期结束后不但应有这一总课程的知识性评价,即期终知识测试卷,更应结合这一学期的课堂学习表现、作业完成表现、探究讨论表现,进行全面的评价。我校的综合评价与成长手册结合,教师一学期做两次综合评价,一次在学期中期,一次在学期结束。教师给予等第制评价以及一次评语型评价。

第四部分评价实施建议。

1. 整体设计评价方案。结合各备课组实际情况、各年段学生年龄特征,选择合适的评价方式和标准进行评价。

2. 注重学生的学习表现评价。主要结合"五小"对学生的学习表现、学习过程、学习成果做出评价。

3. 关注不同评价方式选择。要加强过程性评价、诊断性评价,把握不同评价方式的特点,充分发挥各自的作用。

4. 发挥评价促进学习的作用。要根据学生学习表现的评价结果，反思自己的课堂教学，或调整教学方式，或提供学生改进学习的具体措施。

5. 完善校本评价的管理机制。如有更有效的措施和方法，可在本组中推广和介绍，以完善本方案。

在实施课改的几年里，对课程标准理念和精神，广大教师一直在研读、实践着，但在细化分解课程目标、有效落实课程目标上，研究得不够，达成度不高。所谓"课标解读"就是通过研读课程标准，理解其基本理念和内涵精髓，分解课程目标，并指导教学实践，从而全面落实课程目标。

新的课程标准强调一切教学教育活动都要以人的发展为宗旨。为此，在日常的教育教学实践中，我们不仅要重知识技能，更要重情感态度；不仅要重结果，更要重过程；不仅要重知识的传授，更要重知识的实践，也就是我们所说的"三维目标"。

反思我们的教学，虽然改变了过去的沉闷、满堂灌的课堂教学状况，但又呈现出课堂喧哗热闹、学生收获甚微的现状，不少学生字词掌握不扎实，读写能力没提高。于是，有不少家长质疑课改，甚至有专家也在质疑要不要课程改革。沉思静想，课改没错，课改是时代对人才培养的要求，是改变教学现状的必需。追根究源，问题还在我们教师身上，对课程目标把握不准，目标不明、虚化，造成课堂低效，这才是根本所在。

经历几年的教学实践，而今再研读新课标，更多的感触是让学生成为学习的主人。在小学教学活动中，教师应努力挖掘课程教材的兴趣点，寻找出学生爱学、想学的兴趣点，从而激发学生的学习欲望，培养学生学习的浓厚兴趣，不断提高教育教学效果，使学生真正做到"我要学，我想学"，而不是"要我学，逼我学"。只有当孩子们感兴趣了，自己想学了，老师不费吹灰之力就可以提高教学质量，否则即使老师每天追着学生跑也都无济于事。

案　例

园西小学英语学科解读新课标

园西小学　连英萍

基于课程标准的教学应该包括以下几个方面：

1. 分清课程目标与教学目标

课程目标是学完这门课之后要达到的目标，教学目标则是一节课、一个单元、一个学期要实现的目标。

教学目标是依据课程目标设计的，课程目标应贯穿和体现于教学目标之中，因此教学目标的内容范围与课程目标应该是一致的。

2. 三维目标

知识与技能：是对学生学习结果的描述，即学生通过学习所要达到的结果，又叫结果性目标。

过程与方法：是学生在教师的指导下，如何获取知识和技能的程序和具体做法，是过程中的目标，又叫程序性目标。

情感态度与价值观：是学生对过程或结果的体验后的倾向和感受，是对学习过程和结果的主观经验，又叫体验性目标。

3. 学习目标常用行为术语

知识目标：找出、说出、阐述、读准、认识、了解、排列、理解、辨认；

技能目标：讲述、朗读、复述、说明、写出、表演、改编、交流；

情感态度与价值观目标：喜欢、乐于、有……的愿望、尊重、爱护、珍惜、养成、敢于、辨别、欣赏。

4. 如何落实课程标准

依据课程标准确定教学目标。

教学目标的设计：

思考：

1. 关注知识技能、文化情感、思维策略；

2. 关注单元目标与分课时目标的整体性；

3. 关注教学目标对教学活动的导向作用；

4. 关注教学目标叙写的具体性和操作性。

教学目标的构成因素：

(1) 行为主体；

（2）行为表现；

（3）行为条件；

（4）行为程度。

（学生）能在报名参加运动俱乐部的语境中，用本单元的核心词汇进行询问、应答并正确抄写。要求语音语调正确、内容达意、词汇运用基本正确。

逐级分解教学目标

2B M4U2 Mother's Day

1. 在语境中学习、理解、运用下列词汇：carnation，write a letter，make a card，在语境中学习、理解词汇：A cup of tea，hug，kiss，a piece of paper，decorate，etc.

2. 在语境中学习、理解、运用下列句型：

What can I do for Mum?

Happy Mother's Day! I love you，Mum.

Here's a ... for you. Have ... I have ...

在语境中学习、理解句型：I hope you're happy every day!

3. 能用几句话表达：On Mother's Day what can I do for Mum?

4. 让学生回忆妈妈在日常生活中为我所做的事，体验母亲的爱。

5. 通过在母亲节送妈妈一支康乃馨、给妈妈写一封信、为妈妈制作贺卡，表达对妈妈的感谢和爱。

6. 体验给予妈妈的爱不仅在母亲节，更在每一天。

文本：

Mother's Day is coming

Mary：Jack，Mother's Day is coming. What can I do for Mum?

Jack：Hmmm ... I have a good idea. You can give Mum a carnation.

Mary：A carnation? Why?

Jack：It can show love to Mum.

Mary：That's a good idea.

Jack：And you can write a letter.

Mary：What can I write on the letter?

Jack：Look!

Mary：That's great!

Jack：Bingo！And you can make a card for Mum.

Mary：That's cool. Let's make a card for Mum.

Jack：Now let's say Happy Mother's Day to Mum!

案例 2B M2U3   Animals I like

教学目标	第一课时	第二课时	第三课时
语言知识	1. 学习并运用 —What are they? —They are … 的句型进行问答。 2. 学习字母 f, v 的发音。	1. 学习动物名称的词汇，如 giraffe, snake, elephant。 2. 学习并使用相关词汇描述动物的身体部位，如 long necks, long noses 等。 3. 学习并使用表示动物食物的词汇，如 grass, meat 等。	1. 通过整合所学句型进行玩具商店的相关问答对话。
语言技能	1. 通过问答获取农场动物特征、身体部位、喜好等相关信息。 2. 对农场动物的特征、身体部位、喜好有大致的感知。	1. 通过阅读、视听等形式捕捉相关动物的特征信息。 2. 在教师的引导和语境的推动中，运用 They are … They have … They eat … 句型来描述动物特征。	1. 能够用 I like … because … 表达自己对动物的喜好以及原因。
情感态度	培养与他人互动协作的学习习惯。	1. 学习观察动物的外形、身体部位、食物偏好等特征。 2. 通过观察、描述不同的动物，激发学生对动物的热爱。	通过在动物园玩具商店里的对话练习，学会交流与表达自己的喜好。

第一课时教学目标：

知识：1. 学习动物名称的词汇，如 giraffe, snake, elephant 等。

2. 学习使用句型 —What are they? —They are …。

3. 学习使用相关词汇描述动物的身体部位,如 long necks, long noses;以及表示动物食物有关词汇,如 grass, meat 等。

能力：1. 通过阅读、交流和问答捕捉相关动物的信息。

2. 在教师的引导下,运用 They are ... They have ... They eat ...描述动物特征。

3. 通过在动物园玩具商店里的对话练习,学会交流与表达自己的喜好。

情感：1. 学习观察动物的外形、身体部位、食物偏好等特征。

2. 通过观察、描述不同的动物,激发学生对动物的热爱。

叶澜教授指出：在教学过程中强调课堂的动态生成,但并不主张教师和学生在课堂上信马由缰式展开学习,而是要求教师有教学方案的设计,并在教学方案中预先为学生的主动参与留出时间和空间,为教学过程的动态生成创设条件。

强调"生成",先要解决好"预设"。我们不能等走进课堂时,才发现学生有着许多与"预设"不相符的地方。我们要根据对学生的了解来思考：学生学习的起点在什么地方？ 在学习的过程中,学生会对什么更加感兴趣？ 旧知与新知的距离有多大？ 需要给学生一些暗示吗？ 这些暗示会不会降低学生的思维强度？ 学生可能会提出哪些问题,或对学生提出的各种问题可能做出怎样的回答？ 这些,我们在预设时,必须了解,必须关注。我们不能因为强调生成而忽视预设。只有在预设上多下功夫,才能更好地解决生成的问题。

老师备课时对课堂教学的思路、环节做必要的预设是必不可少的。但教学是互动的、多变的,课堂上会出现许多意想不到的偶然因素,老师不能一成不变地按照既定方针实施教学过程,而要善于根据课堂实际情况进行有效调控。课堂教学出现点意外也是很正常的,教师应学会适应学生进行调控,才能真正发挥学生的主体作用。不会适时变化,这是漠视学生主体地位的一种表现。

第七章

提升信息素养：主动学习的技术支撑

　　新一代信息技术的发展作为第三次工业革命的浪潮，大力推动了以人为本的创新 2.0 知识社会演进。尤其进入 21 世纪以后，"互联网＋"和大数据时代的到来极大地改变了我们的生活、工作与思维方式，打破了自主学习的历史脉动。数据科学家维克托·迈尔-舍恩伯格在《与大数据同行：学习与教育的未来》一书中提出："大数据正悄悄影响到教育体系的每个层面，对于全世界的学习与教育活动，都会产生极为深远的影响。大数据能告诉我们什么是最有效率的，并且揭示那些过去无从发现的谜题。"

　　诚如维克托·迈尔-舍恩伯格所言，大数据以其势不可挡的势头进入学习领域，对学习者自主学习产生了潜移默化、无处不在的影响，主要体现在学习资源、学习理念和学习方式的转变上。传统的学习资源观已经被基本取代，应用互联网思维构建的全新的学习资源观应运而生，它呈现开放性、整合性、碎片化、生成性、移动性和虚拟化的六大发展趋势。简言之，新型的学习资源打破了时间和空间的限制,学习者能随时随地通过互联网获取相应的学习资料。在具备丰富广博的学习资源的基础上,学习理念呈现向个性化学习、持续性学习转变的趋势,学习方式更是逐步走向规模化、跨界化、定制化和创新化。教师作为大数据时代的主动学习者,必须改变其传统的学习方式和理念,结合互联网工具和互联网思维,学会合理、充分利用大数据学习资源,形成具有特征的学习思想和观念,即能够负责地使用信息技术,将其作为支撑自我主动学习的手段。这一目标的实现对教师信息素养提出了新的诉求。何为信息素养?美国信息业协会主席保罗·泽考斯基认为,信息素养是"利用大量的信息工具及主要信息源使问题得到解答的技术与技能"。我国《普通高中信息技术课程标准》将其具体化为:对信息的获取、加工、管理与传递的基本能力;对信息及信息活动的过程、方法、结果进行评价的能力;发表观点、交流思想、开展合作、勇于创新、解决学习和生活中实际问题的能力;遵守相关的伦理道德和法律法规,形成与信息社会相适应的价值观和责任感。概言之,信息素养一般包括信息知识、信息技能、信息意识和信息道德四个方面。

磨刀不误砍柴工。在数据化时代的浪潮中,教师要想自主学习愈加高效,需先磨出锋利的器刃——信息素养,以开辟学习资源、重塑学习理念、转变学习方式。正如园西小学所认为的,"只有引领和培养教师掌握以信息素养为核心的学习能力,教师才有'善学'的基础和可能"。因此园西小学在引领教师主动学习、走向卓越的路途中将提升信息素养、实现高效的主动学习视为必不可缺的环节。大数据的时代背景要求创建一个"人人皆学、处处可学、时时能学"的社会,园西小学正是向着更深一层次的"人人善学"迈进。

基于此,园西小学从建设学习资源和培训教师信息素养方面着手,力求提升教师信息素养,使其主动学习更加高效。

第一节　学校信息资源的建设

——"工欲善其事,必先利其器"

《劝学》有云:"君子性非异也,善假于物也。"对于教师而言,学校是其主动学习的助力,是其专业能力发展所需借助的巨人的肩膀,他们的极速前进离不开学校的引领与支持。对于学校来说亦是如此。叶澜教授曾说:"没有教师的生命质量的提升,就很难有高的教育质量;没有教师的主动发展,就很难有学生的主动发展;没有教师的教育创造,就很难有学生的创造精神。"学校必须制定出支持教师主动学习、探索新教育的决策,对走在前面的教师给予支持,从而推动整个学校的发展。秉持这一信条,园西小学颇为注重学校各类环境的创设。其中,为了使教师提升信息素养,形成具有信息特征的学习思想和主动学习方式,园西小学从学校教育理念、物理硬件和软件平台等方面创设了一个较为完备的信息化教育学习环境。

一、课堂改进计划

若把信息资源建设比作大厦修建,物理媒体更新犹如这座建筑的砖瓦和装饰品,而教育思想、教育方法、教育手段的改革和与时俱进是支撑建筑物的地基。地基不稳,那么这一宏伟的建筑必定会在转眼间土崩瓦解。

新课程改革的提出为园西小学教育思想的改革、教育方法的信息化奠定了基础,"让课堂充满生命活力,让学生成为学习主人"这一以学生为主体的教育理念氤氲在整个园西小学校园,这就要求教师转变传统的教育观,进一步学习"互动式"的教学理念,关注课堂互动的质量,实现知识的共同拥有与个性的全面发展。针对如何能更好地观察到课堂互动的质量这一问题,园西小学采用了与现代信息技术相结合的教育方式、手段——交互式平板电脑进课堂。

交互式平板电脑集成电脑、音响、投影机、电子白板、幕布、远程视频教学终端等诸多功能于一体，使得教学信息技术系统的设备简单、性能可靠、标准统一，也由此带来信息表征多元化、真实现象虚拟化、操纵行为人性化、人机通信自然化、过程记录数据化等优势。它不但能将课堂的主动权交给老师和学生，而且能记录课堂互动的实践、分析课堂互动的效果。与传统的课堂模式相比，这一课堂改进计划从根本上改变了教师传统的教育观念，同时引入了大数据时代的信息技术元素。对于教师而言，这一改进不仅促使教师进一步加强对现代化教育教学理论的学习研究，同时也将"把教育技术应用到教学当中"这一理念扎根于心，更为教师信息素养的提升和信息化专业发展提供了一个良好的平台。在此课程改革理念的引领下，教师不断学习、实践新型教育理念和信息技术，更好地促进其专业能力的发展。

二、充足的信息化设施配备

所谓"工欲善其事，必先利其器"，提升教师信息素养，使其在大数据时代主动学习更为高效，信息化设施配备这一器物必不可缺。园西小学在信息化设施配备上日臻完备，教职工办公室、机房、教室里计算机硬件系统一应俱全，学校通信系统、电子阅览系统也已建成。同时，园西小学还配有电子备课室，教师可以在此实现音像的剪辑、课件制作和电子备课。这些设备的配置优化了信息技术环境，促进了教学信息传播的多媒体化，为教师的专业发展提供了信息化的学习环境。

此外，为了更好地提升学校师生学习、工作的能力，提升师生的信息素养，园西小学积极推动了"交互式平板电脑进课堂"这一项目的实施，并出资购买50台平板电脑，于2014年12月底进行了落实。

三、多样的网络平台支撑

1. 网络硬盘资源共享

奥斯特洛夫斯基曾说："不管一个人多么有才能，集体常常比他更聪明和更有力。"合作交流是教师主动学习的必经之路。学校是教师的学习共同体，共同体之间的相互砥砺、相互激发，能够不断调动教师主动学习的积极性，促使教师向着专业发展的目标不断发掘自己的才能。现今，得益于数据化的网络环境,信息交流和资源共享的阻隔被打破。园西小学为使教师能够更好更快捷地共享优秀的信息资源、实现交流合作,其将优秀的教学科研资料等进行有机整合,以校园网为依托,创建了园西小学网络硬盘这一软件平台,为教师资源共享开辟了一块专属的存储空间。园西小学网络硬盘将学校教学与行政分办,不同学科的共享内容分隔,使不同科目的教师能够在登录系统之后简单快捷地找到自己所需的资料模块。

　　园西小学网络硬盘内容丰富多样,包括教学计划、教案、听课记录、试卷等。网络硬盘为教师提供了随时随地都能通过网络获取的学习资料,增加了教师与信息技术接触的机会,间接提升了教师的信息素养。更为重要的是,这一网络平台将教师教学工作系统化、程序化,使教师之间的交流与自主学习更加顺畅。

园西小学网络硬盘界面

　　网络硬盘为教师存储、共享资料保驾护航。在网络硬盘的帮助下,教师不必再为试卷、教案的无序摆放焦头烂额,不必再去陈旧的资料堆中翻找比对。那些烦琐的整理工作已经被网络硬盘取而代之。教师可以自行下载网络硬盘上他人分享的各类听课记录、视频,进行评价与学习,抑或是对周周练的试卷进行再整理与分析。此外,资源共享的另一个益处在于打破了传统资源保存时间的限制,教师可以在网络硬盘中,以时间为轴,整理各种资料并加以保存,无须考虑保存年限,继而在主动学习的过程中能轻而易举地找到时间跨度较长的资料。

对于任课老师而言,网络硬盘帮助他们实现了教学资源的有效共享、形成了具有信息特征的主动学习方式、促进了教育科研能力的发展。对于班主任来说,网络硬盘资源共享更是颇有裨益。班主任是指引学生健康成长的灵魂工程师,是连接学校、学生和家长的桥梁。因此,他们除了需要不断提升自己的知识素养外,也肩负着学校德育工作的重任,是教书育人的中流砥柱,教书与育人舍其一,不能立。因此,园西小学网络硬盘专门为班主任设置了德育、安全教育以及家长会相关模块,班主任在资料共享与交流中,能够更好地提升自己的班级管理能力、家校沟通能力、育人的意识等。

2. 教学平台之"意学通"平板教学系统

为了促进信息技术与教育的整合,增强学习过程中学习主体之间的互动,"意学通"平板教学系统登上了园西小学的舞台。该系统是贯彻新课程改革理念的产物,使园西小学信息化教育环境更具特色,同时对提升教师信息素养、培养教师"互动式"的学习理念有着举足轻重的作用。"意学通"平板教学系统为学校日常上课提供了一个"一站式"的数字学习解决方案,它包括从校外的云端学习管理系统,到"意学通"互动课堂系统,再到平板上的

"意学通"平板教学系统结构图

终端内容管理系统。

"意学通"平板教学系统为教师实现"将信息技术应用到教学中"的理念提供了实践平台。首先，在学习制作信息化教学资料与课件方面，云端学习管理系统为其把薪助火。云端管理系统为教师提供了基于平板电脑使用的电子课本和三种常规课程练习的制作。其中，关于电子课本的制作，老师可以将教科书转化成图片或直接拍照上传，也可以将备课时文本再构的图片、音视频等素材编辑成书页上传到云端；对于课堂练习的制作，云端为老师提供了单选题、主观题和小组讨论题三种课堂上常用的课堂练习制作模块；同时，老师可以将制作的教学资料都存储在云端列表中，对教学资源进行管理。在教学资料制作完成之后，教师可以进入"课程设计"模块，开设新课程，导入课程相关的电子课本和课堂练习，进行信息化课程设计，同时老师也可以上传存储在本机的图片、音视频等教学资料。在云端管理系统中，教师可以进行多种信息化教学资料制作的尝试，提升课件制作能力。

其次，互动课堂系统为完善教师"互动式"教学理念添砖加瓦。课程改革中"以学生为主体"这一教学要求，使教师不得不以学习的姿态对待"互动教学"。传统的教学习惯与教学环境往往会成为教师学习前进的桎梏。互动课堂系统以信息化的方式调节学习主体间的关系，帮助教师跳脱传统教学模式的藩篱。一方面，教师对学生学习状态的掌控程度得到加强，教师的平板同时也是一个控制中心，打开教师机上的控制板，教师就可以在自己的机器上实时看到学生平板的状态。另一方面，教师在教师机上翻动电子课本的书页、在课本上做笔记或者播放图片、音视频等文件时，学生机上会同步显示老师所展示的内容，提高了学习主体间的同步性。在此基础上，学生学习效能得以提高，同时教师对班级学习状态的把控得到加强，从而可以更好地形成和谐的师生互动、生生互动。此外，该系统本身具有交互性，在课堂练习的过程中，教师可以根据不同类型的练习模块及时获取学生的答题数据，也可以收集留存学生的答题过程，适时将分析讲解的权限发放到指定的学生机上。在互动课堂系统的帮助下，师生之间的交互影响得到加强，教师自觉或不自觉地与学生产生良好互动，从而形成教学共振，教师专业技能也可因此得以提升。

　　"意学通"互动课堂系统中包括电子课本、单选题、主观题、小组讨论、图片和多媒体课件模块,为教师课件、学习资料的制作整理提供了更多的选择,同时也为教师互动教学创造了良好的条件。

第二节　教师信息素养培训

——"器欲尽其用，必先得其法"

作为一种职业，教师要兼具才德，要有教书育人的真本领。时代的变革日新月异，社会对于教师职业的要求也越来越高，仅靠一本教科书、一本教学参考书，稍有一定文化知识就可以上课的情况，远远不能满足人们对现代教师的要求，勤于学习、独立思考、不断拓宽自己的知识面，是一名合格教师的必然要求。教师只有主动学习，使自己知识长流水，像树根一样扎根在泥土里不断伸展汲取新的养料，才可能不落俗套、引导学生在知识的海洋中扬帆远航。人类知识在不断地细化、交叉和综合，学科之间的联系愈加密切，教师要想更高效地学习到更广博的知识，离不开信息素养的培训。

西蒙·派珀特说过："你不能教会所有人他们想知道的每一件事情，那么最好的办法就是告诉他们：当他们需要了解新知识的时候，在哪里可以找到他们需要知道的东西。"教师的主动学习也是如此。知识如汪洋大海，求学者便是海边的弄潮儿，在时时刻刻接受海水洗礼的同时，要有目标有方向，有意识地汲取知识的滋养。如何在大数据时代准确地找到属于教师的一瓢饮、一杯水，这也是信息素养培训的目的之一——使教师具备广泛的信息知识。广泛的信息知识是提升教师信息素养的基础，是指引教师学习方向的明灯。教师的信息知识包括信息科学的基本概念、基本原理、基本方法，以及信息工具的相关知识。除此以外，还包括教育信息传播理论、教育信息的特征、具体表现形式以及教育信息传播方法、手段和工具的知识。概言之，一方面，教师应通过掌握这些信息知识，了解现代大数据媒体的传播形式，在参加学校教育外，能更好地找到学习资源，进行自我学习；另一方面，教师能将所学的信息知识应用到教学当中去，了解教育教学信息的媒介形式、特点及其应用方法，根据教育教学的实际需要选择合适的信息技术工具和形式来表达、传播教育教学信息，从而提升自我专业能力。

一、信息理论知识的培训

为了使各位教师掌握这些理论知识，破除传统学习方式的禁锢，园西小学开展了一系列以张瑜老师为主讲的教育技术培训。张瑜老师是有教育技术学背景的专业教师，她借助由祝智庭教授主编的《教育技术培训教程》一书，从教育技术概述出发，对相关理论概念进行了深入详细的讲述。其中，如何成为大数据环境下的关联型教师，以及如何将信息技术与教育更好地结合，是张瑜老师进行阐述的重点，也是园西小学教师提升信息素养的核心。

为什么要做一位互联网浪潮中的关联型教师？张瑜老师举例阐述："有一位教美术学科的教师，独立成长在他所在的学校，他可能会通过在学校寻找一些与他日常教学相关的课例来自主学习。但正如我们所知道的，教师的成长和进步最好的办法是与其他教师一起合作，如果让他有机会可以和世界上其他美术老师进行交流，那么他主动学习的效能会得到极大提高，他可以不断汲取自己真正需要的知识，从而懂得如何成为一位更加出色的美术老师。也就是说，我们要想成为一个成长型的教师，首先就要成为一个成长型的学习者，这就要求我们要突破自己的圈子去分享、去学习，去跟世界产生积极的关联，我们要坚持寻找新资源和新机会使自己不断成长，这也就是托德·威特克尔所称的'关联型'教师，是要与这个世界发生正面且积极关联的教师。"那又如何成为一个关联型的教师？张瑜老师这样说道："在'互联网＋'时代，新技术、新理念扑面而来，我们要形成利用互联网与世界各地教师、学习资源产生关联的意识，我们要成为热情积极且坚持不懈的人，通过互联网寻找新资源和新机会使自己不断成长。"为了让教师们更深切地了解如何通过互联网主动学习，张瑜老师以微博为例，借鉴《"互联网＋"时代，如何做一名成长型教师》一书，讲解了如何在微博上建立在专业上与同行互动的个性化学习网络。

"微博可以帮助教师发展自己的关系网络，从而实现'互联网＋'时代的主动学习。首先，教师需要在微博上展现出真实的面貌，创作一份高效率的微博个人资料，让大家来了解你。接下来就可以打造属于自己的学习网络了，其中最重要的步骤就是你要确定关注谁，并且让别人来关注你，通过运用'搜索'键来寻找那些活跃在微博上的教师，你会获得他们所推荐的有价值的资源，再看一看他们关注的问题与对象，了解他们的学习网络。其次，你可以向他们发送信息、咨询疑问、分享资源，不断的交互过程会留下你的个性化烙印，这样你的学习网络便可基本形成。"张瑜老师的讲解浅显生动，告诉我们互联网是帮助教师主动学习的利器，通过微博创建的学习网络可以帮助教师突破传统学习方式的藩篱，丰富学习资源，分享不同的观点，也是教师成为关联型学习者的必经之路。

　　如何将信息技术与教育更好地整合是提升教师信息素养的重中之重，张瑜老师仅就理论体系进行了阐释，具体的学习仍须与实践相结合。经过张瑜老师的培训，园西小学教师对信息理论知识的掌握取得了质的飞跃，全体教师通过了教学人员教育技术水平考试，也为日后将信息技术与教学、学科整合奠定了坚实的基础。

二、平板电脑与学科教学整合的培训

　　器欲尽其用，必先得其法。学习如何将信息技术与教育更好的结合是教师提升信息素养的关键所在，张瑜老师进行的理论知识讲解只是基础，在教师的浅层意识表面上扎根。正所谓"纸上得来终觉浅，绝知此事要躬行"，要想将信息意识内化为教师内心的深度觉醒，如训练战士般，教师需要在培训指导下形成"肌肉记忆"。但这并不意味着一味地模仿、照抄、按图索骥，而是促使教师在掌握基本范式的基础上，独立思考、善于发现，探索出适用于不同教学需要的模式。

　　以园西小学"平板电脑进课堂"这一项目为例，由于是第一次将平板电脑引入课堂教学中，因此"意学通平板教学系统"公司人员先后两次到园西小学，为项目组的所有教师开展了两次技术操作培训。第一次是让教师对于平板电脑进入课堂有个整体的认识，第二次是教教师如何利用这个教学系统进行备课。除此之外，公司工作人员与园西小学实践课老师进行了多次单独联系并对其进行培训，解决了老师们信息技术操作方面的问题。关于如何将信息技术行之有效地融入教学设计，使课堂效能得到最大提升，园西小学教师们在互相砥砺、不断学习的过程中探索与成长着。一方面，老师们不断寻找相关资源进行借鉴与参考；另一方面，他们在深入了解"意学通"平板教学系统的基础上，就相关主题多次展开如何进行教学设计的讨论。在经过多次探讨与反复修改之后，杜宝芳老师的《摇篮》教学设计终于瓜熟蒂落，登上讲台。在此仅介绍其平板六个介入点的设计：

巧用平板学歌曲　信息整合添异彩
——《摇篮》教学案例

　　《摇篮》是一首优美又抒情的摇篮曲。歌词采用比拟的手法，形象地把"天空""星星"比作摇篮和宝宝，非常富有童趣。这节课执教的对象是二年级学生。二年级学生经过一年多的音乐学习，已经能初步体验音乐情绪，能用自然的声音演唱歌曲，还能和同伴一起自信大方地进行表演。

　　新课程对音乐教学提出了新的要求，提出以音乐审美为核心的基本理念，在潜移默化中培育学生美好的情操、健全的人格。音乐教学应该是师生共同体验、发现、创造、表现和享受音乐美的过程。根据音乐学科课程标准和学生的年龄特点以及平板电脑强大的信息量和功能，我在三大环节中充分利用平板电脑，使课堂取得了良好的教学效果。接下来就平板电脑在《摇篮》一课中的六个介入点谈谈收获与反思：

一、起始部分的设计

　　介入点一：用平板进行名曲欣赏，自由度更广、内容更充实。

　　都说音乐是听觉的艺术。传统的音乐欣赏只能在老师选择的歌曲中顺着老师的上课节奏和思路集体进行。平板的介入突破了这种教学方式，课一开始，我让学生选择自己喜欢的中外《摇篮曲》欣赏，学生戴上耳机，互不干扰，自由地聆听音乐、沉浸在其中，一首、两首甚至更多。通过这样的教学方式，学生感悟出中外摇篮曲异中有同，这远比教师滔滔不绝地讲述摇篮曲的特点要强得多，也是老师在PPT上播放同一首曲子所无法替代的。

　　介入点二：用平板操作抢答题，学生思考更积极、教师反馈更及时。

　　平板中的抢答题无疑调动起学生的课堂积极性，学生十分专注，等老师点按开始便进行有效的思考。本课中学生从名曲欣赏中感知了摇篮曲的情绪、速度、力度，在这基础上教师通过抢答这种形式可以清晰地看到学生掌握的情况：有多少同学答对、答错、错在哪里、哪些同学排名靠前等。教师能在第一时间知晓学生对于乐曲的感受能力，学生也可以通过教师公布的答案看到自己的累积成绩、答对题数、排名奖章等。通过这样的师生互动点燃了学生课堂思维的兴奋点，极大地激发了学生学习的欲望。

介入点三：用平板梳理乐理知识，化难为易、形象生动。

如果从文字上让低年级学生理解摇篮曲特点，那是有一定的难度的。所以，我设计了这样的环节，让学生"说说哪些图形、线段、色块符合摇篮曲的特点？请你把它请进摇篮"。然后利用平板，把相对应的图形、线段、色块拖曳到摇篮中，复杂、枯燥的乐理知识一下子变得形象有趣，化深为浅，化抽象为具体，学生轻而易举地理解了摇篮曲的特点。

二、学唱歌曲部分的设计

介入点四：用平板深入理解、掌握歌曲节奏型，使新歌教学更顺畅、高效。

节奏是音乐的骨架，一首新歌的学习离不开扎实的节奏教学。低年级唱游课中采用听唱法学习歌曲，因此，节奏在新歌教学中是最重要的一环，新歌的节奏掌握了，伴随着老师的钢琴引领，通过师生对唱等形式新歌很快就能学会。《摇篮》一课最重要的是两种节奏型，即×× ×× ×— ××× ×× ×，通过平板找节奏型的练习，学生很快地知晓了这首歌看似节奏很凌乱，其实只由两种节奏型组成。学生在平板上用不同的线条归类后，就能直接拍击全曲节奏并合上教师的音乐了，歌曲的旋律一进入，整首歌曲的学唱就十分轻松、顺利。

三、拓展部分的设计

介入点五：用平板启迪思维，有效创编歌词。

奥尔夫说过："让孩子自己去实践，自己去创造音乐是最重要的。"在本课的最后拓展环节，我利用平板出示画面，请学生帮助花宝宝、鱼宝宝等找找它们的摇篮，不仅激发了学生学习的兴趣，而且提高了学生的审美能力。创编歌词时，我用提问的方法启发学生："请你动动小脑筋想想看，我们的大自然中还有谁可以当摇篮？谁是它的宝宝？"让学生充分发挥想象能力，运用点击、拖曳的形式进行歌词创编，效果非常好。

介入点六：用平板自己录音，提高学生的音准能力。

传统的音乐教学中，一首歌曲学完，教师很难在第一时间获取全班同学对于歌曲的掌握情况。平板具有录音功能，不仅保留了课堂鲜活的"有声文本"，而且提高了学生唱歌的自信。本节课中，请学生在创编歌词后进行二度创作，把自己创编的摇篮曲录下来，学生都铆足了劲，大声地动情歌唱。录音后，学生不仅可以马上清晰地听到自己即时的演唱，教师也可以随机抽取任何一位同学的录音让全体学生品评，针对学生某一处的音高、音准有针对性地纠正。长此以往，必定会成为提高学生音准能力的有效途径。

　　整堂课中通过这六个点运用平板进行音乐教学，令师生精神情绪高涨，师生充分互动，同时也解决了课中如摇篮曲特点的理解、创编歌词、音准、解决节奏型等一些难重点。平板让我感受到了与传统课堂迥然不同的境界。信息技术与学科整合，是一种教学手段，是一种教学方式。它扩大了课堂容量，丰富了教学内容。它为课堂教学服务，为提高学生的学习素养服务。找准信息技术与学生认知的最佳结合点，让教学最有效整合。让我们一起在实践中运用，在运用中不断提高吧！

　　《摇篮》平板教学开浦东新区之先，也是杜宝芳老师第一次用平板电脑设计和执教的一节唱游课。杜老师运用平板的这六个介入点有效解决了传统课堂模式中的学生理解难、反馈难的问题，更好地促使课堂从以教师讲为主向以学生学为主模式的转变。如介入点五，杜老师通过平板出示画面，让学生自己着手，引导学生主动参与、乐于探究。杜老师的教学设计突破了原有的教育模式，充分利用信息技术，将传统音乐课与教师的课件、学生的学件相结合，使课堂新颖、生动、高效、丰满。

　　杜宝芳老师《摇篮》教学的成功离不开学校老师的共同努力。除此之外，学校老师还进行了《圆的初步认识》《南极风光》的平板教学，在实践中不断反思、学习。如张丽娜老师所言，"固然信息技术使我们的课堂教学更加快捷、高效，但信息技术也限制了教师的目光及脚步，减少了教师对于学生的关注"。可见，园西小学教师的目光不仅仅局限于已有的信息技术元素带来的课堂效能上，他们更多地关注如何再学习，破除定式化整合，创建更为有效的信息化课堂。

　　在实践中发现问题、提出问题、解决问题是园西小学教师主动学习的宗旨。除了对信息技术与教育整合的反思之外，园西小学教师也根据操作情况指出平板电脑系统的软硬件存在的不足。基于此，园西小学召开了2015年度第二学期平板电脑项目组总结会，学校教师与平板公司负责人展开研讨，在对平板项目组推广的实际情况及取得的进步给予肯定的同时，教师们也根据自己的切身感受对平板电脑的软硬件设施提出了切实可行的改进建议，并创造性地提出关于新功能的设想。会议时间虽然短暂，但对园西小学的教师来说却是一笔宝贵的精神财富，它释放了教师们的个性思维，让他们在教育技术的场域里遨游、碰撞与博弈，实属一次难忘的学习机遇。

三、课件精细化制作的培训

现代教育媒体的发展改变了传统教学"一张嘴、一本书、一支粉笔、一块黑板"的单调模式。教学课件，这一现代教育技术发展的产物，成了辅助教学的多媒体工具，它具有很强的现代特点。运用教学课件可以极大提高课堂教学效率和教学质量，图文声像影并茂的多媒体课件在吸引学生注意力的同时，将教学时说不清道不明的知识通过形象生动的画面、声像同步的情境、言简意赅的解说，一目了然地展现在学生面前，让以形象思维占主导的中小学生在学习过程中更轻松愉快。因此，对于教师，尤其是中小学教师而言，多媒体课件精细化制作是促进其专业发展的必备技能，各学校也将其列为教师技能的必备项之一。对于园西小学教师来说，这也是提升自我专业素养的必学内容。

为了让教师们尽早掌握多媒体教学课件制作的基本技能，园西小学结合教师计算机水平，恰当分组，并由具备一定计算机操作水平的青年教师担任组长坚持日常辅导，共同提高。在培训过程中，以 PPT 制作培训为例，教师组长从界面设计、文字运用、图片运用、视频和动画运用、色彩运用以及幻灯片切换方式六个方面展开引导，将"内容合理、条理分明、和谐美观"列为所需遵循的基本原则。同时，课件制作的培训不仅仅是为了提升教师的信息技能，更重要的是帮助教师建构既能发挥其主导作用又能充分体现学生认知主体作用的新型教学模式。课件制作也应考虑到与学生的思维同步、循序渐进的特点。通过一次次的培训与练习，园西教师对多媒体课件制作产生了浓厚的兴趣，制作技巧也有了质的提高。

正所谓"练为战，不为看"。为了检验培训的实效，园西小学教师信心满满、斗志高昂地参加了第二十届全国教育教学信息化交流展示活动，并取得了优异的成绩：陈怡老师的 2B M3U2 Rules（Walking Day）和丁崔老

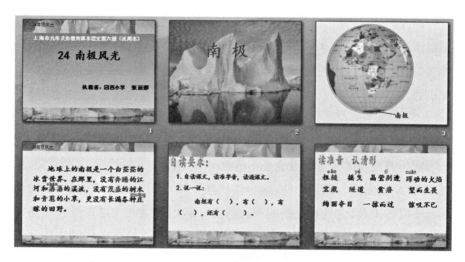

语文《南极风光》PPT 课件

师的 5B M3U2 Weather (George's four seasons)、杨佳瑛老师的《花园城》分别取得了上海赛区"基础教育课件"二等奖和三等奖。这是园西小学教师主动学习、孜孜不倦的结果。他们并不满足于此,还将怀着谦卑之心,继续学习、前进。

第三节　教师学习效能的提升

　　教育时空在大数据浪潮的渗透中得以拓展,传统的教学模式也正酝酿着新的突破,提升教师信息素养迫在眉睫。园西小学教师以势如破竹之势,掀起主动学习、提升信息素养的热潮。种种磨砺都标志着前进的每一步,辛勤播种的禾苗总会成熟。在学校的帮助、同人的砥砺下,园西小学教师在主动学习中建立起了个性化学习网络和学习方式,并且在信息化教学上取得了丰硕的成果。

　　园西小学教师在经过信息技术理论知识培训后,开始构建属于自己的学习网络,他们逐渐不再局限于所在学校提供的学习资料,而是首先基于自己的考虑,制订学习计划,设置学习目标,通过网络工具寻找在线资源。毋庸置疑,面对面的交流与学习仍然有无法超越的优势。因此,园西小学教师将这种传统的学习方式与在线学习相结合,创造出适合自己的学习方式,使主动学习更为高效。

　　提升信息素养的另一个目的在于促进教育现代化,使教师可以合理使用信息技术,部分取代禁锢呆板的传统教学模式。在 2016 年 11 月 12 日第十届浦东新区中小学信息技术与教学整合竞赛中,园西小学两位青年教师厚积薄发,取得了二等奖的优异成绩。与此同时,园西小学的班主任们致力于将互联网与班主任工作相融合,力求通过信息技术更有效地提升班主任工作效能,撰写了《网络,实现远距离的"团队协作"》以及《互联网时代,我们架起了"阅读"的"新世界"》两篇文章,并获得了浦东新区教育局第三教育署一等奖和二等奖。

　　这些优秀青年教师在主动学习、提升信息素养上的突飞猛进,直接带动了其他老师主动学习的动力,间接提高了学校的办学效益。2017 年 6 月 27日上午,100 多名深圳市教育信息化领军人来到园西小学新德校区,开展为期半天的交流学习,园西小学姚星钢校长带领他的团队予以热情接待。园西小学姚星钢校长为大家做了主题为《融合现代教育技术，提高办学效益》的讲座。姚校长先是简单介绍了学校现代教育技术的发展历史，接着从对现代教育技术的认识、融合现代教育技术的实践、使用现代教育技术之后的成效以及展望思考四个板块进行了汇报。姚校长针对大家特别感兴趣的实践板块，围绕着完善基础管理、丰富教学资源、引导主动学习和促进均衡发展四点进行了详细的介绍。幽默的话语、翔实的案例、现场的演示，获得了与会教师的阵阵掌声。园西小学融合现代教育技术的成功，离不开学校领导层的辛勤努力，他们为学校信息资源的建设竭尽全力。

　　不同的时代赋予我们不同的学习方式。身处大数据浪潮中的我们，在享受着互联网给我们带来的裨益的同时，也要顺应时代重塑学习理念、转变学习方式，使学习效能得到最大限度的提高。园西小学的教师们便是如此，他们立志将信息技术与专业发展相结合，在终身学习的汹涌激流中扬帆起航，极力提升综合素质，促进专业能力发展。